KB260973

위험한 경제학

위험한 경제학

선대인(김광수경제연구소 부소장, 필명 '케네디언') 지음

2

서민 경제의 미래 편

위험한 경제학 _ ❷ 서민 경제의 미래

ⓒ 2009, 선대인

초판 1쇄 발행 2009년 10월 10일
초판 8쇄 발행 2009년 10월 23일

지은이 선대인 | **펴낸이** 신경렬 | **펴낸곳** 더난출판

기획편집부 민신태 · 김명효 · 윤현주 · 권오준 | **외서기획** 문혜정 | **디자인** 서은영 · 김현주
마케팅 김대두 · 홍영기 · 서영호 | **E-Biz** 견진수 | **교육기획** 함승현 · 김종식 · 김승길 · 김윤호 · 이경희
관리 김태희 · 양은지 | **제작** 유수경 | **물류** 이승선 · 오수진
책임편집 민신태 · 김명효

출판등록 1990년 6월 21일 제1-1074호 | **주소** 121-840 서울시 마포구 서교동 395-137
전화 (02)325-2525 | **팩스** (02)325-9007
이메일 book@thenanbiz.com | **홈페이지** http://www.thenanbiz.com

ISBN 978-89-8405-485-1 13320

부동산 투기도
한계에 이른 한국

한국 부동산 시장은 미국이나 유럽 등에 비해 아직 버블 붕괴의 초기 단계에 있습니다. 그러나 한국의 부동산 시장의 상황은 이미 한국 경제가 감당할 수 있는 경제적 한계를 넘어선 상태라고 할 수 있습니다. 지난 2001년부터 최근에 이르기까지 한국 부동산 시장에서의 투기는 주로 돈 있는 사람들을 중심으로 은행들이 대규모 대출을 해주면서 유지되어 왔습니다. 그러나 이제는 그 돈 있는 사람들조차도 물려버린 상태입니다. 그래서 2008년 이명박 정부가 온갖 부동산 투기 조장 정책을 쏟아내고 일부 언론이 온갖 선동에 나섰음에도 불구하고 부동산 시장은 일시적으로 반짝 반등하는 모습을 보이는 데 그치는 등 투기 체력의 한계를 드러내고 있는 것입니다.

2008년 전국의 총 아파트 수 714만 호 가운데 공공 임대 아파트 85만 호를 제외한 629만 호가 매매 가능한 아파트입니다. 그런데 2005년 기준으로 주택의 자가 소유율은 전국 평균 55.6%, 서울 평균 44.6%에 불과합니다. 수도권 전체로도 50.2%에 불과합니다. 일반 주택보다 훨씬 고가인 아파트는 자가 소유율이 이보다 훨씬 낮을 것으로 추정됩니다.

설명의 편의상 아파트 자가 소유율을 주택 자가 소유율과 같다고 간주하여 아파트 소유 구조를 분석해봅시다. 이 경우, 은행 빚을 얻어 아파트를 산 사람까지 포함하여 아파트의 자가 소유자는 356만 호가량이며, 나머지 273만 호는 전월세 아파트에서 산다고 볼 수 있습니다. 자가 소유자 365만 호 중 은행 빚을 내 아파트를 산 사람은 150만 호가량이며 완전히 자기 돈으로 아파트를 산 사람은 206만 호가량으로 추산됩니다.

투기를 할 수 있는 사람은 완전히 자기 돈으로 아파트를 살 수 있는 사람입니다. 즉 208만 명이 최소한 481만 호의 아파트를 소유하고 있는 셈입니다. 1인당 평균 2.3채를 보유하고 있다는 계산이 나옵니다. 그러나 실제로는 이보다 훨씬 많을 것으로 추산됩니다. 왜냐하면 완전히 자기 돈으로 아파트를 살 수 있는 사람 가운데도 은행 빚을 얻어 아파트 투기 매입에 나선 이가 있을 것이기 때문입니다.

김광수경제연구소가 조사 분석한 결과, 지역별로 완전히 자기 돈으로 아파트를 산 사람들의 평균 아파트 보유 수는 서울이 4채, 경기 2.3채, 인천 2채, 부산 3.4채, 충남 3.1채, 대구 2.5채, 대전 2.4채, 광주 2.1채, 울산 2.2채로 나타났습니다. 투기가 심한 지역 순으로 아파트 보유량이 많은 것을 알 수 있습니다. 이중 충남의 3.1채는 행복도시 건설과 관련하여 수도권 지역의 원정 투기자들에 기인한 것으로 보입니다.

아파트 다주택 소유자들 가운데 대표적인 사람들은 이른바 고소득층 내지는 신용도가 높은 직종인 의사, 변호사, 약사, 검사, 판사 등 이른바 '사' 자 붙은 사람들과 정치인, 공무원, 그리고 결코 빼놓을 수 없는 언론인입니다. 부동산에 관한 언론 보도가 너나 할 것 없이 근거 없는 투기 선동 일색인 이유가 바로 적지 않은 언론인 자신들이 부동산 투기의 당사자들이기 때문이라고 할 수 있습니다.

그런데 이들 투기 여력이 있던 아파트 다주택 보유자들이 2008년 후반 이후 가격 하락으로 물려버렸습니다. 아파트 가격은 떨어지고 있는데 금융 위기로 원화 대출금 상환 압력이 커지고 엔 캐리 자금 등 외화 대출에 손을 댄 사람들은 엄청난 환차손까지 뒤집어쓴 상태입니다. 이들이 부동산 덫에 물린 바람에 은행들도 이들에게 더 이상 투기 자금 대출을 해주기 어려운 상황이 되어버렸습니다. 특히 언론사 관계자 중에는 소득이 안 되는데도 불구하고 은행 빚을 얻어 아파트를 여러 채 매입한 경우도 종종 있습니다.

이런 사람들이 거의 모든 언론사에 널려 있으니 부동산 관련 기사가 어떻게 나올지는 굳이 말하지 않아도 짐작할 수 있을 것입니다.

이상의 아파트 소유 구조 분석으로부터, 한국의 아파트 시장은 사실상 실수요가 아닌 투기적 가수요가 지배해왔음을 알 수 있습니다. 그리고 이제 부동산 버블이 붕괴하는 초기 단계에서 이렇게 투기에 나섰던 돈 있는 사람들은 계속 투기하기가 더 이상 불가능한 상황에 처해버렸습니다. 즉 살 수 있는 사람은 이미 모두 자신의 한계를 넘어선 데다, 부동산 가격 하락에 따른 손실과 원리금 상환 부담으로 더 이상 살 여력이 없는 상황입니다. 이런 상황은 이미 2007년부터 나타나기 시작했는데, 2007년부터 아파트 미분양 물량이 급증하고 거래량이 급감한 것이 그 증거라고 할 수 있습니다.

경쟁적으로 투기적 부동산 대출을 해온 은행들 역시 사실상 파산한 것이나 마찬가지입니다. 이미 2007년 말에 CD(양도성예금증서) 및 은행채 금리가 폭등한 사실과 2008년 말에 한국은행이 은행들의 단기 외채 500억 달러 이상을 대신 상환해준 것이 그 증거라고 할 수 있습니다.

최근들어 이명박 정권이 만능형 청약저축통장을 만들어 선동하고 있는 것은 돈 없는 일반 서민들에게까지도 은행 대출을 받아 아파트 투기를 하라고 선동하는 것이나 마찬가지입니다. 그래서 돈 없는 무주택 일반 서민들을 끌어들여 부동산 시장에서 마지막 폭탄 돌리기를 하려는 것인데, 이는 영락없이 한국판 서브프라임론 사태를 초래하는 꼴입니다. 돈 없는 일반 서민들은 만능형 청약통장의 소유 여부에 관계없이 자신의 소득으로는 도저히 고가의 아파트를 살 능력이 없습니다.

놀랍게도 국토해양부에 신고된 실거래가 통계를 보면 서울과 수도권 대부분 지역의 아파트 가격이 2008년 말과 2009년 초에 과거 고점 대비 10~40%가량 하락한 것으로 나타나고 있습니다. 물론 면적과 층수, 방향 등에 따라 편차는 있지만 대부분이 그렇게 나타났습니다. 이것은 실제 사려고 하면 비싼데 팔려고 하면 헐값이라는 현실의 아파트 매매 실상을 잘 드러내는 증거입니다. 부풀려진 신규 분양 아파트를 사려고 하면 엄청 비싼데 기존 아파트를 팔려고 하면 급매물로 헐값에 내놓아도 잘 안 팔리는 현실을 잘 보여줍니다.

부동신 가격이 계속 오를 것이라는 밑도 끝도 없는 기대감과 그로 인해 주택 수요는 계속 증가할 것이라는 허황된 주장이 영원히 지속될 수는 없습니다. 경제학의 가장 근본적인 원리는 '수요는 가격의 함수'라는 것입니다. 즉 가격이 오르면 수요는 줄어들고, 가격이 내리면 수요는 늘어나게 마련입니다. 가격이 오를 것이므로 수요가 늘어난다는 주장은 투기 버블을 선동하는 사기꾼들의 농간에 불과합니다. 이미 한국의 아파트는 수요가 거의 사라져버릴 정도로 가격이 오른 상황입니다. 수요가 되살아나려면 가계의 평균 소득으로 감당할 수 있는 수준까지 주택 가격이 떨어져야 합니다.

그런가 하면 현재 한국 경제는 재정 적자와 국가 채무 급증으로 화폐적 인플레이션이 우려됩니다. 화폐적 인플레이션이 발생하면 부동산이나 금이 인플레이션 위험을 헤지할 투자 수단이라는 주장이 힘을 얻습니다. 그러나 화폐적 인플레이션이 문제될 정도로 심각하게 발생한다면 금리도 폭등할 것입니다. 금리가 폭등하면 부동산이든 뭐든 모든 수요가 위축될 것입니다. 금리 인상은 특히나 투기적 가수요가 지배하는 부동산 시장에는 쥐약입니다. 역사적으로든 어느 나라에서든 인플레이션이 발생하여 부동산 가격이 오른 경우는 없습니다. 오히려 인플레이션을 억제하기 위한 금리 급등으로 수요가 크게 줄어 부동산 가격이 폭락하고 부동산 시장이 혼란에 빠졌습니다.

한국의 부동산 버블 붕괴는 역설적으로 경기 불황 때문에 일시적으로 지연되고 있다고 할 수 있습니다. 경기 불황으로 인해 정책 당국이 터무니없이 기준 금리를 대폭 낮추는 바람에 시중 금리가 낮아졌기 때문입니다. 그러나 언제까지나 이런 식으로 무한정 버틸 수는 없습니다. 만일 경기가 다소 호전되거나 화폐적 인플레이션이 발생하면 유동성 회수와 금리 인상은 불가피합니다. 유동성이 회수되고 금리가 인상된다면 부동산 시장의 붕괴는 다시 가시화될 것입니다. 이미 이러지도 저러지도 못하는 상황에 빠져버린 것입니다.

2009년 부동산 시장이 일시적으로 반등세를 보여 많은 이들이 착각하고 있지만, 한국의 아파트 시장은 이미 투기 버블 붕괴의 초기 단계에 접어들었음을 다시 한번 강조합니다. 한국 경제는 지난 10년 동안 부동산 투기를 조장하고 부동산 시장의 버블 붕괴를 억지로 막기 위해 정부가 엉터리 정책을 남발한 것으로 인해 치러야 할 기회비용이 천문학적으로 늘어나버렸습니다. 기업이든 금융 기관이든 손쉬운 사기적 부동산 투기 게임 판이 있는 한 그곳에서 빠져나오려 하지 않을 것입니다. 그 결과 지난 10년 동안 한국 경제는 제대로 된 일자리도 창출하지 못하고 새로운 성장 동력도 키우지 못하고 있습니다. 지난 10년 동안 가계는 빚만 늘었으며 국가 역시 친기업이라는 미명하에 공적자금으로 엉터리 짓을 하는 기업들의 밑을 닦아주느라 모든 것을 쏟아부어 국가 채무만 천문학적으로 늘었을 뿐입니다. 그런 가운데 계층 간 위화감은 커지고 사회 공동체적 연대감은 사라졌습니다.

대기업들은 제조업을 포기하고 부동산과 금융업, 언론 사업까지 진출한 데 이어 이제는 동네 구멍가게와 밥그릇을 다투는 슈퍼체인 형태의 유통업까지 진출하겠다고 난리입니다. 새로 가치를 창출하는 혁신을 하는 것이 아니라 그나마 몸으로 때우는 밑바닥 서민들의 조그만 밥그릇까지 모조리 빼앗아가겠다는 것입니다. 안 되면 돈의 힘을 동원하고 법을 자신들에게 유리하게 고쳐서라도 말입니다. 혁신과 기업가적 도전 정신을 키우려는 것이 아니라 남의 밥그릇을 빼앗고 정경관언사법 유착을 바탕으로 짜고 치는 고스톱 판을 유지하기 위해 서슴없이 정부와 정치권, 사법권을 뒤흔들고 있습니다.

거기에 정치권과 정부 관료들은 부동산 투기를 조장해 떼돈을 벌어온 건설업체들을 위해 막대한 재정 적자를 일으켜 뒤처리를 하는데 혈안이 되어 있습니다. 여든 야든, 진보 정권이든 보수 정권이든, 고위 정부 관료들 중 대다수가 인사 청문회에서 부동산 투기 의혹에 걸리지 않은 경우는 거의 없습니다. 도대체 이들이 건설업체로부터 무엇을 얼마나 받아먹었기에, 얼마나 챙겨먹을 수 있다고 생각하기에 이런 짓을 서슴없이 하는 것일까요?

일반인들은 이미 마지막을 지나버린 사기성 폭탄 돌리기 선동과 조작에 물리지 않는 것이 현명한 처신입니다. 한국 경제 역시 하루라도 빨리 부동산 투기 버블의 굴레에서 벗어나는 것만이 자식 세대에게 더 이상의 고통을 떠넘기지 않고 그나마 모두가 살아남을 수 있는 기회를 붙잡을 수 있는 길이라고 단언합니다. 대한민국의 부모 세대들은 자신들이 자식 세대의 안녕과 행복을 짓밟으며 부동산 투기 버블을 일으키고 있다는 사실을 직시해야 합니다. 부모 세대가 자식 세대의 삶을 빼앗고 있다는 사실을 깨달아야 합니다. 더 늦기 전에 부동산 투기 거품에서 헤어나 한국 경제의 새로운 활로를 찾는데 모두 합심할 수 있기를 진심으로 바라마지 않습니다.

이 책《위험한 경제학》은 어지럽기만 한 부동산 시장과 그 혼란을 초래한 장본인인 언론의 선동적 보도와 정부 정책의 실체에 대한 적나라한 비판을 담고 있습니다. 각종 객관적 자료를 바탕으로 한 선대인 부소장의 조언을 하나하나 따라가다 보면 부동산 불패 신화가 얼마나 불안한 기반 위에 놓여 있는지 깨달을 수 있을 것입니다. 지면의 한계로 이 책에서도 담지 못한 더 자세한 내용은 김광수경제연구소포럼(http://cafe.daum.net/kseriforum)에서 접할 수 있으니 많은 분들의 참여를 바랍니다.

김광수(김광수경제연구소 소장)

축구장에 관중이 빽빽이 들어찼다. 어느 순간 관중석 앞쪽에 앉은 사람들이 경기를 좀 더 잘 보기 위해 일어섰다. 그러자 그 뒤에 앉아 있던 사람들은 차례로 모두 일어서야 했다. 일어선 앞사람들 때문에 시야가 가려졌기 때문이다. 결과적으로, 축구장 관중은 축구 경기가 진행되는 내내 모두 불편하게 서서 봐야 했다. 모두가 앉아서 편하게 볼 수 있었는데도 불구하고 말이다.

익히 잘 알려진 '축구장의 바보들' 예화다. 이 예화는 개인이 자신의 이익을 추구하는 합리적 행동이 경제 전체적으로는 부정적인 결과를 가져오는 '합성의 오류(Fallacy of Composition)'를 잘 보여준다.

2000년대 국내 부동산 시장에선 합성의 오류가 난무하고 있다. 개인이 부동산 시장에 뛰어든 것은 나름대로 합리적이었다. 돈이 됐기 때문이다. 옆 사람들이 부동산으로 돈 버는 것을 보고 상대적으로 박탈감을 느낀 사람들이 또 다시 부동산 시장에 뛰어들었다. 집값이 더 뛸까 불안해서 거액의 빚을 내 뛰어든 사람들도 많았다. 더 나중에는 투기 광풍이 불어 '묻지 마 투자'가 횡행했다. 그렇게 해서 수도권 아파트값은 세 배 이상 올랐고, 상당수의 가계가 감당할 수 없는 거액의 빚더미에 올라앉았다.

그러는 동안 한국 경제는 속으로 곪아갔다. 돈이 부동산 시장으로 몰리면서 생산 경제에 가야 할 몫은 급격히 줄어들었다. 부동산 비용이 상승해 기업들과 자영업자들은 인상된 임대료를 내느라 인건비를 줄여야 했다. 인건비를 줄이는 방식은 인원 감축과 인건비 축소였다. 국민경제 전체적으로 볼 때 이런 현상은 실업 급증과 비정규직 증가로 나타났다.

빚을 내 부동산에 투자하다 보니 외환위기 직후 25%에 육박하던 가계의 순저축률은 2008년 말 2.5% 수준으로 곤두박질치고 말았다. 과거 은행에서 이자 수입을 타서 쓰던 가계들이 이제 거꾸로 은행에 매월 수십만 원에서 수백만 원을 월세 내듯 꼬박꼬박 이자로 내야 했다. 이런 과정에서 한국 시중 은행들은 국내 최대의 월세 임대 사업자들이 됐다. 매달 100만~200만 원씩을 은행 이자로 내고 난 가계들은 그만큼 소비를 줄여야 했고, 이는 지속적인 내수 침체로 이어져 더더욱 생산 경제를 위축시켰다. 그러는 와중에도 정부와 상당수의 언론은 줄곧 보유 자산의 가치 상승에 따른 차익 실현에 대한 기대감으로 현재 소비가 늘어난다는 이른바 '자산 효과(wealth effect)'를 들먹였다. 하지만 부동산 부채 증가로 인한 내수 위축 효과는 자산 효과를 압도했다. 이 때문에 지표상으로는 GDP(국내총생산) 성장률이 4~5%를 오르내렸지만, 서민 경제는 줄곧 침체기였다.

'축구장의 바보들' 예화에는 나오지 않지만, 축구장에서 사람들이 다 일어선다고 해서 모두 같은 시야를 확보하는 것은 아니다. 키가 큰 사람도 있고, 키가 작은 사람도 있다. 노약자와 임산부는 오래 서 있을 수 없고, 어린이는 일어서도 경기를 볼 수 없다. 심지어 신체가 불편한 장애인들은 자리에서 일어서는 것조차 불가능하다.

한국의 부동산 시장도 마찬가지다. 사실 부동산 시장의 원초적 불공정성은 훨씬 정도가 심각하다. 우선, 주택을 살 수 없는 사람들이 절반 가까이나 된다. 지역별로도 편차가 심하고, 평형별이나 가격대별로도 편차가 심하다. 세대별로 보면 상대적으로 소득이 없는 젊은 세대에 비해 자금력과 부동산 투자에 대한 노하우까지 갖춘 기성세대는 부동산 투자로 덕을 봤다. 하지만 젊은 세대는 부동산 거품으로 일자리와 소득까지 줄어든 상태에서 집값까지 뛰자 결혼조차 하기 힘든 실정이 돼버렸다. 한편 계층별 양극화도 심해졌다. 부동산을 살 수 있었던 사람들은 가만히 앉아서 10년 이상 열심히 일해야 벌 수 있는 돈을 불과 1~2년 만에 벌기도 했다. 소득 양극화보다 자산 양극화가 훨씬 더 극심해졌고, 집 없는 사람들의 상대적 박탈감과 근로 의욕 감소는 이루 말할 수 없었다.

그렇다면 부동산을 가진 사람들은 모두 덕을 봤을까? 물론 부동산 가격이 올라 고가 주택 보유자와 투기성 다주택자를 합쳐 5% 정도로 추정되는 부동산 부자들은 큰 이득을 보았다. 하지만 대부분의 사람들이 집 한 채를 가지고 있는 게 고작이다. 이제 수도권의 웬만한 지역은 대부분 집값이 올라 싼 데가 없다. 이런 상황에서 부모 세대는 많은 돈을 주택에 깔고 앉아 소비를 줄여야 한다. 2억 원이면 될 집을 5억 원에 사게 되면 3억 원만큼 자신의 노후를 위해 쓸 돈이 줄어든다.

자녀가 출가할 경우엔 어떻게 되는가? 한국의 경우 아직도 많은 부모들이 자녀들의 신혼 집 장만을 도와주는 것을 부모의 의무라고 생각한다. 그런데 수도권의 웬만한 평형 전세가 2억 원에 이르고, 매매가가 4억~5억 원을 쉽게 넘는 상황에서 어떤 부모가 머리를 싸매지 않겠는가? 자녀들의 집 장만 비용이 커지면 자신들의 노후 비용은 줄어드는 게 당연한 이치다. 자녀들의 집 장만을 도와주지 않더라도 자식들이 높은 집값을 감당하느라 등골이 휘는 모습을 어떻게 가만히 앉아 바라볼 것인가?

이처럼 부동산 거품은 소수의 부동산 부자들을 제외하고는 결과적으로 국민 대다수를 사실상 더욱 가난하게 하는 불공정한 게임이다. 가장 확실하게 서민들을 말살하는 게임이자, 미래 세대를 착취하는 게임이다. 부동산 부자 5%를 승자로 만들기 위해 선량한

국민 95%가 패자가 돼야 하는 게임이다. 그런데도 집을 한 채라도 가진 상당수의 국민들이 정부의 거듭된 정책 실패와 기득권 언론의 선동에 휘둘려 집값을 올리느라 악다구니를 쓰고 있다.

부동산 가격 폭등에 따른 자산 양극화는 어느 순간부터 걷잡을 수 없이 심해져 정치적 계급투쟁 양상까지 띠고 있다. 주택 소유 여부에 따라 계급적 이해를 달리하는 유주택자와 무주택자 간의 계급투쟁이 벌어지게 된 것이다. 이전에는 집값의 하향 안정을 바라던 사람들도 일단 거액의 빚을 지고 집을 산 뒤에는 180도 달라졌다. 거의 전 재산이 걸린 주택 가격이 올라주지 않으면 가계 경제 자체가 위태로워지기 때문이었다. 경제적 이해관계의 변화가 정치적 태도 변화로 이어진 것이다. 이에 더해 부동산 투기 조장꾼들의 선동과 부동산 광고에 목을 맨 기성 언론들의 왜곡 보도로 많은 사람들이 '부동산 불패교'의 신도가 돼버렸다. "2004년 이전에는 부동산 규제 강화를 외치던 여론이 다수였으나, 이후에는 부동산 규제 완화 여론이 다수가 돼버렸다"는 한 여론 조사 전문가의 말이 이를 생생히 입증한다.

집값을 둘러싼 계급투쟁은 급기야 정권을 교체하는 숨은 원동력이 됐다. "부동산 말고는 꿀릴 것이 없다"고 했던 노무현 정부는 집값 안정을 바라는 서민들의 기대에 부응하지 못해 정권을 빼앗겼다. 임기 내내 건설족 정치인과 관료, 건설 재벌, 그리고 기득권 언론에 이리저리 휘둘리는 가운데 판교를 '로또 투기판'으로 만드는 등 정책 실패를 거듭한 탓이다. 반대로 부동산을 둘러싼 계급투쟁을 가장 효과적으로 활용한 정치인은 현 대통령인 이명박이다. 그는 서울시장으로 재임하는 동안 모두 32개의 뉴타운을 지정해 서울 강북의 집값을 거세게 밀어 올렸다. 서울시 시가지 면적의 7.5%를 한꺼번에 개발케 하는 과정에서 개발 지역의 세입자들이 쫓겨나게 하고, 전세난 등 서민 주거난을 가속화한 장본인이다. 그는 또한 경부 대운하 등 각종 개발 공약과 부동산 규제 완화 공약 등을 통해 "집값을 올려주겠다"는 메시지로 집권한 대통령이다. 실제로 집권한 이후 이명박 정부는 수단 방법을 가리지 않고 부동산 가격을 지탱하는 데 사력을 다하고 있다. 현 정부에게 부동산은 재개발 철거민들을 '법질서 유지'라는 명목으로 사실상 권력 살인 하는 것조차 합리화할 만큼 신성시된다. 또한 현 정권은 경제 위기 를 극복하기 위해 필요한 수준을 넘어 '강부자 정권' 자신들과 정 치적 기반인 건설업계 및 다주택 투기자들을 위한 온갖 특혜성 정 책들을 남발했다.

　이렇게 볼 때 부동산 거품을 꺼뜨리지 않고서는 절대로 서 민 경제가 살아날 수 없다. 그런 면에서 부동산 거품 부양에 목 숨 건 듯한 현 정부는 이미 태생부터 최악의 반서민 정부라고 할 수 있다. 그런데도 현 정부는 말끝마다 '서민 정부'임을 내세우고 있다. 2008년 경제 위기 이후 동원된 온갖 경기 부양책의 명목도 대부분 서민 경기 부양과 일자리 창출 같은 것이다. 현 정부가 쏟 아내는 수사나 이벤트도 마찬가지다. 이명박 대통령은 말로는 "서 민들을 우선 배려하라"는 주문을 쏟아내고 재래시장을 방문해 떡

볶이를 사먹기도 한다. 새벽 시장을 찾아 상인들에게 목도리를 둘러주고, '신빈곤층' 가정 어린이와 통화하며 울먹이는 쇼를 벌이기도 한다.

하지만 실제로 서민 가계에 돌아가는 혜택은 늘 쥐꼬리만 했다. 오히려 차상위 계층의 건강보험 혜택을 줄이는 등 저소득층 및 취약 계층의 지원과 보장을 줄이기까지 했다. 재래시장 상인들이 대형 마트의 상권 잠식 때문에 한탄하면 "옛날에는 (국민들이) 죽어지냈는데 요즘에는 할 말 다한다"는 식으로 윽박질렀다.

현 정부는 '친서민'을 부르짖지만, 실제 그들의 정책 속에는 서민이 없다. 말끝마다 친서민을 내세우지만, 정책은 늘 반서민이다. 예를 들어 미국 부시 행정부가 실시한 감세안을 흉내 내 현 정부가 실시한 감세안이 그렇다. 이명박 대통령은 감세안 혜택의 70%가 중저소득층에게 돌아간다고 떠벌렸지만 실제로는 감세 혜택의 75%가 철저히 부유층과 매출 1000억 원 이상 대기업에 돌아간다. 더구나 현 정부는 감세 규모가 5년간 100조 원에 육박하는 사실을 숨기고 36조 5000억 원이라고 지금도 선전하고 있다. 그리고 2009년 한 해에만 관리 대상 수지 기준으로 GDP 대비 5%가 넘는 재정 적자가 발생하자 부가가치세와 에너지세, 주세 등 간접세 비중을 늘리는 방향으로 가고 있다. 간접세 비중이 높아지면 역진성으로 인해 서민들의 부담이 커지는 것은 당연한 결과다.

그 같은 감세안에 대한 민심의 반발이 거세지자, 이번에는 '친서민 세제'라는 이름으로 또 다시 분칠을 시도하고 있다. 1조 9500억 원짜리 각종 세제 혜택을 내놓았지만, 기존에 시행되던 것을 연장하거나 이미 예정된 방안들을 제외한 감면 규모는 4000억 원에 불과하다. 구체적인 내용에도 문제점이 적지 않다. '친서민'임을 내세우기 위한 어설픈 짜깁기인 것이 역력하다. 무엇보다, 제대로 된 정부라면 '친서민'을 떠벌릴 이유가 없다. 정부가 제대로 제 역할을 하면 자연스럽게 친서민 정부인데, 이 정부는 자신들이 제 발 저리니 말끝마다 '친서민'이라고 떠벌릴 뿐이다.

결국 현 정부가 말하는 '친서민'은 자신들이 '친재벌'과 '친부유층'임을 눈속임하기 위한 사기술에 불과하다. 말로는 서민 경기 부양을 외치면서 실제로는 부유층을 위한 감세를 실시해 국가 재정을 거덜 내고, 4대 강 바닥에 20조 원 이상의 돈을 퍼부으며 건설업체들을 먹여 살리고 있다. 부동산 부자들과 소수 재벌 건설업체들에게 온갖 퍼주기를 일삼으면서도 "부동산 거품이 꺼지면 서민들이 더 피해본다"고 선량한 서민들을 세뇌한다. 당장 숨넘어갈 것 같은 진짜 저소득층과 취약 계층 지원 예산은 '예산 부족'을 이유로 삭감하면서, 서민을 위한다며 대규모 건설 · 토목 사업을 벌이니 정부가 말하는 서민은 도대체 누구인가? 부동산 거품기에 국민들의 부동산 투기 심리를 잔뜩 부추겨 고분양가로 폭리를 취하고 이제는 '건설족 정부'에 엉겨 붙어 심각한 도덕적 해이 양상을 보이는 건설업체들이 서민이란 말인가? 아니면 집값이 오를 때 빚을 내 집을 여러 채 사들였다가 이제는 "집값을 올려달라"고 댕댕거리는 다주택 투기자들이 서민이라는 말인가.

현 정부 들어 서민 경제는 더욱 빠른 속도로 몰락하고 있다. 경제적 양극화는 극심해지고, 공동체의 유대는 깨지고 있으며, 개개인의 삶은 점점 더 불안해지는 '만성 불안 사회'가 되고 있다. 기득권에게만 유리한 불공정한 게임 규칙이 한국 사회 곳곳에 자리 잡고 있다. 삼성의 편법 승계 문제에 대한 대법원의 판결에서 보듯 사실상 법의 지배를 벗어난 특권 세력이 여전히 한국 사회를 지배하고 있다. 대학을 졸업해도 제대로 된 일자리를 얻기란 하늘의 별 따기만큼 어려우며, 집값이 폭등해 결혼조차 하기 힘들 지경이다. 국제중과 자율형 사립고 확대 등을 통해 사교육비를 늘리는 정책을 만들면서 한편으론 "사교육비 줄이자"는 캠페인을 벌이는 파렴치한 정부다. 수십 조 원의 돈을 강바닥에 처바르면서도 가뜩이나 빈약한 사회 안전망으로 신음하는 저소득층과 취약 계층을 외면하는 정부는 결코 친서민 정부일 수 없다. 특권층의, 특권층에 의한, 특권층을 위한 특권층 정부일 뿐이다.

이 같은 특권층 정부의 악행을 서민들이 제대로 안다면 좋겠지만, 현실은 그렇지 않다. 이는 무엇보다 서민들의 각성을 방해하는 왜곡된 정보가 난무하고 있기 때문이다. 한국의 정보 생산과 유통, 소비 과정은 기득권에게 유리하게 왜곡돼 있다. 정보를 생산하는 정부부터 많은 경우 정보를 통제하거나 왜곡한다. 현 정부 들어 그 같은 사례들은 더욱 늘어나고 있다. 정부의 정책이나 경제 현상을 설명하는 증권사나 정부 산하 연구소, 재벌계 연구소 등은 이해관계에서 자유롭지 못하다. 예를 들어, 한국의 증권사들은 매도 의

견 보고서를 내는 경우가 거의 없음을 우리는 잘 알고 있다.

한국의 정보 유통 구조 또한 많이 일그러져 있다. 대다수의 한국 언론은 광고주의 압력으로부터 자유롭지 못하다. 오히려 많은 사안에서 상당수의 기득권 신문들은 자사의 기득권과 광고주, 그리고 그들 신문이 대변하는 기득권 세력을 위해 진실을 호도하고 있다. 이런 상황에서도 모자라 이명박 정부는 KBS와 YTN에 낙하산 인사를 앉히고, MBC에 대해서는 민영화 위협과 〈PD수첩〉 제작팀의 검찰 수사 의뢰 등의 방법으로 언론을 압박하고 있다. '공정방송 사수'를 기치로 내건 YTN 노조원들의 치열한 투쟁에도 불구하고 주요 간부들이 낙하산 인사로 채워진 현실은 변하지 않았다. 필자를 인터뷰하러 온 KBS 기자나 PD들 가운데는 "과거처럼 자유롭게 프로그램을 (또는 뉴스를) 만들 수 없다"고 자조하는 경우가 많았다.

일본의 저명한 저널리스트인 다치바나 다카시는 1990년대 버블 붕괴 이후 일본 언론들이 정부의 거짓 발표를 무비판적으로 보도함으로써 일본 국민들이 경제 상황을 제대로 이해하지 못하게 했다고 지적했다. 다카시는 언론이 태평양전쟁 당시 대본영의 발표만 전달하던 상황에 비유하며 버블 붕괴라는 '제2의 패전' 뒤에 가려진 진실을 국민들이 보지 못하게 했다고 비판했다. 지금 한국 언론의 상황은 당시 일본 언론의 상황보다 더하면 더했지 결코 못하지 않다고 판단된다.

이 같은 정보 환경에서 일반인들이 중요한 사회·경제적 사안들에 대해 정확하게 인식하기란 매우 어렵다. 정확한 정보가 유통되지 않을 경우 생기는 폐해는 막대하다. 소비자나 투자자로서 제대로 된 정보가 없으면 공급자인 기업과 그 기업의 내부자들에게 당하기 십상이다. 한국 주식시장이나 부동산 시장에 사기와 선동이 난무하는 것도 그 때문이다. 유권자로서 올바른 정보를 얻지 못하면 올바른 정치적 선택을 할 수 없다. 그 같은 잘못된 정치적 선택을 가장 극명하게 보여주는 것이 이명박 정부의 탄생이다. 여야와 좌우를 떠나 많은 국민들이 "속았다"는 생각을 갖고 있다. 많은 이들이 현 정부에 큰 기대를 안 했겠지만, 국정 운영 수준의 저열함과 비열함, 퇴행적인 행태에 치를 떨고 있을 것이다.

필자는 올바른 정보가 얼마나 소중한지 너무나 잘 알기에 한국 사회의 숨겨진 진실을 드러내고 알리는 작업을 필생의 소명으로 여기고 있다. 물론 필자라고 해서 모든 것을 다 알 수는 없고, 또 필자가 진실이라고 믿는 것이 모두 진실이라고 장담할 수는 없다. 하지만 적어도 이해관계를 멀리하고 최대한 양심적이고 독립적인 자세로 현상의 이면을 보여주기 위해 노력하고 있다는 점은 자신 있게 말할 수 있다. 미국의 저명한 독립 언론인 I. F. 스톤의 글을 인용함으로써 필자의 각오를 다지고자 한다.

억압받는 자들에게 약간의 위안이라도 주기 위해, 내가 직접 본 그대로의 진실을 쓰기 위해, 나 자신의 무능력에 의한 한계를 빼놓고는 그 밖의 어떤 것과도 타협하지 않기 위해, 나 자신의 충동을 빼놓고는 그 어떤 주인도 따르지 않을 자유를 누리기 위해, 진정한 언론인이란 어떠해야 하는가라는 나 자신의 이상을 실천하기 위해, 그리고 내 가족의 생계를 책임지기 위해, (나는 글을 쓴다.) 이 밖에 바랄 것이 또 뭐가 있겠는가.

1장

한국 경제와 세계경제

한국 경제,
응급실에서 나와
거리를 활보하다

'한국 경제'라는 중환자가 어느 날 응급실에 실려 왔다. 이 50대 환자는 이미 10년 전인 1998년에도 비슷한 증상으로 대수술을 받고 1년여에 걸쳐 입원 생활을 하며 투병한 뒤 살아난 적이 있다. 당시 수술은 완벽하지 않았다. 그래서 2차 수술이 필요했지만 '한국 정부'라는 의사는 어려운 수술을 기피하고 환자에게 강심제를 투여했다. 시간이 지나자 이 환자의 상태는 점점 좋아지는 것처럼 보였다. 특히 1999년에 놓아준 'IT(정보기술) 버블'이라는 강심제는 상당히 효과가 좋았다. 힘이 없어 축 처져 있던 환자가 갑자기 건장한 청년처럼 동네를 활보하기 시작한 것이다.

그런데 시간이 갈수록 부작용이 나타났다. 상체는 갈수록 살이 찌는데 하체는 빼빼 마르기 시작한 것이다. '양극화'라는 신종 만성질병 때문이었다. 그러면서 다시 체력이 떨어졌고, 그럴 때마다 수술 당시 치료하지 못했던 속병 증상이 툭툭 불거지곤 했다. 2002년경 다시 병원을 찾은 환자에게 의사는 '카드빚 버블'이라는 강심제를 놔 주었다. 'IT 버블'만큼은 아니지만, 이 강심제도 상당히 효과가 좋았다. 다시 원기가 살아난 환자는 정상적인 생활을 하는 듯했다. 그런데 1년여쯤 후 '카드빚 버블'이라는 강심제의 부작용으로 앓아눕게 되었고, 의사는 다시 응급처방을 했다. 이 과정에서 환자의 하체는 더욱 부실해졌고, 발목 아래가 곪기 시작했다. '카드빚 버블'이라는 강심제를 맞으면 몸속에서 '신용불량'이라는 독소가 생겨나는데, 그 탓이었다.

그러는 동안 환자의 가족들이 차츰차츰 의사의 실력을 의심하기 시작했다. 환자의 가족들은 "환자가 괜찮아졌다고 하는데 왜 조금만 지나면 다시 문제가 생기느냐?"고 따지고 들었다. 사실 그 의사는 1960년대에 인턴과 레지던트를 거쳐 1970~1980년대에 전문의로 일하면서 실력을 쌓았다. 하지만 이후에는 자신의 생활에 안주해 새로 개발된 의술을 배우는 데 나태해졌다. 새로운 의술을 익히기보다는 제약업체들의 리베이트를 챙기고 골프 접대를 받는 데 더욱 열심이었다. 그러다 보니 환자를 치료할 때 여전히 1970~1980년대 자신이 배운 의술에 의존할 수밖에 없었다.

환자의 가족들로부터 강력한 항의를 받아 궁지에 몰린 의사는 다른 묘책을 생각해냈다. 이때쯤 환자의 몸에는 '부동산 버블'이라는 종양이 자라고 있었다. 환자의 가족들은 잘 몰랐지만, 이 종양의 증식을 방치하면 나중에 치명적인 중병을 앓게 된다. 경우에 따라서는 사망할 수도 있다. 이 종양은 증식 과정에서 '자산 효과'라는 호르몬을 분비하는데, 이 호르몬은 일시적으로 환자의 체력과 기분을 좋아지게 한다. 적어도 종양이 말기 단계에 이르기 전까지는 그렇다.

종양이 자라고 있다는 것을 알게 된 환자의 가족들은 의사에게 "종양이 더 커지기 전에 빨리 치료해 달라"고 요구했다. 하지만 의사는 종양을 치료하는 척하면서, 실제로는 그 종양을 조금씩 더 키웠다. 종양 치료에 그다지 효과적이지 않은 몇몇 약을 처방하면서 뒤로는 '가계 부채'와 '개발 호재'라는 각종 종양 증식 약물을 환자의 몸속에 투여한 것이다. 그러면서 환자의 가족들에게는 "이 종양은 잘못 치료하면 환자가 죽을 수도 있으니 서서히 치료해야 한다"고 핑계를 댔다. 환자의 가족들은 의심스러웠지만 환자가 겉보기에는 멀쩡해 보이니 그러려니 했다.

그러던 중 2008년 어느 날, 드디어 '부동산 버블'이라는 종양 증식이 한계에 이르러 온갖 급성 증상을 드러내기 시작했다. '환율 폭등'이라는 고열 증상이 주기적으로 나타나고, '신용 경색'이라는 심혈관이 막히는 증상도 나타났다. 환자는 급격히 체력이 떨어져 다시 병원 응급실로 실려 왔다. 더 이상 '부동산 버블'이라는 종양을 근본적으로 제거하는 수술을 미룰 수 없는 시점에 이른 게 분명했다. 그러지 않고서는 근본적인 체질 개선이 불가능해 보였다. 하지만 이 시대착오적인 의사는 다시 급성 증상만 가라앉히는 요법을 썼다. 체온 강하제를 써서 고열을 잡고, 혈관 확장술을 써서 심혈관을 다시 뚫었다. 이에 더해 '100조 원 감세'와 '토건 부양책'이라는 강심제를 써서 가뜩이나 비대해진 환자의 상체를 보양했다. 또 '환율 효과'라는 환각제를 써서 환자의 몸 상태가 좋아진 것처럼 느끼게 했다. 더 큰 문제는 급성 증상의 발현을 가라앉힌다는 명목으로 '가계 부채'라는 종양 증식 약물을 더 주입한 것이다. 급성 증상은 줄었지만 종양은 다시 증식되고 있었다.

어쨌거나 환자의 급성 증상은 가라앉았고, 환자는 조금씩 원기를 회복하는 듯했다. 의사는 "같은 증상을 보이는 다른 환자들보다 빨리 회복하고 있다"며 "모두 다 제 뛰어난 의술 때문"이라고 너스레를 떨었다. 금방이라도 죽을 것 같던 환자가 원기를 조금씩 회복하는 듯하자 환자의 가족들은 안도의 한숨을 내쉬며 의사의 말에 고개를 끄덕였다. 하지만 가족 중 일부는 의심의 눈길을 거두지 못했다. 비슷한 환자의 경우, 다른 의사들은 대부분 시간이 걸리고 당장 환자의 고통이 크더라도 종양 제거 수술을 하는데, 이 의사는 그러지 않았기 때문이다. 이들은 "종양 제거 수술을 하지 않으면 언제든 상태가 다시 악화될 수 있는 것 아니냐"고 따졌지만 의사는 들은 척 만 척이었다.

외환위기 이후 지금까지 한국 경제의 상태를 환자에 비유해

보았다. 여기서 알 수 있는 것처럼 지금 한국 경제의 문제는 외환위기 이후 정부와 정치권의 거듭된 정책 실패가 누적돼 생겨난 구조적 위기다. 돌팔이 의사의 잘못된 진단과 처방, 수술 미루기 등에 의해 속병이 더욱 깊어지고 있는 형국이다. 그런 가운데 국민들은 이 같은 구조적 문제점 때문에 신음하고 있다. 이 같은 한국 경제의 구조적 위기 한가운데 자리 잡고 있는 부동산 버블이 무너지면서 2008년 말 한국 경제는 환율 폭등과 신용 경색, 실물경기 침체 등 급성 증상을 폭발적으로 드러내기 시작했다. 국민들의 위기감과 불안감도 매우 커졌다. 하지만 앞에서 설명했듯이 정부의 온갖 부양책 때문에 한국 경제를 백척간두의 위기로 몰고 가던 각종 위기 현상들은 많이 가라앉았다. 비유하자면 한국 경제는 이제 응급실에서 나와 만성 중환자실로 옮겨진 정도의 상태가 됐다. 위급한 지경은 넘겼지만, 여전히 중병을 치료해야 하는 상황이다. 더구나 한국 경제의 급성 위기를 언제든 다시 촉발할 수 있는 부동산 버블이라는 종양은 전혀 제거되지 않은 상태다. 이런 상태에서 한국 경제는 '대규모 부양책'이라는 강심제와 '외환위기 학습 효과'라는 환각제에 취해 거리를 활보해도 될 것처럼 착각하고 있다. 오히려 부동산 버블이라는 종양이 커지고 있는데도 경기 회복의 신호인 양 반기고 있다.

걸으로 드러나는 한국 경제의 지표들은 분명히 개선되고 있다. 가장 대표적인 것이 원/달러 환율이다. 2008년 말부터 2009년 초까지 한국 경제의 위기 양상을 가장 극명하게 드러내던 원/달러 환율 폭등이 진정된 것이다. 환율은 한때 최고 1500원대까지 치솟았으나 2009년 3월 이후 1200원대로 떨어졌다. 현 정부가 출범하기 이전에 900원대였던 수준에 비하면 여전히 높은 게 사실이다. 하지만 '제2의 외환위기' 문턱까지 갔던 2008년 말이나 2009년 3월 초에 비할 바는 아니다. 또한 2008년 9월까지 적자를 보이던 경상수지가 흑자로 돌아서 2009년 들어서는 비교적 큰 폭의 흑자를 기록하고 있다. 비록 상품 수출 증가폭보다 수입 증가폭이 더 크게 줄어들고 환율 폭등 등에 따른 서비스 수지의 흑자 반전 등에 힘입은 '불황형 흑자'이기는 하지만 말이다. 또 삼성전자, LG전자, 현대자동차 등 소수의 수출 대기업들의 2009년 1·2분기 실적이 환율 효과와 단기 비용 절감 등의 영향으로 적어도 겉으로는 괜찮은 결과를 나타내기도 했다.

다른 경기 지표들도 상당히 개선되고 있는 것처럼 보인다. 설명의 편의를 위해 2007년 1분기를 100으로 잡아 각종 경기 지표들을 지수화한 〈그림 1〉을 참고로 살펴보자. 먼저, 2009년 2분기 한국의 실질GDP 성장지수는 103.1로 고점인 2008년 3분기의 106에 비해 아직 2.9 정도 낮은 상태다. 소비지출을 보면 정부 소비지출이 2009년 1분기에 크게 증가한 반면, 민간 소비지출은 2009년 2분기에 1분기의 99.4에서 크게 증가했다고는 하지만 102.8에 그치고 있다. 고점인 2008년 1분기의 104에 비해 여전히 낮은 수준이다. 투자지출의 경우, 건설 투자는 거의 고점 수준을 회복한 반면, 설비 투자는 2009년 2분기에 84.3으로 1분기의 77.8에 비해 크게 증가했다고는 하지만 고점인 2008년 3분기의 102.2에는 여전히 크게 못 미치고 있다.

수출입의 경우, 수출은 2009년 2분기에 109.8로 1분기의 98.7에 비해 크게 증가했으며 고점인 2008년 2분기의 113.2에 근접해가고 있다. 반면 수입은 2009년 2분기에 97.7로 1분기의 89.8에 비해 크게 증가했지만 고점인 2008년 3분기의 114.2에 크게 미치지 못하고 있다. 이처럼 수입이 수출에 비해 크게 줄어든 것은 본격적인 민간 소비 회복이 아직 멀다는 것을 시사한다. 즉 2009년 2분기의 민간 소비 증가는 희망근로사업 등 정부의 경기 부양책에 의한 일시적인 것으로, 수입 소비가 크게 증가할 정도로 자력에 의한 것이 아니다. 종합해보면, 대규모 적자 재정 경기 부양책과 정부 예산 조기 집행으로 민간 서비스 소비가 증가하고 그로 인해 서비스업종의 투자 증가가 일어난 반면, 제조업의 경우 수출이 조금씩 증가하고 있지만 아직 본격적인 투자가 일어나고 있다고 보기는 어렵다. 어쨌거나, 시간이 지나면서 각종 경기 지표들이 저점에서 일정한 회복세를 보이고 있는 것은 사실이다.

그뿐인가. 한국의 실업률은 경제 위기의 와중에도 여전히 3%대를 기록하고 있다. 미국의 2009년 6월 실업률이 9.5%고, 상당수의 유럽 국가들이 두 자릿수 실업률을 기록하고 있는 것과 비교하면 매우 양호하다. 도저히 경기 침체를 겪고 있는 나라라고는 생각할 수 없을 정도다. (실업률 통계만 보면 우리나라는 외환위기 이후 지속적인 실업난을 겪는 가운데도 거의 완전 고용 상태를 나타내 '일자리

〉〉〉 그림 1 한국의 지출내역별 실질GDP 성장지수 추이

실질GDP 성장지수 추이
(2007년 1분기=100, Q는 분기)
108
106
104
102
100
98
96
2007. 1Q
2Q
3Q
4Q
2008. 1Q
2Q
3Q
4Q
2009. 1Q
2Q

소비지출 실질성장지수 추이
민간 소비지출
정부 소비지출
(2007년 1분기=100, Q는 분기)
115
110
105
100
95
90
2007. 1Q
2Q
3Q
4Q
2008. 1Q
2Q
3Q
4Q
2009. 1Q
2Q

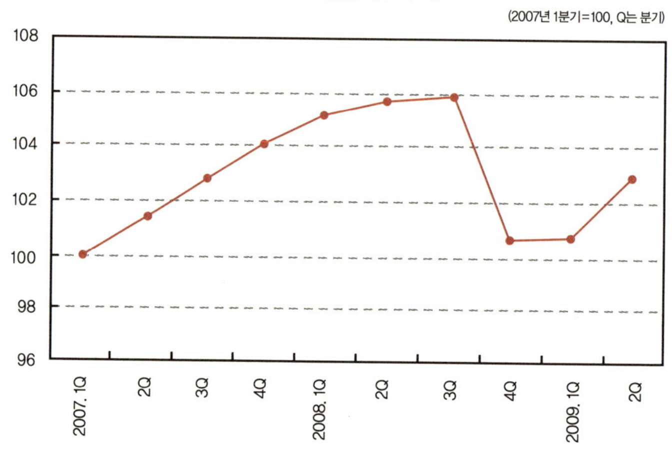

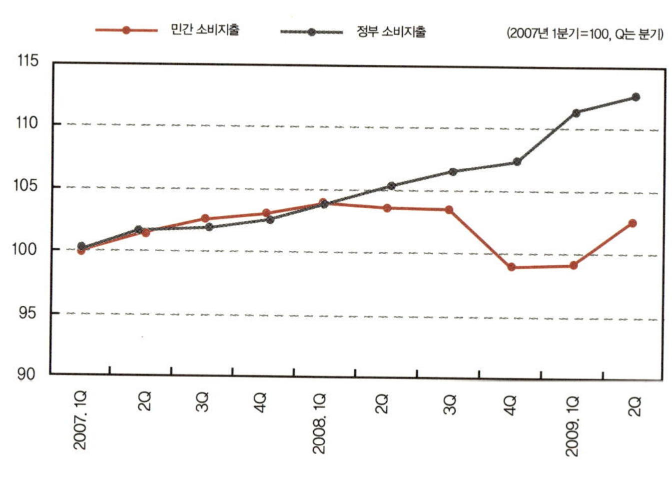

038

투자지출 실질성장지수 추이

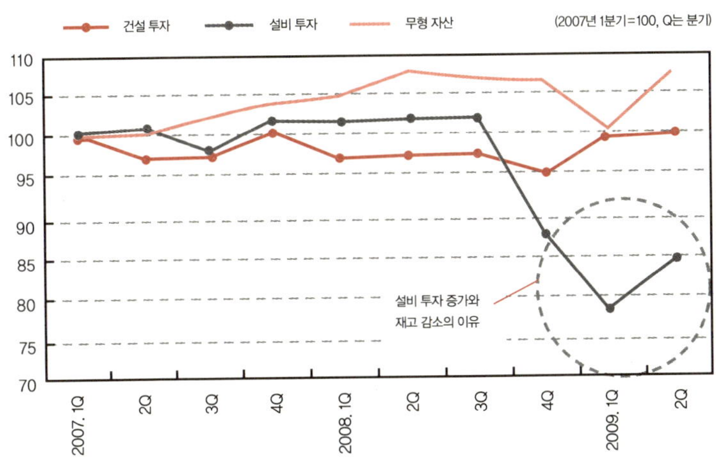

수출입 실질성장지수 추이

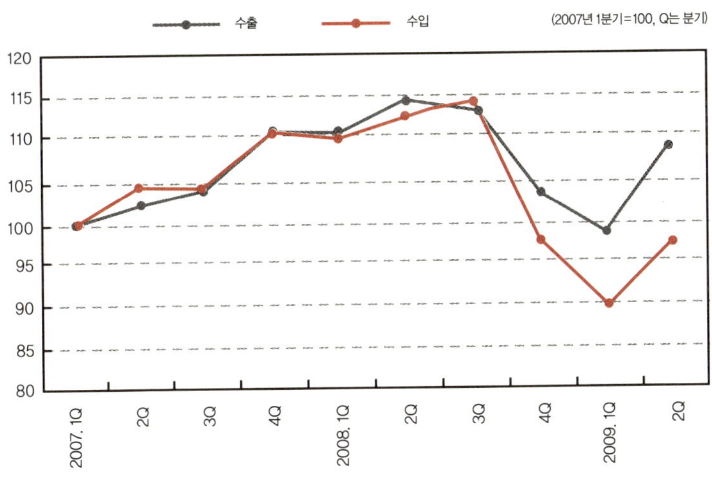

(주) 한국은행 자료로부터 KSERI 작성

천국'으로 느껴질 정도다. 이같이 극심한 경기 위축을 겪으면서도 3%대 후반의 실업률을 유지하고 있는 것은 사실 기적 같은 일이다. 이는 우리나라의 실업률 통계가 거의 통계 조작에 가깝기 때문인데, 이에 대해서는 뒤에서 자세히 설명하겠다) 이런 상황이다 보니 "한국이 세계에서 가장 빠르게 경기가 회복될 것"이라는 일부 외신 보도나 국제기구 등의 평가가 전혀 터무니없어 보이진 않는다.

이에 더해 국내 경제를 둘러싼 세계경제도 2008년 하반기와 같은 극심한 금융 위기가 재발할 가능성이 줄어들면서 어느 정도 진정세를 보이고 있다. 이 모든 현상들은 대부분의 국민들에게 경기가 곧 회복될 듯한 기대감을 불러일으키기에 충분했다. 이 같은 기대감은 2009년 초 이명박 대통령과 고위 정책 당국자들이 조기 회복론을 설파하면서 더욱 증폭됐다. 대부분의 언론도 연일 "한국 경제, 바닥 쳤나", "봄바람 부나" 등의 제목을 단 기사들을 양산해 이 같은 기대감을 부추겼다. (여담이지만, '조기 회복론' 나팔을 불던 정책 당국자들이 2009년 5월 이후 다시 "섣부른 낙관론은 금물"이라고 하고 있으니 한심스럽기 짝이 없다. 지금 겉으로 드러난 경기 회복세가 얼마나 취약한 것인지 스스로 잘 알기에 그런 행동을 취한 것이 틀림없다. 거기에 맞춰 요동치는 언론의 보도도 마찬가지다. 냄비도 이렇게 요란스러운 냄비가 없다) 이처럼 정부와 언론이 불어넣은 헛바람에 취한 일부 가계가 부동산 시장과 주식시장으로 몰려들면서 자산 시장이 다시 부풀어 오르기 시작했다. 다른 대부분의 국가들이 부동산 버블 붕괴로 인해 경기 침체를 겪고 있는 상황에서 한국은 오히려 부동산 버블이 더 커지지 않을까 우려해야 할 정도니 당장은 경제 상황이 좋아 보일 수도 있다.

상황이 이렇다 보니 시중에서는 낙관적인 경기 전망이 팽배해지고 있다. 상당수의 국민들이 잘못된 '외환위기 학습 효과' 때문에 이번에도 국내 경제가 V자형 반등을 그릴 것이라는 기대감에 빠져 있다. 경제가 중환자 상태에서 금방 회복돼 거리를 활보라도 할 것처럼 말이다. 물론 다급했던 상황이 지나가면 안도감이 생기는 것은 개인이든 집단이든 자연스러운 반응이다. 이 같은 안도감이 진화한 형태인 낙관적 기대감도 어느 정도 이해할 수 있다. 사실 이 같은 낙관적 기대감은 가계의 소비를 촉진하고 투자 의욕을 자극해 그렇지 않은 경우에 비해 경기를 호전시키는 힘이 되기도 한다. 그런 면에서 무작정 부정적으로 볼 일만은 아니다.

하지만 그 같은 조기 회복에 대한 기대감이 실현되지 않을 때 낙관적 기대감은 다시 비관과 실망으로 변해 경기를 더욱 가라앉히게 된다. 유감스럽게도 국내 경제의 겉이 아닌 속을 살펴보면 후자의 가능성이 상당히 커 보인다. 더구나 권력에 장악된 방송들과 기득권 신문들을 통해 실제보다 지나치게 낙관적인 정보만 전해 듣고 있어 국민들 사이에서는 기대감이 너무 부풀려져 있다. 기대가 크면 실망도 큰 법이다. 실망이 크면 차후 경기에 미치는 부정적 효과도 클 수밖에 없다.

더 큰 문제는 이것이 단순히 심리적 효과에 그치지 않는다는 점이다. 앞에서 한국 경제는 응급실에선 벗어났지만 여전히 중환자 상태라고 했다. 또한 종양 제거 수술을 받고 근본적인 체질 개선을 해야 하는 시기라고 했다. 그런데 실은 중환자이면서 강심제와 진통제, 환각제를 과다 복용하고 거리를 활보하고 다니면 어떻게 될까. 근본적인 치료를 미루는 과정에서 속병은 더욱 깊어질 것이다. 그 같은 속병이 주는 고통은 약발이 떨어지면 더욱 크게 와닿게 된다. 국내 경제는 바로 그런 상황으로 치닫고 있다.

한국 경제 회복의 마술쇼

분명히 국내 경제는 최악의 위기 상황에선 벗어났다. 현상적으로 는 여러 지표에서 경기 회복세가 나타나고 있기도 하다. 2009년 초 까지 응급실에 있는 환자 상태였던 한국 경제가 중환자실로 옮겨 진 뒤 불과 몇 달 만에 거리를 활보할 만한 체력을 갖게 된 것일까. 현재의 경제가 정말 그 정도의 잠재력을 갖고 있는 것일까. 대증요 법으로 급성 증상들만 가라앉혔을 뿐 경제에 치명적인 종양들의 상당 부분은 여전히 그대로인데도 말이다.

결론부터 말하면 현재 국내 경제의 회복세는 자생적인 것도 지속 가능한 것도 아니다. 정부의 대규모 감세와 재정 지출 확대를 통한 경기 부양책 및 환율 효과 등에 따른 것이기 때문이다.

우선, 정부가 내놓은 대규모 경기 부양책의 효과가 컸다. 세계 각국이 실시하고 있는 경기 부양책의 규모와 비교해 보자. 미국의 경우, 2009년 연방정부 총지출은 6조 달러로 2008년에 비해 20.3% 가량 늘어났다. 하지만 이는 금융 기관에 대한 대규모 공적자금 지원을 포함한 것으로, 실물경기 부양책에는 7860억 달러를 투입하기로 했다. 게다가 이 같은 규모는 앞으로 4년 동안 나뉘어 투입된다. 이 가운데 2009년에 투입되는 규모를 전체 투입액의 절반으로 보면 약 3930억 달러다. 이는 2008년 미국 예산의 7.9%에 이르는 규모다.

일본의 2009년 통합재정(추가경정예산 포함) 지출 규모는 2008년의 305조 엔에 비해 오히려 7조 엔 줄어든 298조 엔이다. 일본은 2008년 말 두 차례에 걸쳐 38조 5000억 엔의 추경을 편성(2008회계연도)한 데 이어 2009년 4월에도 경기 부양 목적의 추경을 14조 엔 가량 편성(2009회계연도)했다. 세 차례에 걸쳐 편성한 추경 52조 5000억 엔은 2008~2009년 2년간 지출 합산치의 8.7%다. 또 2009년 4월 추경 14조 엔은 2008년 지출 규모의 4.6%에 불과하다.

대대적인 경기 부양책을 펼치고 있다는 중국은 어떨까. 중국 정부가 2008년 10월 발표한 4조 위안 경기 부양책은 2009~2010년 2년에 걸쳐 추진된다. 이 가운데 중앙정부는 1조 2000억 위안을, 지방정부는 2조 8000억 위안을 부담한다. 중앙정부의 2009년 부담분 5900억 위안은 2008년 예산 3조 1000억 위안의 19.1%에 이른다. 하지만 실제로 중국 중앙정부가 편성한 2009년 예산은 3조 4000억 위안가량이다. 이는 2008년 예산액에 비해 9.2% 증가한 데 불과하다. 중국 정부가 발표한 4조 위안의 부양책은 기존 예산 사업과 중복되는 부분이 상당히 많다. 즉, 기존 예산 사업으로 이미 하고 있거나 계획했던 사업들을 포함시켜 대외적으로 경기 부양책 규모를 '뻥튀기'한 것이다.

마지막으로 한국 정부의 재정 지출 규모를 보자. 한국 정부의 2009년 총지출은 2008년의 257조 원에 비해 45조 원(추경 포함)가량 늘어난 303조 원에 이른다. 이는 2008년 총지출에 비해 17.6%나 늘어난 것이다. 미·일·중 3개 국의 경기 부양용 재정 지출 증가액이 7.9~9.2%인데, 그 두 배를 경기 부양에 쓴 것이다. 정부는 이 같은 대규모 재정을 끌어다 4대 강 사업이나 경인 운하 등 낭비성 토건 사업에 쏟아붓고 있다.

이뿐만 아니라 한국의 경우 이명박 정부가 임기 동안 모두 99조 원에 가까운 감세를 추진키로 한 것도 고려해야 한다. 이 가운데 현 정부가 감세안을 발표한 2008년 9월 이후 감세액은 18조 2000억 원(2008년 6조 2000억 원+2009년 12조 원)으로 추산된다. 감세는 감세 대상자들에게 정부가 감세액만큼 지원해주는 것이나 마찬가지이므로 그만큼 재정 지원이 이뤄지는 것으로 봐야 한다. 세금을 걷어들인 뒤 지원하느냐, 세금을 걷지 않는 식으로 지원하느냐의 방법론상 차이만 있을 뿐이다. 더구나 현 정부는 감세안이 경기 부양목적임을 분명히 했다. 정부가 발표한 감세 정책의 정식 명칭만 봐도 '일자리 창출을 위한 경제 재도약 세제(개편안)'이다.

이 같은 감세액까지 포함한 한국의 경기 부양 규모는 무려 63조 2000억 원이다. 2008년 정부 총지출의 24.6%에 이르는 대규모 부양책이다. 이렇게 따지면 한국 정부의 경기 부양 규모는 미·일·중 3개 국의 세 배에 이른다고 할 수 있다. 영국, 미국, 호주 등 상당수의 국가들에서 늘어난 재정 지출을 충당하기 위해 부유층에 대한 증세를 추진하는 것을 생각해보라. 대부분의 다른 나라들과 비교할 수 없을 정도로 막대한 규모의 경기 부양책을 동원한 것이다. 미국, 영국 등 이번 경제 위기의 진원지로서 금융 시스템이 붕괴되기 직전까지 갔던 나라들과 달리 부동산 버블 붕괴와 금융 시스템 위기까지 이어지지 않았던 나라에서 이처럼 엄청난 규모의 부양책을 쓴 것이다. 더구나 경기 부양책 예산의 65%가량을 조기 예산 집행이라는 명목으로 2009년 상반기에 쏟아부었다.

경기 부양이라는 미명 아래 미래의 재원을 무분별하게 끌어와 무작정 내질러버린 것이다. 미래 세대까지 포함한 국가 전체의 재원을 '정권의 쌈짓돈'처럼 쓴 것이다. 나중에 경제에 어떤 부담을 줄지는 따지지도 않았다. 이명박 대통령은 서울시장으로 재임하던 시절부터 뒷감당은 생각하지 않고 자기 생색내기로 유명한 사람이다. 대통령이 되자 경기 부양을 핑계로 그런 식의 행동을 전국 단위로 되풀이하고 있다. 한국은 외환위기 이후 국가 채무를 막대하게 늘렸고, 카드채 사태와 부동산 버블을 통해 가계 부채를 막대하게 늘려 외형적인 경제 성장을 해왔다. 부동산 버블 붕괴가 시작되자 현 정부는 다시 엄청난 규모의 국가 부채를 일으켜 이를 막는 데 쓰고 있다. 이렇게 해놓고는 한국 경제의 회복세가 가장 빠르다며 자신이 마치 대단한 '경제적 기적'을 일으킨 것처럼 너스레를 떨고 있는 것이다.

누구나 알듯이 경제에는 기회비용이라는 개념이 있다. 나중에 써야 할 자원을 빚을 내 미리 끌어와 쓰면 당장은 상황이 좋아지는 것처럼 보인다. 소득이 줄어 곤란을 겪던 가계가 은행 빚을 내 급한 곳에 지출하면 당장의 살림살이는 편해진다. 하지만 은행 빚이 어디로 가는가. 그 가계가 언젠가는 갚아야 할 돈이다. 이미 상당수의 중상류층 가계가 2000년대 내내 그런 생활을 해왔다고 앞에서 이미 설명했다. 그런데 이제 정부 차원에서 다시 빚을 내 무리하게 경제 성장을 빚어내고 있는 것이다.

물론 어느 정도는 재정을 끌어와 당장의 급한 불을 끄고 경제적 고통을 줄이는 조치들이 필요하다. 하지만 다른 나라의 2~3배에 이르는 돈을 쓰고서 "경제가 다른 나라보다 더 빨리 회복되고 있다"고 환호작약하는 것이 정말 반기기만 한 일인가. 거꾸로 막대한 재정을 투입하고도 왜 경기가 이 정도에 머물고, 서민들의 삶이 더 고통스러워졌는가를 우려해야 한다. 빚 잔치를 해서 흥청망청 써대는 바람에 경기를 반짝 회복시키는 것을 못 할 사람이 누가 있는가. 그것은 '경제 대통령'이 아니라도 누구나 할 수 있다. 아니, 다시 생각해보면 누구나 할 수 있는 일은 아니다. 이명박 대통령처럼 뒷일은 생각지 않는 무책임, 자신과 정치적 지지층에게만 혜택을 집중적으로 주는 뻔뻔함을 겸비하지 않고는 불가능한 일이다. 보통 사람들이 무책임함과 뻔뻔함을 겸비하기란 여간 어려운 게 아니다.

이번에는 환율 효과를 살펴보자. 1권 2장에서 금융권의 외화 차입을 통한 가계 대출 남발이 환율 폭등을 불러온 한 요인임을 설명했다. 그런데 환율 폭등은 2차적으로 실물경기 침체를 불러오기도 했다. 2008년 8월부터 본격화된 원/달러 환율 폭등은 이후 빠른 속도로 중소 제조업체 위주의 실물경기 침체를 불러왔다. 환율이 폭등하는 상태에서 웬만한 중소 제조업체들은 생산을 중단할 수밖에 없다. 원자재를 수입하는 제조업체들의 경우 환율이 폭등하면 채산성을 맞추기 어렵다. 생산하면 생산할수록 적자가 늘어나는데 어떻게 공장을 돌리겠는가. 더욱이 수출과 내수가 동시에 빠르게 가라앉는 상황에서는 더욱 그렇다.

좀 더 구체적으로 상황을 생각해보자. 달러당 원화 환율이 1000원에서 1400원으로 급등하면 원자재를 수입해서 생산하는 업체들은 수입 원가가 40% 상승한다. 업종에 따라 다소 편차는 있지만 기업들 대부분의 원가 구조를 보면 원재료비가 70% 정도고 인건비가 10%, 물류비 등 기타 관리비가 20%를 차지한다. 따라서 원/달러 환율이 40% 이상 오르면, 수입 원자재 비중이 전체 원자재의 절반가량을 차지한다고 가정할 때 기업들의 원가 상승 부담은 15% 이상 증가한다고 볼 수 있다. 따라서 기업으로서는 제품 가격을 그만큼 올리지 않는 한 채산성을 맞출 수 없다. 더군다나 수출이 둔화되고 내수도 급감하는 상황에서는 시간이 지나면 기업 연쇄 도산이 일어날 수도 있다.

그런 점에서 원/달러 환율 폭등은 고유가보다 더 악성인 경제 문제다. 고유가는 에너지 절감 노력이나 원화 강세로 어느 정도 부담을 상쇄할 수 있다. 또한 유가 상승은 주로 원유를 대량 사용하는 기업의 부담이 커지게 한다. 원/달러 환율 상승은 금리 정책과 마찬가지로 모든 기업에 무차별적으로 영향을 미친다. 그만큼 심각한 것이다. 실물경기 불황을 차단하기 위해서라도 원/달러 환율 안정은 최우선 정책 과제였다. 하지만 정부는 환율을 안정시키는 데 실패해 2008년 말 경제를 절체절명의 위기 상황으로 몰고 갔다. 그렇게 해서 2008년 4분기 한국 경제는 전기 대비 -5.1%라는 사상 최악의 성장률을 기록했다. 연율로는 -20.4%에 이르는데, 이는 세계 각국과 비교할 때 최악의 수준이다. 도대체 전쟁이 일어난 것두 아니고, 경제 위기의 진원지도 아닌 나라의 성장률로는 상상하기 어려운 수치다.

이처럼 국내 경제가 2008년 4분기에 상상하기 어려울 정도로 워낙 가파른 하락세를 나타냈기에 이후 성장률은 상대적으로 좋게 보일 수밖에 없다. 전기 대비로 2009년 1분기에 0.1%, 2분기에 2.3%의 성장률을 보인 것은 2008년 4분기의 가파른 하락세가 배경으로 작용한 때문이다. 검정색 바탕에 노란색 점이 있으면 명암 대비 효과 때문에 노란색이 더욱 눈에 띄는 것과 같은 이치다. 현 정부가 대규모 재정 지출을 통해 급격한 경기 하락세를 막았다고는 하지만 여전히 2008년 4분기 가파르게 하락한 부분을 만회하지는 못하고 있다.

환율이 단기간에 폭등하는 것은 이처럼 경제에 큰 충격을 주지만 일정하게 안정된 상태에 접어들면 고환율은 수출 대기업의 수출 경쟁력을 높여준다. 각 경제 주체들이 원자재 수입 감소나 국내 원자재 사용, 심지어는 공장 가동을 중단하거나 업종을 전환하는 식으로 반응하게 되기 때문이다. 환율 폭등으로 인한 경제 충격이 2008년 4분기에 집중됐다면 2009년 1분기 이후에는 고환율 효과로 인해 소수 수출 대기업들이 톡톡히 덕을 보고 있다.

2007년 10월경까지만 해도 원/달러 환율은 900원대 초반 수

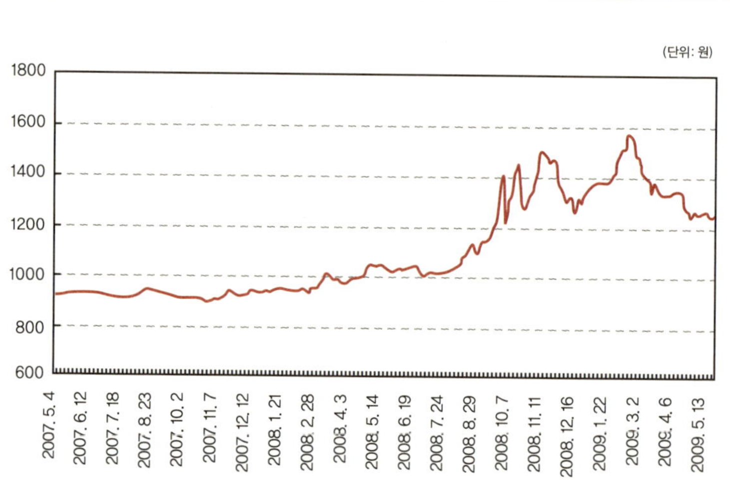

준을 유지하고 있었다. 그러던 것이 2008년 초부터 뛰기 시작해 2009년 3월 한때 1600원선에 육박했다가 이후 급속히 떨어져 7월에는 1250원 아래를 기록했다. 환율이 많이 내렸다고는 하지만 여전히 2007년 10월 이전의 900원대 초반에 비해서는 300원 이상 오른 상태다. 특히 평균 환율이 1462원이던 2009년 3월에는 저점보다 550원가량 높은 수준이었다.

2009년 1분기와 2분기의 평균 환율을 1300원대 초반으로 잡으면 2007년에 비해 45%가량 높은 상태라고 할 수 있다. 이 경우 한국은 불과 2년 전에 비해 수출 시장에서 45%가량 가격 경쟁력을 가지게 된다. 예를 들면 전에는 미국 시장에서 1만 4500달러 정도에 팔던 쏘나타 한 대를 1만 달러에 팔아도 원화 기준으로 예전과 같은 수입을 올린다는 뜻이다. 이 자동차를 생산하는 현대자동차는 4500달러만큼 가격을 후려칠 수 있다. 자동차 가격이 내려가면 그만큼 판매 실적이 늘어나는 것은 물론이다. 물론 현대자동차는 가격을 4500달러 내리지는 않는다. 가격을 덜 내리면 그만큼 원화 기준으로 자신들의 영업이익이 커지기 때문이다. 현대자동차는 자동차 가격에 대한 수요 탄력성 등을 고려해 주어진 환율 조건에서 자신들의 영업이익을 최대화할 수 있는 정도에서 가격을 결정할 것이다. 현대자동차가 미국 시장에서 자동차 구입자가 실직할 경우 차를 되사주거나 기름 값을 지원해 주는 각종 공격적인 마케팅 전략을 구사할 수 있었던 것은 바로 환율 효과 때문임을 다시 설명할 필요는 없을 것이다. 현대-기아자동차 그룹이 미국 시장에서 시장점유율을 높일 수 있었던 것도 바로 이 때문이다.

이 같은 환율 효과는 수출 경쟁국과 비교하면 더욱 증폭된다. 예를 들어, 일본의 경우 같은 기간 엔/달러 환율이 15~20% 정도 하락해, 엔화 가치는 오히려 평가절상됐다. 일본의 도요타자동차나 혼다자동차와 경쟁하는 현대자동차로서는 가격 경쟁력이 60% 정도나 상승한 것이다. 2008년 이래 달러에 대해 환율이 뛴 나라는 한국과 함께 영국, 아일랜드, 러시아 및 동유럽 국가 등 일부 국가들뿐이다. 반면 유로화 및 일본 엔화, 중국 위안화 등 대부분 국가들의 화폐 가치는 달러 대비 강세를 띠었다. 이렇게 볼 때 한국 수출 기업들이 수출 시장에서 누린 가격 경쟁력은 엄청난 것이다.

지금까지 내용을 종합해 보면 2009년 상반기 국내 경제의 회복세가 얼마나 취약한 것인지, 또한 얼마나 지속성이 없는 것인지를 잘 알 수 있다. 2008년 한국의 GDP 총액은 약 1000조 원이다. 이 가운데 총수출액은 400조 원 정도 된다. 그런데 세계경제 위기로 교역 규모가 줄면서 2009년 2분기까지 2008년 대비 원화 기준으로 25% 줄어든 수준을 유지하고 있다. 이 상태가 연말까지 지속된다면 수출액은 2008년 대비 100조 원가량 줄어든 300조 원 수준에 머물 것이다. 수출로 줄어든 GDP 총액을 63조 2000억 원의 정부 재정 지출로 메워 경기 위축을 막고 있는 형국이다. 즉, 현재 나타나고 있는 경기 회복세는 민간의 자력에 의한 것이 아니다. 다른 나라의 2~3배에 이르는 정부의 경기 부양책과 환율 효과에 힘입은 것일 뿐이다. 물론 저금리와 각종 정책 및 금융 지원책 등의 간접 효과를 따지면 정부 지원 효과는 더 커진다.

따라서 이 같은 경기 회복세는 정부의 경기 부양책 효과와 환율 효과 등의 약발이 다하면 언제든지 소멸할 수 있다. 원/달러 환율은 2009년 8월 초 현재 1220원대까지 내려왔고, 앞으로 달러 약세가 지속되면 더 떨어질 수도 있다. 물론 현 정부가 2~3년 정도 이런 식의 기조를 인위적으로 유지할 수 있을지도 모르지만, 국가 부채 급증 등 그에 따른 문제점은 갈수록 커질 것이다. 과거 일본이 무리한 부양책을 실시해 천문학적 국가 부채를 지게 돼 경기 침체의 장기화를 초래한 것과 마찬가지다. 정부의 무리한 경기 부양책으로 만들어낸 현재의 경기 회복세는 결코 견실하지도 지속 가능하지도 않은 '가짜 회복'이다. 물론 앞으로 1~2년 이내에 세계 경제가 급격한 회복세를 보인다면 다행이지만, 현재로선 그럴 가능성이 매우 낮아 보인다. 더구나 한국은 다른 대부분의 국가와 달리 부동산 버블을 해소하지 못한 상태이므로 조그만 외부 충격에도 상태가 다시 급격히 악화될 가능성이 높다. 그런 점에서 현재의 경기 회복이 곧바로 외환위기 직후와 같은 V자형 회복으로 이어질 것으로 보는 것은 착각이다. 당장에는 그렇게 보일지 몰라도 그것은 언제든지 급락세로 이어질 수 있는 불안한 회복일 뿐이다. 부동산 버블 해소 등 국내 경제의 근본적인 구조조정과 체질 개선이 없는 현재의 경기 회복이 얼마나 취약한 것인지는 오래지 않아 드러날 것이다.

한편 이 같은 경기 부양책과 감세 혜택, 환율 효과의 혜택은 거의 대부분 수출 및 토건 재벌과 부동산 부자 들에게 집중돼 있다는 점에서도 문제다. 경기 부양책과 감세 혜택의 구체적인 내용은 2장에서 살펴보기로 하고 여기에서는 환율 효과의 영향에 대해서만 살펴보자. 위에서 본 것처럼 원/달러 환율 급등은 수출 기업의 가격 경쟁력을 높여주고 원화 기준으로 수출 기업의 실적을 불려주는 효과를 낸다. 이 같은 효과로 가장 크게 덕을 보는 것이 수출 대기업임은 두말할 나위도 없다. 반면 환율이 오르면 수입 물가가 상승해 수입 업체의 매출은 줄어들고 소비자의 실질 구매력은 감소한다. 다른 대부분의 나라에서 경기 침체로 물가 상승률이 하락하는데도 2008년 이후 한국에서만 계속 뛰고 있는 주원인도 환율 상승 때문이다. 이렇게 볼 때 환율이 오르면 사실상 수입업체와 국내 소비자에게 수입세와 소비세를 걷어 수출 기업들에게 보조금을 주는 효과가 발생한다. 수입업체와 소비자의 소득을 수출 대기업에게 재분배해주는 효과를 내는 셈이다. 사실 정부는 개발연대 이래 지속적으로 원화 약세를 용인해 수출 대기업의 가격 경쟁력을 강화하는 정책 기조를 펼쳐왔다. 대신 수입 물가 상승에 따른 소비자 물가 상승으로 일반 국민들이 부담을 지는 방향으로 환율 기조를 유지해온 것이다.

　사실 현 정부는 출범 초부터 이 같은 고환율 정책을 드러내놓고 추진했다. 현 정부의 첫 기획재정부 장관인 강만수 전 장관은 수출 대기업의 가격 경쟁력 확보를 위해 고환율 정책 기조로 갈 것임을 출범 초부터 명시적으로 밝혔다. 유구무언, 허허실실이 기본인 외환 시장에서 최고정책당국자가 대놓고 환율의 방향성을 제시해버린 것이다. 그것도 전 세계적인 금융 위기가 본격화되는 가운데 국내 시중 은행들의 외화 과다 차입으로 환율 폭등 가능성이 뻔히 보이던 시기에 말이다. 타는 불에 기름을 끼얹은 격이었다. 그는 그것이 한국 경제를 위해 바람직한 것이라고 강변하겠지만, 수출 대기업들의 이익을 늘려주는 데 눈이 벌게 세상이 어떻게 돌아가는지도 몰랐던 것이다. 그렇게 해서 10년 전 한국 경제를 외환위기로 몰고 갔던 강만수 경제팀은 경제를 또 다시 '제2의 외환위기'의 벼랑 끝으로 몰고 갔던 것이다.

이후 환율 수급이 깨지고 정부의 발언을 빌미로 투기 세력까지 준동해 환율이 폭등하자 정부는 부랴부랴 환율을 안정시킨다며 난리를 쳤다. 그렇게 해서 국내 시중 은행에 300억 달러의 외화 유동성을 지원해주고, 외환 시장에 개입하는 등 700억 달러에 가까운 외환보유액을 까먹은 뒤에야 겨우 환율을 1200원대로 안정시켰다. 그나마도 대규모 재정 적자로 미국의 국가 신용 등급 하락 가능성이 제기되면서 달러화가 전면 약세를 보인 데 힘입은 바 크다.

그런데 이제 와서는 원/달러 환율이 단기간에 너무 떨어졌다며 수출 대기업들의 경쟁력을 제고하기 위해 환율이 더 떨어지면 안 된다고 난리를 치고 있다. 일반 국민들은 죽으나 사나 수출 대기업들만 먹여 살리면 된다는 식이다. 그것이 수출 대기업들의 구조조정을 가로막아 중장기적인 경쟁력을 떨어뜨리는 것도 모르고 말이다. 도대체 한 치 앞도 내다보지 못하는 정부 때문에 얼마나 국부를 까먹어야 한단 말인가. 그리고 재벌 기업들을 위해 일반 국민들은 언제까지나 고통을 감수해야 한단 말인가. 정부 당국자와 기득권 언론들은 수출 대기업들이 살아야 한국 경제도 산다고 떠벌리지만 말짱 거짓말이다. 수출 증대가 과거처럼 내수 활성화로 이어지지 않는 시대에 고환율로 인한 물가 급등의 부담으로 서민들은 허리가 휠 지경이다. 도대체 이 나라 국민들 가운데 누가 자신의 호주머니를 털어 수출 대기업들을 도와주겠다고 동의했단 말인가. 자신들에게 땡전 한 푼 보답도 돌아오지 않는데도 말이다. 정책 당국자들의 안중에 재벌 기업들밖에 없는 나라에 사는 서민들의 비애일 수밖에 없다.

수출 실적 구체적으로 뜯어보니

환율 효과는 수출 시장에서 가격 경쟁력으로만 나타나지 않는다. 원화 표시 수출액을 부풀리는 효과를 낳는다. 이를 대표적인 수출 대기업인 삼성전자와 현대자동차의 2009년 1분기 영업 실적을 사례로 들어 살펴보자. 삼성전자나 현대자동차의 2009년 1분기 실적이 외국의 경쟁업체들에 비해 비교적 선방했다는 이유로 주식시장은 이를 호재로 삼았다. 심지어 삼성전자의 실적에 대해 '어닝 서프라이즈'라는 표현까지 동원했다. 그런데 실상은 어떨까.

우선, 2009년 1분기 삼성전자의 총매출은 18조 6000억 원으로 2008년 1분기의 18조 5000억 원과 비슷한 수준으로 나타났다. 이 가운데 내수가 3조 1000억 원이고 수출이 15조 5000억 원으로, 수출이 80% 이상을 차지했다. 특히 수출은 2008년 4분기와 2009년 1분기 모두 15조 5000억 원으로 거의 비슷한 수준이다.

그런데 이를 달러로 환산해보면 어떨까. 원/달러 평균 환율은 2008년 4분기에 달러당 1363원에서 2009년 1분기에 1415원으로 3.8%가량 상승했다. 따라서 삼성전자의 수출은 2008년 4분기 113억 6000만 달러에서 2009년 1분기 109억 3000만 달러로 4조 3000억 달러 줄어든다. 만일 원/달러 환율 변동이 없었다면 2009년 1분기 삼성전자의 원화 매출은 18조 원가량으로 5700억 원가량 줄어든다. 이는 결과적으로 삼성전자의 매출이 2008년 4분기에 비해 원/달러 환율 상승으로 5700억 원가량 늘어났다는 것을 의미한다. 이러한 환율 변동 효과를 빼면 2009년 1분기 삼성전자의 영업이익은 1476억 원 흑자가 아니라 4253억 원 적자로 반전한다.

삼성전자의 수출 실적을 원/달러 환율이 폭등하기 전의 환율 수준으로 환산하면 어떻게 될까. 2009년 1분기 달러 환산 수출액 109억 3000만 달러를 달러당 950원을 기준으로 원화로 환산하면 삼성전자의 2009년 1분기 수출 실적은 10조 5000억 원에 불과하다. 내수 판매분 3조 1000억 원을 포함한 총매출도 13조 6000억 원에 그친다. 만약 환율이 2년 전 수준이었다면 삼성전자는 '어닝 서프라이즈'가 아니라 사상 최악의 실적을 기록했을 가능성이 높다.

현대자동차도 마찬가지다. 현대자동차의 2009년 1분기 총매출은 전기 대비 32%가량 줄어든 6조 원이다. 원/달러 환율 변동 효과를 차감하면 5조 9000억 원으로 1000억 원가량 줄어든다. 특히 달러 환산 수출은 전 분기에 비해 47.6%나 줄어 급감세가 계속됐다. 이처럼 수출이 급감한 것은 유럽 지역으로의 수출이 거의 중단됐기 때문이다. 환율 요인을 빼면 현대자동차의 영업이익은 1540억 원에서 313억 원으로 줄어든다.

이처럼 수출 기업들의 매출은 기업의 생산 활동과 관계없이 원화 환율 급등으로 부풀려졌다. 환율이 큰 폭 변동하면 GDP가 실물경제의 생산 활동을 제대로 반영하지 못한다. 2008년 하반기부터 2009년 1분기까지 원화 환율의 급등세가 지속됐던 점을 감안하면 수출 의존도가 매우 높은 국내 경제의 실질GDP 성장률도 부풀려졌을 가능성이 상당히 높다.

이 밖에 수출입의 구체적 내용을 뜯어봐도 불안한 구석이 많다. 〈그림 1〉에서 보는 것처럼 국내 상품 수출은 2009년 1월을 저점으로 표면상으로는 회복된 것처럼 보인다. 하지만 2009년 5월에는 다시 감소했으며 전년 동월 대비로도 29%나 줄어들었다. 2008년 하반기 이후로 감소세가 지속되고 있는 것이다. 2009년 1~5월 수출이 늘어난 것은 대부분 선박(전년 동기 대비 22.8% 증가)과 금(전년 동기 대비 55.5% 증가) 수출 증가에 기인한다. IT 및 자동차, 기계 분야 등에서는 극심한 침체가 계속되고 있다. 2009년 5월에 수출이 감소세로 반전한 것도 선박 수출이 감소했기 때문이다. 수입은 유가 상승에도 불구하고 여전히 바닥권에서 벗어나지 못하고 있으며, 2009년 5월에는 전년 동월 대비 40%나 감소했다. 수입보다 수출이 훨씬 더 급감해 흑자를 기록하고 있는 것이다.

물론 불황형 흑자여도 사실상 가용 외환보유액이 부족한 상황에선 환율 폭등 사태를 진정시킬 수 있다는 점에서 이는 단기적으론 호재일 수 있다. 하지만 그만큼 수출입 경기 위축이 지속된다는 점에서 장기 침체를 예고하는 것이다. 특히 수입 감소의 상당 부분이 원자재나 중간재 수입에서 일어났다는 점은 국내 제조업의 생산 침체가 지속될 것임을 의미한다는 점에서 더욱 우려된다.

더구나 수출 실적도 상당 부분 허수일 가능성이 높다. 예를 들면, 2009년

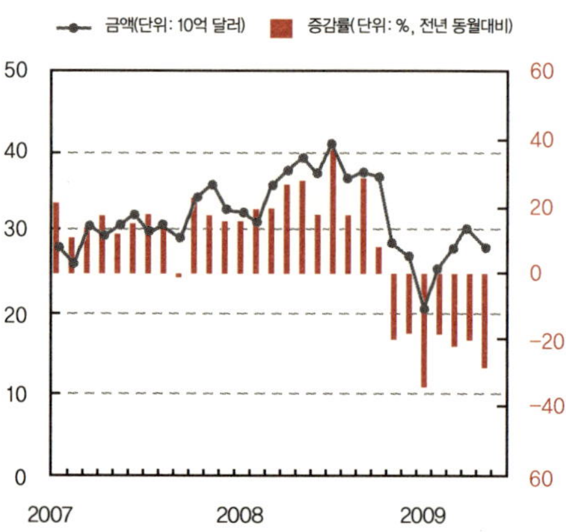

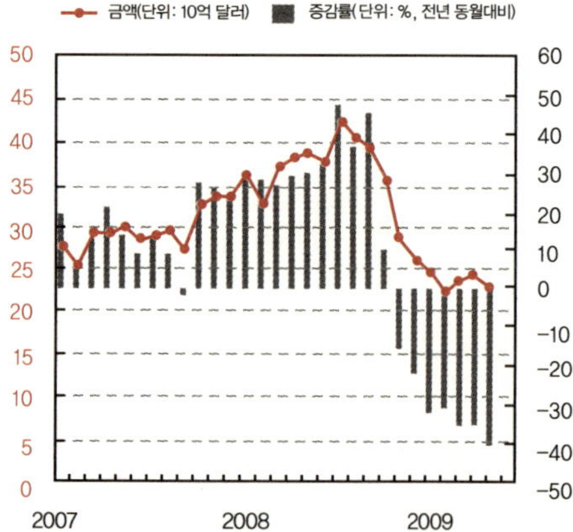

(주) 한국은행 자료로부터 KSERI 작성

2~3월 수출은 증가세로 반전했는데, 이는 대부분 IT 제품 및 선박류 수출이 증가했기 때문이다. 그런데 IT 제품의 경우 계절적 요인을 반영한 전년 동월 대비로는 여전히 감소세가 지속되고 있다. 더 심각한 것은 선박류 수출이 대부분 사실상 허수에 가깝다는 점이다. 선박류 수출이 늘어난 것으로 집계됐지만, 이는 2008년 이전에 수주한 물량의 대금이 최근 입금됐기 때문이다. 알다시피 전 세계적으로 경제 위기가 나타난 이후 신규 선박 수주가 끊기다시피 하고 기존 수주 물량도 상당수 취소 또는 연기되고 있다는 보도가 잇따르고 있다. 대형 선박을 건조하는 데 1년 반가량 걸린다는 점을 고려하면 경기가 조기 회복되지 않는 한 2009년 하반기부터는 선박류 수출이 한계에 이를 가능성이 높다. 따라서 선박 수출 물량의 급증은 조선 산업의 특성상 호황기 때 급증한 주문이 불러온 착시 현상일 뿐이다. 신규 주문이 이어지지 않는다면 일정 시점부터는 수출 물량이 급감할 가능성이 높다.

대공황 이후 최대 경제 위기,
2~3년 만에 해소될까

이제, 2009년 상반기까지의 상황을 토대로 세계경제의 흐름을 전망해 보자. 본론에 들어가기에 앞서 이야기하자면 여기에서 세계경제 전반을 모두 설명할 수는 없다. 그것은 이 책의 주제를 크게 넘어서는 것이기도 하고 필자의 역량에 벅찬 것이기도 하다. 여기에서는 수출 의존도가 높은 한국 경제를 좀 더 정확히 전망하기 위해 먼저 세계경제의 상황을 살펴보려 한다. 그 대상 또한 이번 경제 위기의 진원지이자 세계경제에서 압도적 비중을 가진 미국을 중심으로 할 것이다. 이 점을 감안하고 읽기 바란다.

앞서 설명한 대로 가계의 소득 및 지출이 줄어들고 기업의 투자가 감소하면서 단기적으로 정부의 재정 확대를 통하지 않고서 국내 내수시장은 더 성장하기 어려운 포화 상태에 이르렀다. 그만큼 미국과 중국 등 주요 교역 대상국들의 경기가 회복돼 수출이 늘어나지 않으면 국내 경기도 회복되기 어려운 구조다. 따라서 수출 확대에 따른 경기 회복을 점쳐 보기 위해서라도 세계경제의 현 상황을 진단하고 앞으로의 흐름을 전망해 보는 것은 매우 중요한 일이다.

먼저, 현재의 세계경제 위기 상황을 정확히 판단하기 위해 이번 위기가 어떤 이유로 어떻게 시작됐는지 살펴보자. 대부분의 사람들은 이번 경제 위기가 미국의 부동산 버블 붕괴에 따른 금융권의 주택 모기지 대출 부실 때문이라고 알고 있다. 물론 매우 핵심적인 이유 가운데 하나임에는 분명하다. 하지만 이는 세계경제 위기를 너무 단기적 국면에서만 바라본 시각이다. 세계경제 위기의 원인에는 이 같은 단기적 요인도 있지만, 수십 년에 걸친 장기적 요인들도 작용하고 있다.

이번 위기는 길게 보면 1970년대부터 지속돼온 금융 자유화와 달러를 기축통화로 하는 변동환율제, 그리고 통화론적 정책 기조가 정착된 과정에서 싹이 텄다고 할 수 있다.

1970년대 이후 규제금융의 틀이 근본적으로 바뀌기 시작했다. 금융 자유화 흐름의 핵심은 증권화였다. 1930년대 대공황 이후 이 같은 사태의 재발을 막기 위한 규제금융의 틀이 완성됐다. 은행은 이 같은 틀 속에서 중심적 역할을 했다. 하지만 1970년대 이후 규제 완화 또는 자유화의 틀 속에서 시장의 변화를 즉각적으로 반영할 수 있는 증권 중심으로 금융 구조가 바뀌었다. 또 은행과 증권, 보험의 겸영이 허용돼 결과적으로 업태에 관계없이 금융 기관들이 투자은행처럼 변모했다. 그 결과 은행, 증권, 보험 등의 투자은행 부문은 매우 빠른 속도로 성장했으며, 그 상당 부분이 헤지펀드 형태를 통해서 이루어졌다. 이러한 현상은 1990년대 이후 파생상품 등 첨단 금융 기법 등이 등장하면서 더욱 가속화됐다.

둘째로, 달러를 기축통화로 하는 변동환율제는 미국의 쌍둥이 적자인 경상수지 적자와 재정 수지 적자를 유발했다. 왜 그럴까. 달러가 기축통화 역할을 하다 보니 세계 교역이 성장하는데 맞춰 달러 공급이 늘어나야 했다. 그런데 달러는 미국의 화폐이기도 하다. 따라서 미국이 달러를 그냥 공짜로 마구 뿌려줄 수는 없다. 결국 일본이나 한국, 중국 등의 물건을 사주거나 이들 나라에 돈을 빌려주는 등의 방식으로 달러를 공급해야 한다.

미국 경제의 규모가 아무리 크다 한들 세계경제의 4분의 1 정도에 지나지 않는다. 그런데 국제무역이든 국제금융 분야든 단순 계산으로 달러를 미국 경제의 4배가량 공급해주어야 했던 셈이다. 이를 위해서는 미국 가계와 기업들이 일본이나 한국, 중국 등의 나라에서 물건을 계속 사줘야 한다. 그런데 미국의 경상수지 적자가 확대되면 당연히 달러화 가치가 떨어져 수입 가격이 높아지므로 무역 불균형이 시정되어야 한다. 그러나 달러화가 기축통화이다 보니 달러화 안정을 위해 미국 정부는 인위적으로 달러 강세 정책을 유지할 수밖에 없었다. 미국의 경상수지 적자가 구조적으로 발생할 수밖에 없는 이유가 바로 이 때문이다.

뿐만 아니라 미국의 가계나 기업들 역시 물건을 사려면 역시 달러가 필요하다. 자신들의 소득과 수입 이상으로 물건을 사려면 빚을 내야 한다. 미국 정부 역시 재정 수지 적자를 통해 가계나 기업에 달러를 뿌려주는 식이었다. 결과적으로 달러를 기축통화로 하는 변동환율제는 주기적으로 미국의 쌍둥이 적자와 미국 가계의 과다 차입에 기반한 과소비를 부추겼다. 이 같은 과소비가 기업들의 과잉 설비 투자로 이어졌음은 두말할 것도 없다.

셋째로, 1980년대 레이건 행정부 때부터 통화론자들이 본격적으로 경제 정책을 주도하기 시작했다. 통화론자들은 당시 경기가 침체한 원인이 높은 인플레이션과 초고금리 때문이라고 설명했다. 이를 해소하기 위해서는 통화량을 지속적으로 공급해 저금리 기조를 정착시켜야 한다고 주장했다. 그리고 감세를 통해 기업의 투자를 촉진해 공급을 확대하고 물가를 안정시켜야 한다고 덧붙였다. 이 같은 통화론자들의 처방에 따른 통화 팽창과 저금리 기조 정착은 장기간의 세계경제 성장을 가능케 했지만, 주기적으로 버블을 키우는 문제점도 낳았다.

1970년대부터 이 세 가지 기조를 중심으로 세계경제의 패러다임이 바뀌기 시작했는데 이 기조들이 맞물리면서 많은 문제들이 생겨났다. 예를 들어, 레이건 행정부는 통화론자들의 주장에 따라 통화 공급량을 지속적으로 늘려 저금리 기조를 정착시켰는데, 이 때문에 1980년대 후반 일본에 달러가 지나치게 유입돼 부동산 버블을 일으켰다. 이 같은 버블은 미국과 유럽으로 돌아나가 다시 버블을 일으키기도 했다. 1990년대에 일본에서 버블이 붕괴되자 넘쳐나는 달러 투기 자금들이 이번에는 중남미와 동아시아 등 이머징 마켓으로 향하게 된다. 그러나 이 역시 10년을 채 버티지 못하고 1990년대 중반 중남미 위기와 1990년대 후반 동아시아 외환위기로 터져 나온다.

2000년대 들어서 이들 투기자금은 미국과 유럽, 중국으로 몰렸다. 뿐만 아니라 한국 등 외환위기를 겪은 아시아 국가들과 중국 등이 인위적인 달러화 강세 정책을 펼쳐 막대한 경상수지 흑자를 통해 외환보유액을 늘렸다. 이것이 달러 유동성 과잉의 원인이 되기도 했다. 이렇게 해서 일본이 1조 달러, 중국이 1조 5000억 달러, 한국도 2000억 달러가 넘는 외환을 보유하게 됐다. 하지만 이 외환은 금고에 얌전히 들어 있는 게 아니었다. 미국과 유로화 경제권 등에 돌아들어가 그 나라의 국채와 주식, 부동산 등에 투자됐다. 그 결과 또다시 10년 만에 미국의 서브프라임론 사태로 대표되는 전 세계적 규모의 투기 버블이 유발된 것이다.

이런 상황에서 2001년 부시 행정부가 출범한 이후 2002년부터 2004년 상반기에 걸쳐 실시한 초저금리 정책은 부동산 버블을 가속화한 요인이다. 10년 넘게 지속되고 있는 일본의 제로 금리 정책도 엔캐리 투기자금을 전 세계에 공급하는 원천이 되었다. 그 결과 전 세계적으로 달러 유동성이 넘쳐나고 글로벌 금융 기관들의 투자은행화가 경쟁적으로 가속화되면서 넘쳐나는 달러 유동성이 부동산으로 쏟아져 들어갔다. 미국뿐만 아니라 유럽 국가들과 중국 등 브릭스(BRICs) 국가들에도 달러가 쏟아져 들어갔고, 한국도 예외가 아니었다. 1990년대 이미 부동산 버블 붕괴를 경험한 일본만 학습 효과 때문에 부동산 버블이 생기지 않았을 뿐이다. 이처럼 현재의 세계경제 위기는 멀리 보면 달러 기축통화에 기반한 변동환율제와 금융 자유화 현상 등으로 30년 이상 누적돼온 문제점이 한꺼번에 터지며 발생한 것이라고 할 수 있다.

이처럼 다소 길게 이번 경제 위기의 장기적 원인까지 거론한 것은 이번 경제 위기가 쉽사리 해소될 것이 아님을 말하기 위해서다. 수십 년간 누적돼온 세계경제의 문제점이 불과 몇 년 정도의 단기적 경기 변동 수준에서 해결된다는 것은 불가능하다. 설사 그렇게 되는 것처럼 보일지라도 그것은 문제를 제대로 해결하지 않는 가운데 나오는 눈속임에 불과하다. 이런 점을 염두에 두고 세계경제를 보지 않는다면 착각과 환상에 사로잡힐 가능성이 높다.

이제 이번 경제 위기를 좀 더 단기적 국면에서 보자. 이번 경제 위기의 직접적 발단은 잘 알려진 대로 부동산 버블과 이와 연계된 서브프라임론 사태다. 서브프라임론 문제는 2006년 초부터 수면 위로 드러나기 시작했다. 이미 2005년 말부터 미국의 신규 주택 판매량이 줄기 시작했고, 주택 건설 투자를 비롯한 기업들의 설비투자도 2006년부터 감소하기 시작했다. 특히 2006년 중반부터 부동산 거래가 빠르게 줄어들면서 주택 가격도 하락세를 보이기 시작했다. 그 여파로 2007년 초부터 저소득층에게 무리하게 주택 모기지 대출을 해줬던 일부 주택 모기지 금융사들이 파산하기 시작하면서 서브프라임론 사태가 본격화됐다. 극심한 세계경제 위기의 시작을 알리는 단초였던 것이다.

2008년 초부터 월가의 대형 투자은행인 베어스턴스가 파산하는 등 서브프라임론 사태는 본격적인 금융 위기로 발전하기 시작했다. 13조 달러에 이르는 미국의 주택 모기지론 가운데 5조 5000억 달러를 공급한 패니매이와 프레디맥 등 미국 연방주택금융공사들의 부실이 2008년 5월부터 표면화되기 시작한 것이다. 이어 7월에는 이들 기관에 대한 긴급구제법안이 통과돼 9월 미 재무부가 이들에 대해 사실상 국유화 조치를 취하게 됐다.

2008년 9월에는 대공황 이후 초유의 전 세계적 금융 위기가 발생했다. 초대형 투자은행인 리먼브러더스가 파산하고, 씨티그룹과 AIG 등 대부분의 글로벌 금융 기관에도 대규모 구제금융이 투입됐다. 서브프라임론 사태가 세계 금융 시장의 지축을 뒤흔드는 대지진으로 폭발한 것이다.

이 같은 전 세계적 금융 위기는 곧이어 실물경제의 위기로 이어져 미국과 EU, 일본, 중국 등 주요국 경제가 급격한 경기 하락을 경험하게 됐다. 이 같은 움직임은 상당수 나라에서 기업들과 금융 기관들의 실적 악화 및 파산, 민간 소비 감소, 실업 증가 등으로 이어졌다. 팽창일로를 걷던 전 세계의 교역 규모는 계속 줄어들어 각국의 수출입이 수십 퍼센트씩 줄어들었다. 그런 가운데 금융 위기와 실물경기 침체의 악순환을 매개하는 주택 가격 하락은 전 세계 대부분의 국가에서 지속됐다.

이 같은 전 세계적 경제 위기를 극복하기 위해 G-20 정상 회담 등을 통해 각국 정부는 금리 인하 및 대대적 경기 부양 등 글로벌 정책 공조를 추진했다. 특히 세계경제 위기의 진원지인 미국 정부는 경기의 자유 낙하를 막기 위해 동원할 수 있는 정책 수단은 모두 동원했다. 글로벌 금융 기관의 연쇄 도산을 막기 위해 천문학적인 구제금융을 지원한데 이어 금리를 제로 수준으로 내리고, FRB(연방준비은행)를 통해 달러를 찍어내 이른바 '헬리콥터 머니'를 뿌려대는 양적 통화 완화 정책 등을 실시했다. 또한 오바마 행정부가 출범하면서 7870억 달러 규모의 대규모 경기 부양 예산을 마련해 시행에 들어갔다.

이 같은 노력을 통해 세계경제의 급격한 붕괴는 피할 수 있게 됐다. 그렇다고 해도 벌써 '경기 회복론'과 '바닥론'이 난무할 시기는 아니다. 여전히 실물경제는 침체되어 있고, 주식시장만 단기 반등한 상태일 뿐이기 때문이다. 그것도 미국 정부의 막대한 구제금융 지원을 받은 금융 기관들의 주가 끌어올리기에 힘입어 말이다. 이런 상황에서 2000년대 이후 계속 버블 붐에 취해 있었던 탓인지 사람들은 성급하게 조기 경기 회복을 기대하고 있다. 겨우 안도의 한숨이나 내쉬며 여전히 내핍을 해야 하는 시기에 말이다. 실제로 실물경제에서는 이런 일이 일어나고 있는데, 각국 정치권과 언론들은 국민들에게 헛바람을 불어넣고 있을 뿐이다.

세계경제 조기 회복론,
아직 희망사항일 뿐

국내 경제 상황을 설명하면서 사용한 방식과 같은 방식으로 현재 미국 경제 상황을 살펴보자. 〈그림 1〉은 2007년 1분기를 100으로 하여 2009년 2분기까지 미국 경제의 실질GDP 및 각종 지표들을 지수화한 것이다. 미국 경제의 실질GDP 성장률은 2008년 2분기 102.4로 고점을 기록한 후 급격한 하락세를 나타내다가 2009년 2분기 98.4로 감소폭이 둔화된 모습을 보였다. 고점 대비 3.9%가량 줄어든 것이다. 또 미국 GDP의 70%가량을 차지하는 민간 소비지출은 2009년 2분기 현재 고점 대비 1.8%가량 줄어든 상태며, 총투자 지출은 2007년 3분기 고점 대비 -32.1%로, 대폭 줄었다. 또 총투자지출의 절반가량을 차지하는 기업의 설비 투자는 고점 대비 22.2%가량 줄었으며, 재고 투자는 무려 575%가량 줄었고, 주택 투자는 46.3% 줄었다. 반면 순수출(수출-수입)은 2007년 1분기 대비 48.1% 정도 개선됐다. 이는 한국과 마찬가지로 수출 감소보다 수입 감소가 더 커지면서 나타나는 불황형 현상이라고 할 수 있다. 마지막으로 정부 지출은 2007년 1분기 대비 6.3% 증가해 순수출과 더불어 유일하게 증가한 지표다. 정부 지출 외에는 다른 모든 주요 지표가 여전히 하락세를 보이고 있는 것이다.

물론 2009년 2분기 현재 미국 경제의 급락세는 둔화되고 있다. 2008년 말 '제2의 대공황'을 걱정하던 상황과 비교해보면 안도의 한숨을 내쉬어도 될 정도가 됐음은 분명하다. 하지만 그렇다고 해서 당장 미국 경제가 바닥을 치고 곧바로 회복될 것이라고 볼 수 있는 증거 또한 없다. 이 지표들이 보여주듯이 미국 경제의 지표들이 대부분 급락세를 멈췄을 뿐, 아직도 바닥을 치고 상승세로 돌아서진 않았다. 물론 현 상태를 볼 때 바닥권에 조금씩 근접하고 있는 것 아니냐는 추정은 해볼 수 있다.

하지만 문제는 그 이후다. 현재 경기가 바닥권에서 오래 머무르는 L자형이 될지, 또는 바닥이 넓은 U자형이 될지, 또는 이른바 일시적 경기 회복 후 경기 재하락을 나타내는 W자형이 될지는 속단하기 어렵다. 사실 아직 바닥도 확인하지 못한 상태이기 때문에 세계 경기의 흐름에 대해 벌써 이런저런 전망을 내놓는 것 자체가 이르다는 생각이 들 정도다. 다만 분명한 것은 어떤 경우가 됐든

그림 1 미국의 실질GDP 성장지수 추이

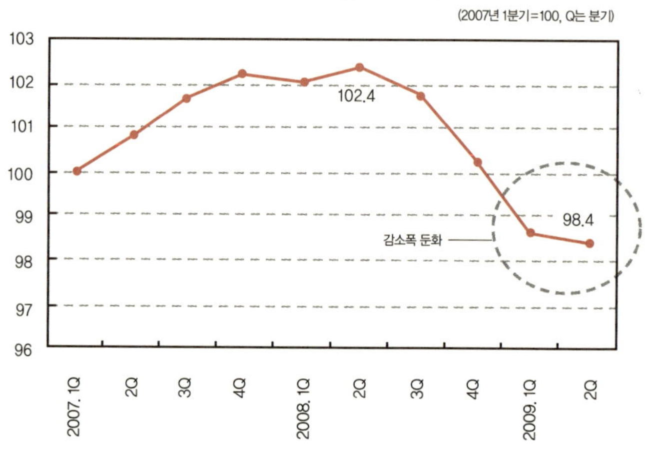
실질GDP 성장지수 추이
(2007년 1분기=100, Q는 분기)
103
102
101
100
99
98
97
96
102.4
98.4
감소폭 둔화
2007. 1Q
2Q
3Q
4Q
2008. 1Q
2Q
3Q
4Q
2009. 1Q
2Q

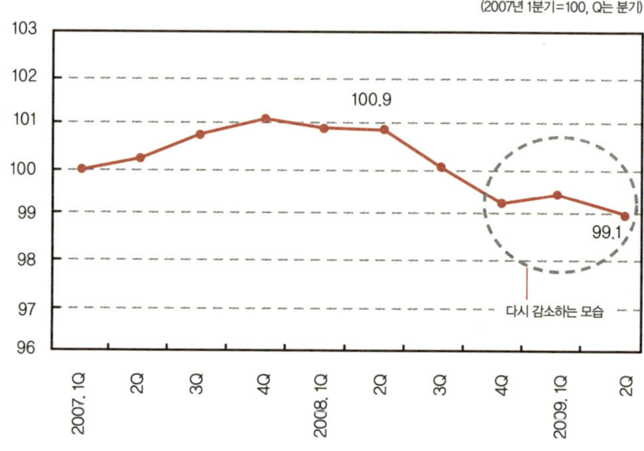
민간 소비지출 성장지수 추이
(2007년 1분기=100, Q는 분기)
103
102
101
100
99
98
97
96
100.9
99.1
다시 감소하는 모습
2007. 1Q
2Q
3Q
4Q
2008. 1Q
2Q
3Q
4Q
2009. 1Q
2Q

총투자지출 성장지수 추이

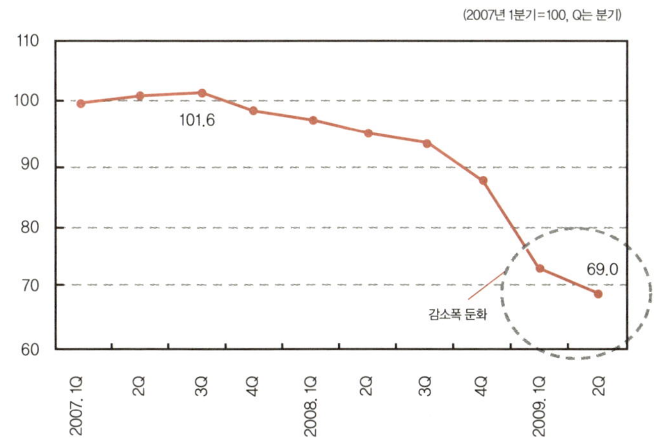

설비 투자 성장지수 추이

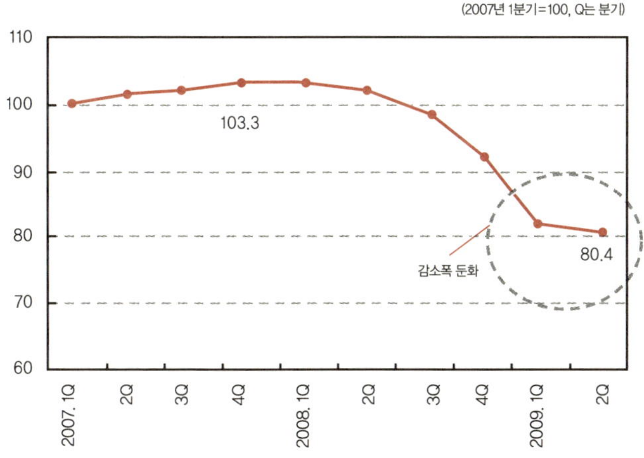

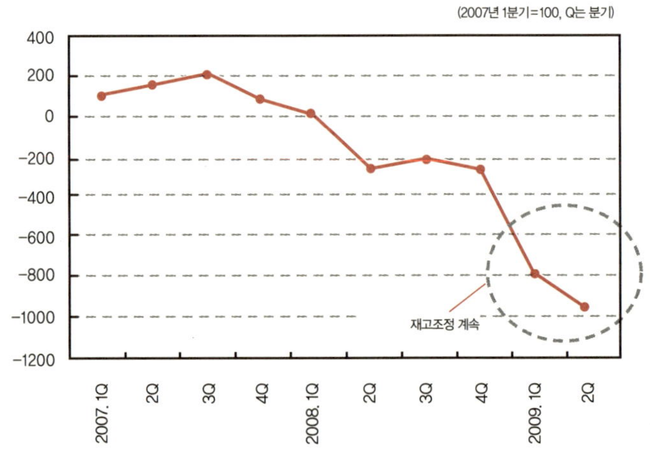

재고투자 지수 추이

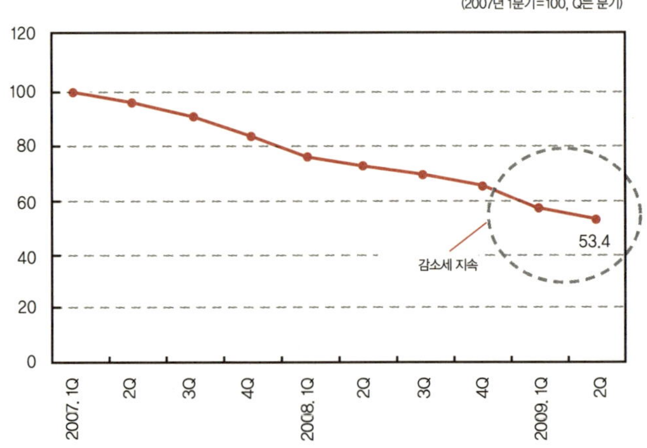

주택 투자 성장지수 추이

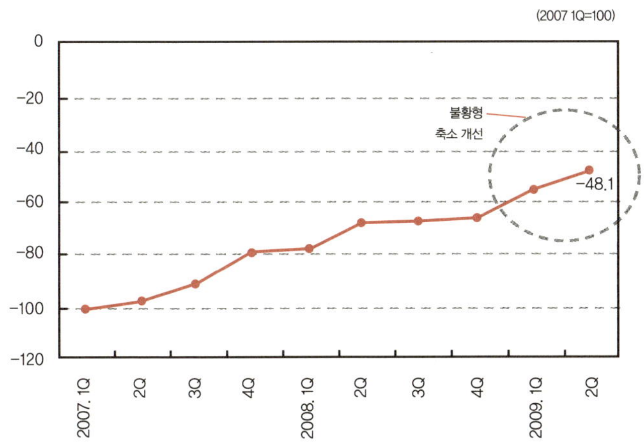

순수출 성장지수 추이

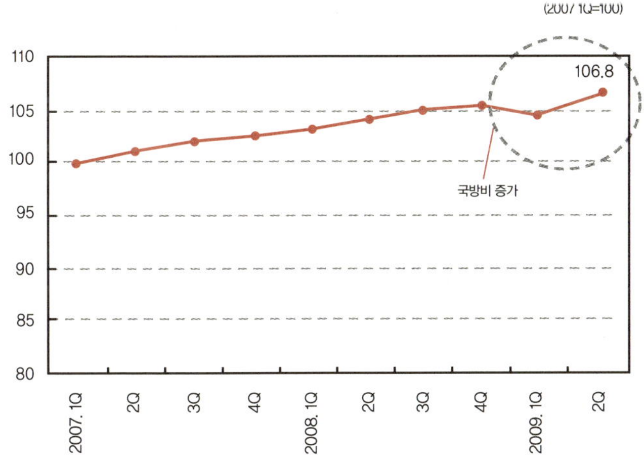

설비 투자 성장지수 추이

(주) 미 상무부 자료로부터 KSERI 작성

현재 미국 경제의 체력이나 이번 위기를 촉발한 세계경제 구조를 감안할 때 V자형 경기 회복은 사실상 불가능해 보인다는 것이다. 어떤 형태로든 미국 경제가 버블 붕괴 전과 같은 3%대의 성장 궤도에 재진입하기 위해서는 최소한 수년 이상 더 걸릴 것으로 판단된다.

당장 미국의 2009년 3분기 상황도 낙관할 수만은 없다. 현재 미국 가계들은 버블기 때 일으킨 과다 부채를 청산하느라고 저축을 늘리고 소비를 줄이고 있다. 이는 버블기의 과다 부채를 조정하는 자연스러운 시장 반응이다. 어쨌거나 이처럼 가계 소비가 위축을 보이면 기업의 재고 조정 속도가 크게 둔화될 가능성이 높다. 다만 미국의 실업률이 급증하고 있는데, 이는 가계 소득을 줄이는 효과가 있지만 한편으로는 미국 기업들의 과잉 설비 및 과잉 고용에 대한 구조조정이 신속하게 이루어지고 있다는 이야기다. 따라서 기업들의 설비 투자는 3분기 정도에 바닥에 이를 수도 있을 것으로 보인다.

한편 2009년 3분기부터 오바마 정부가 편성한 7870억 달러의 경기 부양책 사업들이 본격화된다. 이것이 미국 기업들의 설비 투자 및 재고 조정에 긍정적 영향을 미치겠지만, 얼마나 지속될지는 장담하기 어렵다. 주택 투자 역시 주택 가격 하락폭이 크게 둔화되거나 일시적으로 미미한 반등세가 연출되는 정도여서 경기 부양책에도 불구하고 침체가 계속될 것으로 보인다. 특히 상업용 부동산 대출의 부실이 크게 증가할 경우 주택을 포함한 부동산 시장 전반의 침체는 상당 기간 더 지속될 수 있다. 이렇게 볼 때 2009년 3분기 미국의 실질GDP 성장률은 2분기와 비슷한 수준을 기록할 가능성이 높다. 즉 바닥권에서 횡보할 것으로 전망된다. 물론 상황에 따라서는 이보다 더 낮게 나타날 수도 있다. 섣불리 미국 경제의 본격적 회복을 점칠 상황이 아니다. 그런데 미국에서도 2009년 초 '조기 경기 회복론'이 쏟아져 나왔다. 조기에 가시적 경제 성과를 보이고 싶은 오바마 행정부의 정치적 욕심과 주가를 띄워 실적을 높이려는 월가의 계산이 맞아떨어진 때문이다.

이제 미국 GDP의 70%를 차지하는 내수 소비와 이번 경제 위기의 핵심 고리인 주택 시장의 추이를 통해 미국의 경제 상황을 구체적으로 진단해보자. 사실 한국과 비슷한 시점에 미국의 경기 낙관론에 불을 지핀 것은 2009년 1분기에 상승세를 보인 소매판매 실적이다. 미 상무부가 발표한 2009년 1분기 실질GDP 성장률은 전기 대비(계절 조정) 연환산 −6.1%다. 이는 전기의 −6.3%와 거의 비슷한 수준으로, −5% 전후 수준을 기록할 것이라는 시장의 예상과는 달리 더 악화된 수치였다. 이로써 미국 경제는 1970년대 초반의 1차 석유 파동 이후 두 번째로 3분기 연속 마이너스 성장을 기록했다.

그런데도 미국 주식시장은 오히려 상승했다. 왜 그랬을까. GDP 성장률 기여도 가운데 민간 소비지출 기여도가 전분기의 −3%에서 1.5%로 급반전했는데, 이를 두고 월가가 소비가 바닥을 친 신호라며 주가를 끌어올리는 호재로 삼았기 때문이다. 그런데 실상은 좀 다르다. 민간 소비지출이 대폭 증가세로 반전한 데는 2008년 연말 크리스마스 세일 때 팔지 못하고 남은 재고를 2009년 1~2월에 대규모로 '땡처리'한 효과가 컸다. 이 같은 실상을 김광수경제연구소는 당시 이미 분석해 소개했고, 미국 소비 침체가 지속될 가능성도 여러 차례 지적했다. 그런데도 미국 등 대부분 국가의 정치권과 도덕적 해이에 빠진 금융권은 '바닥론' 군불 때기에 정신이 없었다. 결국 이후 발표된 3월 소매판매 실적은 전월에 비해 1.3% 하락했고, 4월에도 0.4% 추가 감소했다. 미국의 내수경기를 보여주는 지표인 소매판매 실적이 두 달 연속 감소하자 경기 회복에 대한 낙관론에 제동이 걸렸다. 이에 따라 단기 급등했던 다우지수가 한때 다시 떨어지기도 했다.

내수 소비는 미국 경제에서 막대한 비중을 차지한다. 내수 소비의 회복 없이는 지속 가능한 경제 회복이 불가능하다. 그런데 미국 가계들이 버블기에 일으킨 과다 부채를 청산하는 한편 저축을 계속 늘리고 있기 때문에 민간 소비는 앞으로 상당 기간 계속 침체를 보일 가능성이 높다. 특히 미국 가계가 소비 여력을 회복하려면 일자리가 안정돼야 하는데 실업률은 계속 상승하고 있다. 2009년 6월 미국 실업률은 9.5%로 5월에 비해 0.1%포인트 증가했다. 정규직 일자리를 원하는 파트타임을 실업률에 포함하는 광의의 실업률 지표인 U-6 실업률 역시 전월 대비 0.1%포인트 증가한 16.5%를 기록했다. 겉보기에는 실업자 증가세가 상당히 둔화된 것처럼 보인다. 하지만 비농업취업자 수는 시장의 예상치보다 훨씬 악화된 전월 대비 46만 7000명이나 감소했다. 농업 분야의 계절적인 노동력 수요 증가를 빼면 비농업 분야 실업자 수는 계속 크게 늘고 있는 것이다. 또 스스로 구직 활동을 포기하는 자발적 실업자 15만 5000명이 비경제활동인구에 포함됐다. 만약 이들을 실업자에 포함시켜 비농업취업자 수 감소분 46만 7000명을 기준으로 실업률을 계산하면 6월의 미국 실업률은 사실상 9.8%로 급등한다.

뿐만 아니라 미국 가계 및 개인의 카드 연체가 가파르게 증가하고 있어 은행과 카드 회사 등이 카드 대출을 억제하고 있다. 미국 상업은행들의 신용카드 연체율 및 대손율은 2009년 초부터 가파르게 상승하고 있다. 이는 불황이 심화되고 실업이 급증함에 따라 신용카드 대출을 제때 상환하지 못하는 가계와 개인들이 늘어나고 있음을 의미한다. 이 때문에 은행과 카드 회사들이 부실 확대를 막기 위해 카드 대출을 억제할 가능성이 높아지고 있다. 이렇게 되면 미국 가계 소비는 앞으로 상당 기간 더 위축될 가능성이 높다. 미국 가계의 소비가 살아나지 않는 한 미국의 수입이 늘어날 리 없고, 한국의 대미 수출 또한 큰 폭으로 늘어나기 어려울 것임은 당연하다.

이번에는 미국 주택 경기에 대해 살펴보자. 미국발 금융 위기와 세계경제 위기의 단초가 부동산 버블 붕괴였다는 점을 고려할 때 미국 주택 경기는 세계경제의 향방을 가늠하는 데 있어 매우 중요하다. 특히 미국 주택 가격이 계속 하락할 경우 금융권의 부실 채권이 계속 늘어나 경기 회복을 지연시키게 된다.

그런데 미국 주택 경기와 관련해서도 성급한 낙관론이 꾸준히 고개를 들고 있다. 2009년 초 미국 주택 경기와 관련해서도 섣부른 낙관론이 불거졌다. 2월 신규 주택 착공 및 신규 주택 허가, 주택 거래량 등이 일시 상승세로 돌아서면서부터다. 기존 주택 거래량이 증가한 것은 차압 주택 및 부실 채권 관련 주택 거래가 증가하고 모기지 금리 하락으로 저금리로 갈아타기 위한 거래가 일시적으로 늘어난 때문이다.

하지만 이는 끝이 아니었다. 미국의 대표적 주택 가격지수인 S&P 케이스-쉴러지수의 20대 도시 지수가 하락한 지 34개월 만인 2009년 5월 아주 미미하나마 반등한 것으로 8월 발표됐다. 기존 주

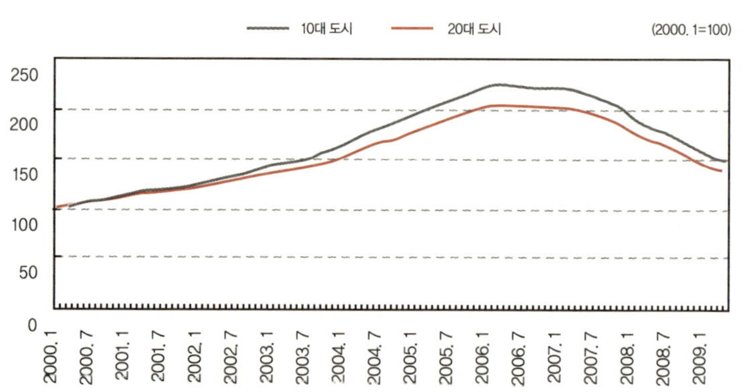

(주) S&P 자료로부터 KSERI 작성

택 거래도 7월까지 3개월 연속 늘어났다. 이에 따라 주택 경기가 바닥을 쳤다는 보도가 또 다시 미국 안팎에서 이어졌다.

하지만 속을 들여다보면 상황은 여전히 섣부른 낙관을 불허한다. 우선 경기 지표들의 이 같은 변화는 상당 부분 단기적 요인이 작용한 때문이다. 예를 들어, 오바마 행정부의 경기 부양책에 포함된 첫 주택 구입자를 위한 세액공제 혜택이 도움이 된 것으로 보인다. 2009년 5월 이후 주택 거래 회복이 대부분 저가 주택 중심으로 이뤄진 것이 이를 방증한다. 하지만 첫 주택 구입자 세액공제 혜택은 11월 말까지 거래가 종료되는 경우에만 주어지므로 10월 이후가 되면 그 효과는 다시 줄어들 가능성이 높다.

주택 시장 안팎의 상황도 조기 회복을 점치기 어렵게 한다. 앞에서 본 것처럼 미국의 실업률은 계속 상승하고 있는데, 이 경우 주택 수요가 위축되는 것은 물어보나 마나다. 주택 모기지 대출 상황도 주택 가격 상승을 어렵게 하고 있다. 미국 연방주택금융공사인 패니메이와 프레디맥은 신규 대출 기준을 강화했고, 다른 금융기관들도 신규 모기지 대출을 여전히 꺼리고 있다. 여전히 점증하는 기존 주거용 모기지 부실과 씨름하는 것만도 벅차기 때문이다. 주택 가격 폭락세를 진정시키는데 도움이 됐던 주택 모기지 금리도 다시 조금씩 오르고 있다. FRB가 금리를 억누르고 있지만, 미국 재정 지출이 급증하면서 미 재무부 채권 금리가 조금씩 오르고 있기 때문이다.

무엇보다 주택 모기지 대출 연체율이 계속 높아지고 있다는 점이 미국 주택 경기 회복의 최대 난제다. 미국 모기지은행가협회에 따르면 2009년 2분기 모기지 대출자 가운데 약 13%가 1회 이상 대출금 상환을 연장했거나 주택 압류 조치를 당한 것으로 집계됐다. 주택 모기지 대출 7~8건 가운데 1건꼴로 원리금 상환에 문제가 발생하고 있는 것이다. 특히 압류 주택 수는 1분기보다 4.3% 증가해 30년 만에 가장 큰 증가폭을 나타냈다. 이처럼 미국 가계가 주택 모기지 대출 원리금을 제대로 상환하지 못하는 가장 큰 이유는 고용과 가계 소득이 줄고 있기 때문이다.

이 같은 압류 주택이 꾸준히 주택 시장에 쏟아지면서 주택 가격을 계속 끌어내리는 압력으로 작용하고 있다. 2007년 초 전체 주택 거래의 약 10%를 차지하던 압류 주택의 거래 비중은 2009년 상반기에 25%에 육박했다. 압류 전단계인 경매등록 공지(notice of trustee sales) 건수도 계속 증가하고 있어 주택 압류 건수는 더 늘어날 가능성이 크다. 또한 압류 주택 가운데 상대적으로 우량 대출인 프라임과 준우량 대출인 알트-A 대출 비중이 점점 증가하고 있는 점도 우려되는 부분이다. 미국 부동산 버블 붕괴를 촉발한 서브프라임론은 어느 정도 정리가 됐지만, 주택 가격 하락세가 지속되면서 상대적으로 우량한 모기지 대출로 불이 옮겨 붙고 있는 것이다.

또한 주택 가치가 향후 갚아야 할 모기지 대출 금액보다 낮아진 '깡통(underwater) 주택'의 비중이 점점 늘어나고 있는 것도 문제다. 도이치 방크에 따르면 깡통 주택의 비중은 2011년까지 전체 모기지 대출 주택의 48%에 이를 수도 있다고 경고한다. 이처럼

'깡통 주택'이 늘어나면 대출자들은 그 집에 그냥 눌러앉거나 은행에 집을 넘기게 되므로 주택 수요를 위축시키거나 경매를 통한 주택 공급을 늘리게 된다. 이 또한 주택 가격을 끌어내리는 압력으로 계속 작용하게 되는 것이다. 이 때문에 미국 전문가들은 "주택 압류 문제가 해결되지 않는 한 주택 시장의 바닥론은 성급한 것"이라고 말하고 있다.

따라서 현재 상황을 두고 미국 주택 가격이 바닥을 친 것처럼 보도하는 것은 매우 성급한 판단이다. 케이스-쉴러 지수의 창안자 가운데 한 사람인 로버트 쉴러 예일대 교수 등 상당수 전문가들은 미국 주택 가격이 앞으로도 10~15% 이상 더 떨어질 가능성이 높다고 전망하고 있다.

쉴러 교수의 표현을 직접 들어보자.

(미국의) 재고 주택은 아직도 충분히 소화되지 않았다. 지금은 헐값이 아니라면 누구도 집을 사지 않는 분위기다. 만약 경기 침체가 좀 더 오래간다면 주택 가격은 다시 한번 더 심하게 떨어질 수 있다. 지금이 바닥이라고 하는 사람이 있는데 이는 매우 위험한 생각이다. 이런 투기적 심리가 꺾인다면 몇몇 도시들은 추가로 30%는 더 떨어질 수 있다.

_《서울경제신문》 7월 30일자
"서울 집값 상승 놀랍고 걱정스러워…위험 대비해야" 기사 중에서

미국 금융 기관들의
영업실적 마술쇼

2008년 하반기 세계경제를 풍전등화의 위기로 몰고 간 미국 금융 기관들의 실태를 살펴보자. 미국 대형 금융 기관들은 위기를 벗어나 활발한 회복세를 나타내고 있는 것처럼 보인다. 실제로 미국 주요 금융 기관들의 영업실적이 2009년 1분기와 2분기 연속 크게 개선된 것처럼 나타나 주가 단기 급등의 배경이 되기도 했다.

미국 주요 금융 기관들의 2009년 1분기 실적은 겉으로 보기에 대폭 개선된 것 같다. 웰스파고은행은 1분기 예대 마진(대출 이자−예금 이자)이 4.1%로 확대돼 총수익이 16%나 증가한 반면 대손상각액은 전기의 −61억 달러에서 −33억 달러로 크게 줄어들어 30억 달러가량 당기순이익을 기록했다고 발표했다. 골드만삭스도 1분기 채권 투자 및 통화/상품 투자 수익이 대폭 늘어나 18억 달러 순이익을 기록했다고 발표했다. 씨티그룹도 예대 마진이 3.3%로 크게 확대되고 당기순이익도 전기의 -172억 달러에서 16억 달러가량 흑자로 급반전했다고 발표했다.

그러나 이는 대부분 시가회계 기준이 완화된 데 따른 것이다. 미국 정부는 2009년 3월 금융 위기 같은 긴급 상황이 발생할 경우 거래가 없어 시가를 확인할 수 없는 자산들에 대해 금융 기관들이 재량으로 적정 가격을 평가하여 계상할 수 있도록 허용했다. 원래 가격 평가가 어려운 자산에 대해서는 2008년 하반기까지 유동성과 신용위험 정도에 따라 레벨 I, II, III 3등급으로 나누어 시가를 추정했다. 이 기준에 따라 거래가 없는 자산 가격을 평가하다 보니 대규모 평가손실이 발생했다. 이 같은 대규모 평가손실이 주기를 끌어내리고 이것이 다시 평가손실을 악화시키자 시가회계 기준을 대폭 완화해버린 것이다.

그 결과, 문제가 있는 MBS * 등을 대량 보유하고 있는 미국 금융 기관들이 2009년 3월부터 이들 위험자산에 대한 시가 평가를

---

* 주택 모기지 담보부 채권(MBS): Mortgage Backed Securities. 금융 기관이 주택 대출을 해준 뒤 주택을 담보로 발행하는 채권으로, 이를 바탕으로 금융 기관들은 대출 채권을 조기에 현금화할 수 있다. 미국의 연방주택금융공사인 패니메이와 프레디맥은 각 금융 기관들로부터 주택 모기지 대출자산을 매입하고 그 대금으로 MBS를 대량 발행해 지급했다. 그러면 각 금융 기관들은 MBS를 자금 시장에서 팔아 현금화한 뒤 대출 자산으로 재사용해 실제 현금 자산보다 훨씬 많은 주택 대출을 할 수 있었다. 하지만 미국의 주택 가격이 하락하면서 남발된 MBS의 상당 부분이 부실화돼 서브프라임론 사태를 촉발하는 계기가 됐다.

임의대로 할 수 있게 됐다. 미국 금융 기관들의 대손상각이 줄거나 수익이 크게 개선된 것처럼 나타난 것은 이처럼 위험자산의 시가회계 기준을 변경함에 따라 재평가익이 크게 늘었기 때문으로 추정된다. 예를 들어, 시가회계 기준을 변경해 씨티그룹의 보유 채권은 대규모 평가손에서 대규모 평가익으로 바뀌었다. 회계 기준을 변경한 덕에 장부상 손실이 장부상 이익으로 바뀐 셈이다. 구체적으로 보면 2008년 4분기 71억 5000만 달러 적자에서 2009년 1분기에 36억 7000만 달러의 흑자로 바뀌었으므로 108억 달러가량의 수익 개선 효과가 회계 기준 변경으로 발생했다. 만일 회계 기준이 바뀌지 않았다면 씨티그룹의 2009년 1분기 실적은 15억 9000만 달러의 당기순이익이 아니라 적어도 100억 달러 가까운 당기순손실을 기록했을 것이다. 이처럼 겉으로 드러난 미국 금융 기관들의 실적과 달리 속사정을 알고 나면 미국 금융 기관의 조기 회복을 점치기는 매우 어렵다.

2009년 2분기에도 글로벌 금융 기관들의 실적은 겉으로는 크게 개선된 것으로 나타났다. 이를 호재로 삼아 다우지수는 당시 하락세에서 다시 반등하는 모습을 보이기도 했다. 그런데 내용을 꼼꼼히 따져보면 그렇게 환호작약할 상황은 아니다. 먼저, 씨티그룹의 영업실적을 보자. 2분기 씨티그룹 영업수익은 300억 달러를 기록해 1분기에 이어 증가세를 보였다. 그런데 씨티그룹의 수익 가운데 순이자 수익(이자 수익-이자 비용)은 2008년 2분기 이후 지속적으로 감소하고 있다. 반면 비이자 수익은 2009년 1분기 116억 달러로 2008년 4분기의 76억 달러 적자에서 급반전했고, 2분기에도 171억 달러로 증가세를 이어갔다. 호전된 것으로 나타난 씨티그룹의 영업실적은 비이자 수익 부문의 수익 증가를 바탕으로 하고 있는 것이다. 그런데 2분기 비이자 수익이 늘어난 것은 씨티그룹이 스미스바니증권 부문을 매각한 데 따른 매각 차익이 발생했기 때문이다. 만약 스미스바니증권 부문을 매각하지 않았더라면 씨티그룹은 적어도 70억 달러가량 적자를 기록했을 가능성이 높다.

이런 가운데 씨티그룹의 총대출은 2008년 1분기 7900억 달러에서 2009년 2분기 6420억 달러로 1480억 달러가량 감소하는 등 자산이 계속 줄고 있다. 수익성이 계속 악화되고 있는 것이다. 또 부실 채권 증가로 인한 대손과 그로 인한 대손충당금도 계속 늘고 있다. 여전히 대규모 부실 채권 때문에 손실을 보고 있는 상황에서 벗어나지 못하고 있는 것이다. 앞으로 스미스바니증권 부문 매각과 같은 대규모 사업 매각이 없다면 다시 적지 않은 당기순손실을 기록할 가능성이 높다.

뱅크오브아메리카도 마찬가지다. 뱅크오브아메리카는 2009년 2분기 32억 2000만 달러의 당기순이익을 기록했는데, 순이자 수익은 116억 달러인 반면 비이자 수익은 211억 4000만 달러로 더 많다. 특히 비이자 수익 가운데 증권 투자 30억 달러, 지분 투자 59억 4000만 달러 등 증권 관련 수익이 급증했다. 이는 2008년 9월에 인수한 메릴린치의 증권 투자 수익이 늘어난 것과 중국 건설은행 지분을 매각한 수익이 계상된 데 따른 것이다. 특히 뱅크오브아메리카의 1분기 당기순이익 42억 5000만 달러 중 37억 달러, 2분기 당기순이익 32억 3000만 달러 중 18억 1000만 달러가 메릴린치의 당기순이익 때문이다. 하지만 뱅크오브아메리카의 부실 채권은 계속 늘고 있고, 카드 사업 부문과 주택 대출 및 보험 영업 부문도 계속 적자를 보고 있다. 이런 상황에서 주가 상승이 지속되지 못한다면 어떻게 될까. 메릴린치의 영업실적으로 떠받치던 실적 효과는 사라지고, 부실 채권 증가에 따른 손실 확대로 영업실적은 다시 악화될 가능성이 높다.

투자은행인 골드만삭스의 경우도 주가 상승 등으로 인해 투자 거래 부문의 수익이 급증해 2009년 2분기 137억 6000만 달러의 순수익을 기록했다. 1분기의 94억 3000만 달러에 비해 46%가량 증가한 것이다. 주가 흐름이 꺾일 경우에는 얼마든지 다시 곤두박질칠 가능성이 있다.

이 같은 미국의 주요 투자은행 및 상업은행 들의 2009년 1~2분기 영업실적은 사실 미국 정부의 구제금융과 저금리 및 각종 경기 부양책에 힘입은 바 크다. 연방정부와 FRB가 대규모 공적자금을 투입하는 등 시장을 부양했더니 이들 은행은 여전히 투기적인 증권 및 상품 거래를 통해 시세차익을 내고 있는 양상이다. 이런 투기적 거래가 실물경제와는 괴리된 단기 주가 급등을 부추기는 요인이 되었다. 이 같은 주가 급등을 이용해 자신들의 단기 실적을 부풀리고, 이를 호재로 삼아 다시 주가를 띄우는 사이클을 만들고 있는 것이다. 버블을 초래한 미국 금융 기관들이 자신들이 받은 구제금융을 바탕으로 다시 단기 주가 버블을 띄우고 있는 꼴이다. 이 같은 행태를 바로잡지 않는다면 세계경제는 계속 위기를 겪게 될 가능성이 높다.

어쨌거나 미국 주요 금융 기관들의 영업실적 개선은 대부분 단기 주가 급등과 금융 시장의 위기 완화에 따른 증권 투자 수익 증가나 구조조정 차원의 자산 매각 차익에 기댄 것이다. 이 같은 수익원은 주식시장의 상황 등에 따른 일시적 수익이라고 할 수 있다. 대출 증가나 부실 채권 감소 같은 금융 기관 본래의 영업 호전을 통한 이익 실현과는 거리가 있다. 미국의 카드 대출 부문의 부실이 급증하고 있는 데다, 주택 모기지 및 상업 모기지 대출 부실이 계속되고 있어 언제든 실적이 다시 악화될 가능성이 농후하다.

이 같은 미국 금융 기관들의 실적 재포장은 미국 금융 기관들에 대한 SCAP* 결과 발표와도 연관돼 있다. 2009년 5월 발표된 이 결과는 미국 정부와 금융 기관의 '짜고 치는 고스톱'이 연상될 정도다. 결과가 발표되자마자 2008년 노벨 경제학상 수상자인 폴 크루그먼 교수와 미국의 금융 위기를 가장 정확히 경고해 유명해진 누리엘 루비니 뉴욕대 교수 등이 "오바마 정부가 월가에 휘둘린 결과로, 신뢰할 수 없다"고 맹비난한 것도 이 때문이다.

---

* 자본 건전성 평가(SCAP): FRB와 OCC(통화감독청), FDIC(연방예금보험공사)가 2009년 초 70일 간에 걸쳐 미국 19개 대형 은행 지주회사들의 부실 자산 및 자본 부족 정도를 평가한 것. 경제 상황 변화에 따른 충격(스트레스)에 대한 자본 건전성을 중심으로 은행들의 대응력을 측정한다는 점에서 일명 '스트레스 테스트'로 불린다.

이처럼 SCAP 결과가 신뢰받지 못하는 이유 가운데 두 가지만 살펴보자. 우선, SCAP는 현실보다 상당히 낙관적인 시나리오에 근거하고 있다. 예를 들어, 미국 노동부가 발표한 5월 실업률은 9.4%, 6월 실업률은 9.5%로 전월의 8.9%에 이어 큰 폭의 증가세를 나타냈다. 미국 3대 자동차 메이커 가운데 하나인 GM이 파산하는 등의 여파로 미국 실업률은 2010년 말까지 11% 이상 상승할 가능성이 있다. SCAP에선 비관적 경제 전망 시나리오로 2009년 실업률을 8.9%로, 2010년 실업률을 10.3%로 추정했다. 그런데 2009년 5월에 이미 2009년의 비관적 시나리오를 추월한 것이다.

이보다 더 큰 문제는 실제에 비해 터무니없이 낮게 추정된 잠재 부실 규모다. FRB와 미국 정부는 19개 대형 은행들의 잠재 부실 규모가 비관적 시나리오하에서 6000억 달러로 추정되는 반면 이들 은행의 1종 자기자본이 8300억 달러를 넘어 별 문제가 없다고 발표했다. 이것은 주택 모기지뿐만 아니라 상업용 부동산 대출과 신용카드 대출 등 모든 대출자산 부실을 다 포함한 것이다. 그런데 이미 발생한 미국 주택 모기지 대출 관련 손실만 3조 6000억 달러로 추정된다. 미국 주택 모기지 대출 총액은 금융 위기가 발생하기 전 12조 달러였는데, 미국 주택 가격은 2009년 2월 현재 이미 고점보다 30% 이상 하락했다. 주택 가격이 추가 하락하지 않는다 해도 주택 모기지 대출 관련 손실만 3조 6000억 달러에 이른다는 뜻이다. 그런데 SCAP에서는 2009년 말까지 미국 주택 가격이 버블기 고점에 비해 37%가량 하락할 것이라고 전망했다. 이렇게 되면

2009년 말까지 4조 4000억 달러 이상의 누적 손실이 발생한다는 뜻이 된다. 이 손실을 월가든 개인이든, 정부든 누군가 부담할 수밖에 없다. 물론 이는 상업용 대출 및 신용카드 대출 부실 및 주가 하락에 따른 손실 등을 제외한 수치다. 그런데 지금까지 투입한 공적자금과 월가 금융 기관의 손실 처리 규모는 아직 1조 달러도 안 된다. 이 때문에 크루그먼 교수는 미국 금융 기관에는 3조 달러 이상의 손실이 잠재돼 있으며 이를 처리하기 위해서는 국유화 외에는 방법이 없을 것이라고 주장한 것이다.

이 같은 국유화 논란을 피하기 위해 임시방편으로 미국 정부가 내놓은 것이 SCAP다. 그런데 평가 결과 잠재부실액은 최대 6000억 달러로 추정됐다. 현재 기정사실로 굳어진 주택 모기지 대출 부실 추정치 3조 6000억 달러에도 턱없이 모자라는 수치다. 이러니 SCAP는 미국 금융 기관들의 상태를 최대한 양호하게 미화하는 화장술이라고 해도 과언이 아니다. 실제로 결과가 발표된 이후 미국 정부와 금융 기관들 간의 사전 조정설 의혹이 숱하게 제기된 것이 이를 방증한다.

그런 점에서 일본 부실 금융 기관 구조조정 작업에 참여한 경험이 풍부한 한 일본 민간 싱크탱크의 대표인 야나이 노보루의 주장은 귀담아들을 만하다. 그는 자신의 경험으로 볼 때 부실 금융 기관에 대한 평가 작업은 정부와 정치권의 입김에 크게 좌우될 수밖에 없다고 지적했다. 그는 2003년 일본 리소나은행에 공적자금을 투입할 때 부실 자산 실사를 위해 100여 명이 넘는 각 분야의 전문가들이 투입돼 2개월가량 조사했다고 했다. 그에 비하면 미국 19개 대형 은행들의 스트레스 테스트는 사실상 엉터리에 가깝다는 것이다. 19개 은행들의 부실 조사에 150여 명가량이 투입되었는데, 이는 한 은행당 평균 8명도 채 안 되는 인력이다. 그것도 회계사나 증권 등 금융 전문가 외에 부실 자산 조사 면에서는 비전문가라고 할 수 있는 애널리스트나 이코노미스트를 포함해서 말이다. 더구나 1990년대 일본 은행들에 비해 최근의 미국 은행들은 부실 자산 내용 면에서 추적하기 어려운 증권화 상품 등을 포함하고 있어 비교할 수 없을 정도로 매우 복잡하며 평가하기 어렵다고 지적했다. 그래서 그는 정책 당국과 월가 사이의 짜고 치기 외에는 도저히 설명이 안 된다고 주장했다.

본격 경기 회복을
낙관하기 힘든 세계경제

이제 미국 이외 경제권의 상황을 간략히 살펴보자. EU 통계국은 2009년 6월 유로화권의 실업률이 9.4%로, 전월의 9.3%에 비해 0.1%포인트 상승했다고 발표했다. 또 유로화권의 소비자물가 상승률도 전년 동월 대비 -0.6%로, 전월의 -0.1%에 비해 물가 하락세가 가속화되고 있다고 발표했다. 유로화권의 경기 회복은 아시아나 미국, 일본 등에 비해 상대적으로 늦어질 가능성이 높다.

1990년대 이래 '잃어버린 10여 년'을 겪었던 일본은 이번 세계 경제 불황으로 주요 경제권 가운데 또 다시 가장 큰 경제적 타격을 입고 있다. 일본 총무성은 6월 완전실업률이 5.4%로, 전월의

5.2%에 비해 0.2%포인트 상승했다고 발표했다. 이처럼 실업률이 증가함에 따라 소비도 계속 위축되고 있다. 2009년 6월의 소비자 물가 상승률은 전년 동월 대비 -1.7%로, 1971년 이후 최대 하락폭을 기록했다. 또한 소비자물가가 계속 하락세를 보이고 있어 디플레이션 압력이 높아지고 있다. 2009년 2분기 일본 경제는 대폭적인 재고 조정을 바탕으로 실질GDP 성장률이 전기 대비 연환산 1~2%의 플러스 성장을 기록할 것으로 예상되고 있다. 일본은행과 일본 정부는 수출 감소가 둔화되고 재고 감소로 생산 위축도 둔화되고 있어 2009년 말까지는 바닥권에 도달할 것으로 전망했다. 하지만 바닥권에 도달하더라도 장기간 제로 성장 내지는 저성장의 침체에서 벗어나기 어려울 것으로 예상했다.

중국의 2009년 2분기 실질GDP 성장률은 전년 동기 대비 7.9%로 중국 정부가 목표로 한 8%에는 미치지 못했으나 경기 부양 효과가 가시적으로 나타나고 있다. 특히 고정 자산 투자가 급증했는데, 중국 은행들의 대출 증가가 이를 뒷받침했다. 2009년 상반기 중국 은행들의 대출액은 2008년 대출액의 1.5배에 이를 정도로 급증했다. 그러나 대출의 상당수가 부동산 시장과 주식시장으로 흘러 들어가 미니 버블을 일으킴에 따라 중국 정부가 다시 대출 규제에 나섰다.

이와는 달리 최근 상하이시 통계국이 발표한 비에 따르면, 수출 주도형 중국 경제 성장을 이끌어온 상하이시의 2009년 상반기 실질GDP 성장률은 수출 급감으로 5.6%에 그쳐 전국 평균 7.1%에 크게 못 미친 것으로 나타났다. 중국 정부의 경기 부양책은 내륙 개발과 농촌 지역 내수 촉진을 중심으로 효과를 나타내고 있으나 중소 수출기업들이 밀집해 있는 연안 대도시 지역은 여전히 침체에서 벗어나지 못하고 있는 것으로 보인다.

이처럼 미국 및 전 세계 경제의 조기 회복을 점치는 것은 매우 이른 시점이다. 물론 2008년 하반기와 같은 극도의 혼란과 금융 위기가 재연될 가능성은 낮아졌다. 경기 급락세도 어느 정도 진정돼 조금씩 바닥권에 가까워지고 있는 것이 사실이다. 하지만 바닥권에 가까워진다고 해도 곧바로 정상 궤도로 복귀하는 것을 의미하진 않는다. 대규모 경기 부양책과 제로 금리 정책 등으로 세계경제의 자유낙하는 저지했지만 아직 경제 위기의 충격은 곳곳에 상처로 남아 있기 때문이다. 물론 단기적으로 각국 정부의 대규모 경기 부양책과 제로 금리 정책 등에 힘입어 2010년까지는 경기가 회복되는 것처럼 보일 수도 있다.

하지만 여전히 미국과 유럽, 일본 등의 가계 소득은 줄고 있으며, 하강세가 크게 둔화되고 있기는 하지만 기업의 인력 감축과 투자 축소 등 구조조정도 계속 진행되고 있다. 그런가 하면 미국과 유럽, 일본의 주택 시장은 여전히 하락세를 보이고 있다. 가계 소득 감소와 기업들의 투자 위축은 수출입 감소로 이어지고 있다. 세계 각국의 수출입 감소폭은 여전히 2008년에 비해 높은 수준을 유지하고 있다. 각국 경제가 어려움에 직면한 상황에서 수출입을 둘러싼 마찰도 커지고 있다. 각국이 대규모 적자 재정을 기반으로 경기 부양책을 실시하고 있는 가운데 경기 부양 및 고용 창출 효과가 수출입을 통해 해외로 빠져나가는 것에 매우 예민한 반응을 보이고 있다. 이 때문에 미국이 경기 부양책을 추진하면서 자국 제품을 구매토록 한 '바이 아메리칸(Buy American)' 정책 등을 둘러싸고 캐나다, 멕시코 등 다른 북미 국가나 중국 등과 통상 마찰이 빚어지고 있다.

크게 보자면 세계경제는 전세계 금융 위기라는 1차 위기에 이은 실물경제 위기라는 2차 위기의 한가운데를 통과하고 있다. 이 같은 금융 및 실물경제의 위기를 극복하기 위해 각국 정부가 대규모 재정 지출을 통해 민간 경제를 지탱하고 있다. 하지만 미국과 유럽, 일본 등 주요 국가의 재정 적자는 대부분 이미 심각한 상태로 대규모 재정 지출을 지속하기 어려운 상황이다. 이런 점에서 점점 가시화되고 있는 각국의 재정 적자 위기는 세계경제의 3차 위기 국면이라고 할 수 있다.

특히 세계경제를 주도하는 미국의 재정 적자는 심각한 국면에 진입하고 있다. 이미 재정 적자 급증으로 인한 장기 국채 금리 상승과 달러 급락 가능성은 국제 금융 시장의 불안정 요인으로 부각되고 있다. 이를 해소하기 위해서는 미국이 증세를 통해 재정 건전화를 추진하든지 아니면 기준금리 인상을 통해 미국으로의 자금 유입을 촉진해야 한다. 그러나 증세는 단기 대책이 아니라 장기 대책에 해당한다. 미국의 민간 경제가 취약한 상태에서 대대적 증세를 실시하는 것은 현실적으로 어려운 일이다. 따라서 미국 정책 당국이 취할 수 있는 단기 대책은 기준금리 인상뿐이다. 그런 점에서 미국의 재정 악화로 화폐적인 인플레이션 압력이 높아져 장기 국채 금리가 급등하거나 달러 환율이 급락할 경우에는 FRB가 현재의 제로 금리 정책을 포기하고 금리 인상에 나서야 할 상황이 발생할 수도 있다. 그 경우 미국 경제와 세계경제는 더 한층 깊은 장기 침체의 나락으로 빠져들 가능성도 배제할 수 없다.

중국 역할론, 아직은 희망 사항일 뿐

미국을 대신해 중국 등 브릭스 국가들이 세계 경제 회복을 견인할 새로운 성장 엔진이라는 주장이 일부에서 나오고 있다. 이른바 '중국 역할론' 또는 '브릭스 역할론'이다. 중장기적으로 볼 때 이들 국가가 다른 경제권역에 비해 활발한 성장을 할 가능성은 높다. 하지만 단기적으로 현재의 세계 경제 불황 탈출을 이끌 견인차 역할을 할 것이라는 주장은 희망 사항에 가깝다. 이 같은 중국 또는 브릭스 역할론은 경제 위기가 본격화되기 전에 나왔다가 수그러든 뒤 최근 다시 고개를 들고 있다. 이런 견해는 특히 2009년 들어 브릭스 국가들이 내수 시장 활성화를 통해 주요 선진국보다 빠른 회복세를 보이고 있는 점이 주요 근거가 됐다. 특히 브릭스 국가 가운데 경제 규모가 가장 큰 중국에 거는 기대는 매우 크다. 중국이 한국의 최대 교역국이기도 하기에 이 같은 중국 역할론에 대한 기대감은 국내에서도 결코 작지 않았다.

하지만 전반적으로 볼 때 중국 역할론은 매우 섣부른 것이다. 이에 대해서는 일본의 경제 전문가인 사이토 세이치로 NTT데이터경영연구소 소장의 주장을 소개하는 것을 대신한다.

사이토 소장은 중국 역할론은 아직 시기상조라고 본다. 그는 무엇보다도 중국 등 브릭스 국가가 세계경제 전체 GDP에서 차지하는 비중이 작다는 점을 이유로 든다. 중국 8.8%, 인도 2.2%, 브라질 2.3%, 러시아 2.1%로 모두 합쳐봐야 15.4%에 불과하다는 것이다. 이에 비해 미국의 GDP 비중은 25%, EU은 30%, 일본은 8%로 선진국 경제권의 GDP 비중은 63%에 이른다. 9%에 못 미치는 중국 경제가 63%에 이르는 선진국 경제를 대신해 세계경제의 새로운 성장 동력이 되기에는 아직 절대적으로 경제 규모가 작다는 것이다.

뿐만 아니라 중국은 지금까지 수출 주도형 성장을 해왔다는 점을 그는 지적한다. 중국의 수출 비중은 GDP 대비 40% 정도로, 개인 소비 30%, 투자 40%, 수입 -30%로 완전히 수출 주도형 성장 구조다. 즉 중국 경제는 수출 급성장을 바탕으로 설비 투자와 건설 투자가 유발되고 일자리와 개인 소비도 창출되어 고도 성장을 해왔다. 그런데 중국의 수출은 2008년 말부터 전년 대비 -25% 이상 감소세가 지속되고 있다.

그런가 하면 중국 정부가 실시하고 있는 4조 위안 규모의 내수 경기 부양책도 수출 주도형 경제 성장에 비해 경기 부양의 효율성이 훨씬 떨어진다는 것이다. 도로나 철도, 사회보장, 실업수당 확대 등 대규모 재정 사업은 경기 하락을 막는 데는 어느 정도 효과가 있을지 몰라도 대기업 및 중소기업의 투자 및 일자리 창출, 개발 수요 창출 등 각종 수출 증가를 유발하는 효과에 비하면 성장을 촉진하는 면에서 효율성이 크게 떨어진다. 수출은 제조 설계 및 디자인, 부품 선택, 안전성 등 비용 및 품질 면에서 외국기업들과 경쟁에 직면해 있기 때문에 상당한 경영 노력이 필요하다. 그에 비하면, 내수용 상품 및 건설 사업 등은 경영 노력이 상대적으로 훨씬 느슨하다. 결국 내수 경기 부양을 위한 사업에 치중하다 보면 중장기적으로 중국 경제의 생산성 향상이나 경영 효율성 향상, 기술 개발 등 고도화 노력에 소홀해지고 중국 경제의 체질 저하를 초래할 위험이 높아져 중국의 국제 경쟁력을 떨어뜨릴 위험이 커진다는 것이다.

사이토 소장은 결론적으로 중국 경제가 세계경제를 견인할 정도의 독자적인 성장력을 지닌 수준에는 아직 이르지 못했다고 지적한다. 수출을 통한 기업 경영의 효율화와 산업 구조의 고도화가 최대 과제이지만 현재로선 중국의 수출이 단기간에 회복될 것으로 기대하기는 어렵다는 것이다. 중국의 수출이 예전처럼 회복되고 기업 경영의 효율화와 산업 구조의 고도화가 어느 정도 실현될 때쯤에나 중국 역할론이 설득력을 얻게 될 것이라고 주장한다. 그러나 수출이 계속 침체되는 동안에는 중국 정부로서는 재정확대 정책을 지속할 수밖에 없다고 말한다. 중국 정부의 재정 확대 경기 부양책은 중국 내 수경기 하락세를 막아주는 안전판 역할을 한다. 이는 또는 세계경제의 추가 하락을 막아주는 역할도 하지만, 중국이 새로운 성장 엔진이 되기를 바라는 것은 성급한 욕심이라는 것이다.

이처럼 중국 역할론은 현재로선 현실성이 매우 낮은 주장이다. 물론 중국을 최대 수출 대상국으로 삼는 한국으로서는 중국의 내수 부양책으로 인한 간접 효과를 어느 정도 볼 수는 있다. 예를 들어, 중국 등의 내수 부양책에 힘입어 저가 PC용 수요가 증가하면서 반도체 D램 가격이 오르고 판매량이 증가해 삼성전자나 LG전자가 덕을 본 것도 사실이다. 하지만 이 같은 중국의 내수 부양책이 얼마나 지속될지는 장담하기 어렵다. 설사 그 같은 흐름이 지속된다고 하더라도 과거 중국의 수입이 증가일로를 걷던 때에 비하면 그 효과는 작을 수밖에 없다. 중국의 수입이 여전히 위축되어 있는 상황에서 한국이 과거처럼 중국 덕을 볼 것이라고 생각하는 것은 현재로선 무리다.

* * *

1장을 마무리하면서 지금까지 다룬 내용을 정리해보자. 미국을 비롯한 전 세계 주요 경제권의 상황은 성급한 낙관을 불허한다. 당연히 수출 의존도가 높고 부동산 버블이 거의 해소되지 않은 한국 경제 또한 그럴 가능성이 높다. 물론 미국, 일본, 유럽 각국 등에 비해서는 상대적으로 높은 성장률을 보이겠지만, 2000년대의 4~5%대 성장에서 한 계단 낮은 성장세를 보일 가능성이 높다.

다시 말하지만 외환위기 직후처럼 이번 위기 때도 바닥을 치면 바로 급성장세로 돌아설 것으로 본다면 착각이다. 부동산 버블이 거의 해소되지 않았고, 미국 등 전 세계가 대공황 이후 최악의 경제 침체를 겪고 있기 때문이다. 외환위기 때는 경기가 바닥을 치는 것과 바닥권을 벗어나는 것에 큰 시차가 없었다. 하지만 이번 경제 위기는 바닥을 치는 것과 바닥권을 벗어나는 것 사이에 상당히 긴 시차가 발생할 가능성이 높다. 경기에 대한 전망이 L자형이든, 바닥이 넓은 U자형이든, 또는 더블딥형이든, 그 어떤 것이든 간에 국내외 대부분의 전문가들이 V자형 반등은 어렵다고 보고 있다. 바닥을 치더라도 경기가 바닥권에 머무르는 경기 침체 또는 정체 기간이 상당 기간 길어질 가능성이 높다는 것이다. 바닥권에 머무는 기간은 2009년 하반기부터 잡더라도 짧게는 3년 이상 될 가능성도 있다.

특히 한국의 부동산 버블이 여전히 심각한 수준이라는 점 때문에 부동산 경기 침체는 경제 전반의 침체보다 훨씬 더 오래 지속될 가능성이 높다. 실제로 부동산 시장의 사이클은 경기에 일정한 영향을 받지만 경기 순환 사이클보다 긴 것이 보통이다. 또한 한국의 경우 현 정부가 급박한 경제 위기를 핑계로 온갖 부동산 부양 총력전을 펼쳐 부동산 버블 붕괴를 막았다. 역설적으로 경기 급락이 부동산 버블 붕괴를 막은 것이다. 하지만 어느 정도 경기가 회복되면 그 같은 부양책을 계속 유지하기가 쉽지 않을 것이다. 당장 부동산 가격 반등으로 대출 규제 강화와 금리 인상 압력이 쌓이고 있는 것도 그런 양상 가운데 하나다. 따라서 경기가 회복된다고 해서 부동산 가격이 다시 급등할 것으로 생각한다면 큰 오산이다.

현재로선 지금 한껏 부풀려진 경기 회복 속도를 따라주지 못할 가능성을 더 염두에 둬야 한다. 경기 회복 속도가 기대만큼 나타나지 않으면 그만큼 실망감이 커져 하락폭이 당초보다 더 기질 수도 있다. 엄동설한의 추위에 봄이 온 줄 착각하고 봄옷을 입고 외출하면 감기에 걸리기 십상인 것과 마찬가지다.

한국 언론들이 어떤 식으로 '낙관론'을 조장하고 있는지 소개하는 것으로 이 장을 마무리하고자 한다. 블룸버그의 유명한 아시아 경제 전문 칼럼니스트인 윌리엄 페섹은 2009년 7월 27일(미국 현지 시간 7월 26일) 〈급속한 회복 신호 자체가 버블(Call for Rapid Recovery Is Bubble All Its Own)〉이라는 제목의 칼럼을 썼다. 이 칼럼은 한국과 중국을 주로 예로 들어 아시아 경제가 각국 정부의 대규모 경기 부양책 등으로 일시적으로 호전된 것처럼 보이지만, 이런 추세는 지속되기 어렵다고 주장했다. 성급한 조기 회복론에 들떠 있는 한국을 비롯한 아시아 각국에 찬물을 끼얹는 경고다. 페섹의 경고는 사실 1장에서 필자가 소개한 내용과 큰 틀에서 비슷하다. 필자 또한 그의 칼럼 내용에 깊이 공감한다. 따라서 아래에 소개할 그의 칼럼 내용을 1장 전체를 요약 정리하는 기분으로 읽어도 좋을 것이다.

하지만 한국 언론들은 이 칼럼의 내용을 거의 정반대로 소개했다. 그가 본론을 전개하기에 앞서 칼럼 도입부에 겉으로 한국 경제가 좋아진 것처럼 보이는 현상을 짧게 언급한 것을 마치 칼럼 내용의 핵심인 것처럼 소개한 것이다. 특히 페섹은 칼럼 첫 줄에 "한국의 관료들에게 경의를 표한다"고 썼는데, 이는 칼럼 전반의 내용을 고려하면 약간은 조롱에 가까운 표현이다. 그런데 상당수의 한국 언론들은 이 문장을 따서 "한국 경제에 경의를 표한다"는 등의 제목 아래 페섹의 지적과는 정반대로 그가 마치 한국 경제에 대해 굉장히 호평한 것처럼 소개했다. 필자가 1권의 3장에서 설명한 것처럼 아예 원문 내용을 바꿔 날조해버린 것이다.

한국 언론들이 어떻게 이 기사의 왜곡했는지를 알아보기 위해 다소 길지만 원문을 번역한 전문을 소개한다. 번역은 필자가 직접 했는데, 대부분 직역했지만 독자의 이해를 돕기 위해 부분적으로 의역도 했다. 괄호 안의 내용도 필자가 넣었다. 참고로 구글(Google) 검색창에서 'Call for Rapid Recovery Is Bubble All Its Own'이라고 치면 영어 원문 기사를 볼 수 있다.

한국의 관료들에게 모자를 벗어 경의를 표한다. 거의 6년 만에 가장 빠른 속도로 경기를 확장시키는 한국의 능력은 아시아 지역에서 오랜만에 듣는 좋은 소식 중 하나다. 14조 달러 규모의 미국 경제가 여전히 혼돈에 빠져 있다 하더라도 아시아는 역경을 이기고 잘 버티고 있다는 신호다.

최소한 지금 당장은 그렇다. 하지만 아시아 지역은 두 가지 이유에서 자족하지 말아야 한다. 첫째, 정부의 재정 지출 증가와 저금리는 지금 당장에는 좋은 일이지만, 세계적인 수요 회복을 대체할 수는 없다.

둘째, 방만한 정책들은 단지 경제 회복에 대한 환상을 불러일으키는 버블을 더 키울 뿐이다. 이는 앞으로 시장에서 발생할 문제들에 경제를 더욱더 취약하게 만든다.

2009년 2분기 한국이 전분기 대비 2.3% 성장한 것은 동아시아 지역이 세계경제의 위기에서 U자형이나 W자형이 아닌 V자형으로 반등할 것이라는 낙관론과 들어맞는다. ADB(아시아개발은행)은 지난주 내놓은 보고서에 바로 그런 전망을 담았다. ADB는 경기 회복의 위험 요인들이 사라지더라도 아시아 각국 중앙은행들에 팽창적 통화 정책을 유지할 것을 권고했다.

나는 이런 전망에 대해 매우 우려하고 있는데, 중국은 이에 딱 들어맞는 사례다. 홍콩에 있는 폭스-핏 켈턴의 아시아태평양 전략분석가 마크 매튜스는 중국을 "형성 중인 버블"이라고 불렀다. 이는 전혀 과장한 게 아니다. 그는 대규모 경기 부양책에 사용된 자금이 자산 시장으로 잘못 흘러가고 있다며, 정책 당국자들이 이를 좋은 기분으로 보기는 어려울 것이라고 우려했다.

붐이 이는 중국의 자산 시장에 관한 뉴스들은 투자자와 소비자들에게는 점수를 딸 수 있을 것이다. 하지만 이것이 아시아 2위의 경제 대국인 중국을 괴롭히는 문제들에 대한 장기적인 만병통치약은 아니다. 주가가 치솟는다고 해서 중국이 수출 의존도를 줄일 수는 없다. 증시 또한 부채로 조달한 방만한 재정 지출로 떠받쳐지고 있어서 오랫동안 상승세가 지속될 수는 없다.

이는 (중국뿐만 아니라) 아시아 지역 전반에서 빚어지고 있는 현상이다. 아시아 지역의 경제 회복 조짐은 시간이 지남에 따라 약발이 떨어질 대규모 부양책에 대한 찬사일 뿐이다. 그것은 시장을 지원하기 위해 금리를 낮춰야 하는 중앙은행들에게 부담이 될 것이다.

다시 말하지만 이것은 단기적 처방일 뿐, 장기적 해법이 아니다. 그것은 경제 성장인 것처럼 보이는 새로운 자산 버블을 초래하게 될 뿐이다.

어떤 면에서 아시아에서 V자형 경기 회복에 대한 낙관론은 그 자체로 이미 버블이 되고 있다. 예를 들어, (중국 A증시 상장을 추진 중인) 중국건축은 중국 정부에 감사해야 한다. 중국 정부의 경기 부양책이 이 회사가 지난주 상하이 증시에서 73억 달러를 모을 수 있는 길을 열어주었기 때문이다. 그것은 16개월 만에 전 세계에서 가장 큰 주식 공모였는데, 그 같은 성공이 아시아 증시들이 아주 좋았던 한 주를 보낸 이유 가운데 하나다.

한국에서 지난 금요일(7월 24일) 삼성전자는 현대자동차, LG 전자에 이어 2009년 2분기 영업이익이 급증했다고 발표했다. 이는 전 세계적으로 2조 2000억 달러의 경기 부양 자금과 약세인 (원/달러) 환율 덕을 본 때문이다. 문제는 투자자들이 아시아 지역의 진정한 경기 반등세에 반응한 것인지, 아니면 공공 지출로 만들어진 경기 회복에 대한 환상에 반응한 것인지 하는 것이다.

MSCI 아시아태평양 지수는 전 세계 정부들이 세계경제를 회복시키는 데 나설 것이라는 낙관론 속에 지난 3월 9일 5년 내 최저점에서 53%나 상승했다. 투자자들이 간과하고 있는 것은 이런 (전 세계 정부의) 대책들의 효과가 정점에서 내려간 뒤 경기 부양책에 중독된 투자자들에게 또 다른 마약 주사를 제공할 충분한 지원 자금이 더 이상 남아 있지 않을 것이라는 점이다.

그렇다고 해서 세계 경기의 후퇴 흐름에서 빠져나오는데 성공한 한국의 성공을 비방하는 것은 아니다. 8개월 전 트레이더들은 아시아에서 네 번째로 큰 경제 규모를 가진 한국이 막대한 부채로 (국가 부도가 난) 아이슬란드의 전철을 밟는 게 아닐지 궁금해했다. 하지만 현재 한국은행은 아시아 주요 중앙은행들 가운데 가장 먼저 금리를 올릴지 여부를 놓고 고심하고 있다.

그러나 아시아 경제는 여전히 미국의 소비에 너무나 크게 의존하고 있다. 미국의 실업률이 상승하는 한 아시아의 경기 전망은 불확실하다. 심지어 중국 대세 상승론자인 싱가포르의 로저스 홀딩스 회장인 짐 로저스조차 그들의 상대적 (경제) 규모를 감안할 때 아시아 각국 경제가 미국과 유럽으로부터 탈동조화되는 것은 불가능하다는 점을 인정할 것이다.

그런 점은 현재 시장이 개선되고 있는 속도를 생각할 때 당신을 의아하게 할 것이다. 상하이 증시는 2009년 85% 상승했다. 인도네시아 자카르타 증시는 83%, 인도 뭄바이 증시는 61%, 타이완 증시는 51%, 싱가포르 증시는 43%, 필리핀 마닐라 증시는 41%, 태국 방콕 증시는 40%, 홍콩 증시는 39%, 서울 증시는 35% 각각 상승했다

이런 움직임들은 왜 일본 도쿄 증시가 뒤처지고 있는지에 대해 많은 이들에게 의문을 품게 한다. 그러나 2009년 닛케이지수가 불과 7.4% 상승한 것이 다른 나라의 증시들보다 아시아의 현실을 더 잘 반영하고 있는 것은 아닐까.

각국 경제가 수출에서 내수로 방향을 전환해야 할 필요성이 지금보다 더 큰 적이 없었다. 9000 이상으로 올라온 다우지수 또한 기본 셈법을 바꾸지 못한다. 치솟는 실업률과 정체된 임금 소득이 가계들을 뒤흔듦에 따라 미국 소비자신뢰지수는 2009년 7월 다섯 달 만에 처음으로 떨어졌다. 세계경제 위기는 언젠가 끝날 것이고 아시아 국가들도 자국 경제들을 업그레이드하고 삶의 질을 끌어올리는 과제로 복귀할 것이다. 하지만 아직은 거기에 이르지 못했으며, 시장이 성층권(매우 높은 고점을 비유적으로 표현한 것)을 향해 계속 올라갈 것이라는 희망은 지상의 현실에 의해 지

지되지 못할 것이다.

이번에는 이 칼럼을 다룬 한국 언론들의 구체적인 보도 내용을 살펴보자. 한국 언론의 보도 양상과 왜곡 과정을 보기 위해 이 내용을 보도한 언론들의 기사 제목을 시간 순으로 살펴보았다.

> 페섹 "한국에 경의를… 아시아 버블 우려"(연합뉴스)
>
> 블룸버그 "한국에 경의를… 아시아 버블 우려"(매일경제)
>
> "한국 경제 회복에 경의를 표한다"(문화일보)
>
> 아시아 경제통 페섹 "한국 빠른 경제 회복세에 경의"(파이낸셜 뉴스)
>
> 블룸버그 "빠른 회복 신호, 그 자체가 버블"(프레시안)
>
> "한국 경제 회복세 경의를 표한다"(서울경제)
>
> 페섹 "한국 빠른 회복에 경의"(한국 경제)
>
> 페섹 "한(韓) 놀라운 성장에 경의를"(머니투데이)
>
> "한국의 빠른 경제 회복에 경의"(세계일보)
>
> "한국 경제 회복세에 경의를 표합니다"(중앙일보)
>
> "한국 경제, 빠른 회복 가능"(조선일보)
>
> 페섹이 한국에 모자 벗고 경의 표한 이유는?(머니투데이)
>
> 해외에서 인정하는 경제 위기 극복 성과(서울경제)

이를 보면 알겠지만, 페섹의 칼럼 내용을 가장 먼저 기사화한 것은 연합뉴스다. 연합뉴스는 한국 언론들이 그날 보도할 주요 뉴스들을 선별할 때 참고가 되기 때문에 밖으로 드러나는 것보다 의제 설정 기능이 상당히 강하다. 연합뉴스 보도가 포털사이트 네이버에 뜬 뒤 24분 후에 게재된 매일경제 기사를 보면 제목부터 기사 내용까지 거의 그대로 베꼈다는 것에서도 이 같은 사실을 알 수 있다. (참고로, 한국 언론들은 연합뉴스 기사를 거의 그대로 베끼고 나서 자사 기자들의 이름을 달아 자사가 직접 보도하는 것처럼 포장하는 경우가 비일비재하다. 사실상 이는 표절에 해당하는 것으로, 미국의 경우라면 기사 작성자가 당장 해고될 정도의 사안이다. 하지만 한국의 언론들은 오히려 데스크들이 이를 주문하는 경우도 있다. 한국 언론이 최소한의 보도 윤리조차 지키고 있지 않음을 보여주는 사례라고 할 수 있다)

연합뉴스는 "페섹이 한국 경제가 빠른 회복세를 보이는 것과 관련, 아시아 경제 회복의 기대를 높이고 있다고 평가하면서도 아시아 국가들의 부양책과 통화 정책 완화에 따른 버블 현상을 우려했다"고 소개했다. 페섹이 현상을 설명한 뒤 비판적 시각으로 소개한 내용을 마치 칭찬하는 톤으로 바꿔 다룬 것이다. 또한 한국과 아시아를 분리해 페섹이 한국은 칭찬하면서도 아시아에 대해서는 버블을 우려했다는 식으로 교묘히 기사를 작성했다. 연합뉴스는 이후 이어진 후속 보도에 비하면 양반이다. 그래도 제목에 "아시아 버블 우려"라는 표현도 넣고, 내용에도 페섹의 경고를 상당 부분 보도하고 있기 때문이다.

문화일보의 보도부터는 거의 날조에 가까운 수준으로 변한다.

문화일보의 보도 내용을 보면 "한국 경제 회복에 경의를 표한다"라는 제목 아래 "미 칼럼니스트 페섹 극찬"이라는 부제까지 달아놓았다. 이어 "미국 블룸버그통신 칼럼니스트인 윌리엄 페섹이 한국 경제가 빠른 회복세를 보이면서 아시아 경제 회복의 기대를 높이고 있다고 평가했다"고 소개해 연합뉴스가 보도한 "아시아 국가들의 부양책과 통화 정책 완화에 따른 버블 현상을 우려했다"는 부분은 아예 빼버렸다. 그리고 페섹의 경고는 마지막에 두 문장으로 짧게 처리했다. 사실 일반인들은 잘 모르겠지만, 문화일보는 사세나 발행 부수에 비해 의제 설정력이 상당히 강한 편이다. 대부분의 조간 신문이나 방송사들이 지면이나 뉴스 제작 시 석간인 문화일보를 참고로 하기 때문이다.

실제로 문화일보의 보도 이후 거의 모든 언론들이 문화일보와 비슷한 톤으로 기사를 보도했다. 머니투데이가 운영하는 케이블 방송인 MTN은 아예 "페섹이 극찬했다"고 표현했고, 조선일보는 "27일 나라 안팎에서 한국 경제에 관한 '굿 뉴스'가 쏟아졌다"고 소개했다. 서울경제신문은 7월 29일 "해외에서 인정하는 경제 위기 극복 성과"라는 제목의 사설에서 "우리나라의 경제 위기 극복이 매우 성공적이라는 긍정적인 평가가 잇따르고 있다"며 페섹의 칼럼을 인용했다. 심지어 이 사설은 "페섹의 평가가 관심을 끄는 것은 그가 우리 경제에 대해 강한 비관론을 펴왔기 때문"이라며 마치 그가 전향이라도 한 양 소개했다. 매일경제도 7월 29일 "아예 정치인을 수입해볼까"라는 제목의 칼럼에서 페섹의 칼럼을 인용한 뒤

"(한국 경제가) 이런 칭찬을 들을 법도 하다"고 되풀이했다. 조선일 보는 7월 30일 다시 "라이언 일병과 출구 전략"이라는 제목의 외부 필자 시론을 통해 페섹의 칼럼이 "한국 정부와 중앙은행의 신속하 면서도 과감한 대처와 경기 부양으로 2분기 성장률이 2.3%(전기 대 비)를 기록할 정도로 가장 빠른 회복세를 보이고 있는 데 대해 호 평을 한 것"이라고 아전인수격 해석을 반복했다.

사정이 이렇다 보니 정부 여당도 그 같은 왜곡 보도를 인용해 자신들의 치적을 자랑하기에 정신이 없었다. 안상수 한나라당 원 내대표는 이 같은 기사가 언론에 보도된 다음 날인 7월 28일 원내 대책 회의에서 "민주당의 지독한 이명박 정부 발목 잡기에도 불구 하고 우리 경제 곳곳에서 실물경제 회복의 청신호가 켜지고 있다" 며 "미국 블룸버그통신의 경제 칼럼니스트 윌리엄 페섹은 한국 경 제의 빠른 회복과 관련해서 한국 정부 관계자들에게 모자를 벗어 경의를 표한다고 했다"고 말했다. 페섹의 칼럼을 정적인 민주당을 공격하는 소재로 삼은 것이다. 이틀 뒤인 7월 30일에는 재정부가 "출구 전략 시기 상조…확장적 정책 기조 유지"라는 기사체 형식 의 정책 정보를 대한민국 정책 포털에 올리면서 "나라 안팎에서 한 국 경제에 대해 칭찬이 쏟아졌다"며 언론의 보도 내용을 인용했다.

언론이 거의 날조에 가까운 왜곡 보도를 하고, 정부 여당은 이 를 근거로 자화자찬하고 있으니 한마디로 코미디도 이런 코미디가 없다. 자신들을 욕하는 줄도 모르고 칭찬으로 알아들은 격이니 바 보 천치 수준이라고 할 수밖에 없다. 한국의 정부 여당이 이 정도 수준이니 너무 (비)웃기다 못해 서글퍼질 정도다. 만약 페섹이 한국의 이런 상황을 안다면 어떤 기분이 들까. 한국, 중국 등 아시아 경제에 대한 경고를 '찬사'로 알아듣는 한국의 주류 언론과 정부 여당을 보면 아연실색할 것이다. 그리고 한국 정부 당국과 여당의 한심한 수준을 알고는 한국 경제의 앞날을 더욱 부정적으로 보게 될 것이다.

국내 언론들의 조작 왜곡 보도와 정부 여당의 '바보들의 행진'이 이어지는 가운데 칼럼 내용을 '정직하게' 소개한 언론사는 프레시안뿐이다. 프레시안은 "빠른 회복 신호, 그 자체가 버블"이라며 페섹의 칼럼 제목을 그대로 기사 제목으로 썼고 기사 내용도 원문을 충실하게 번역해 보도했다. 또한 한국 언론들의 날조 보도가 이어지자 기가 막혔던지 "외신 왜곡…미디어법이 우려되는 실제 사례"라는 제목으로 페섹의 칼럼과 문화일보의 보도 내용을 조목조목 비교하여 비판하는 기사를 쓰기도 했다. 하지만 프레시안의 목소리는 너무 작아서 대부분의 국민들에게는 전달되지 않는다는 것이 문제다.

이런 식의 언론 보도가 이어지다 보니 대다수의 국민들은 정말 한국 경제가 엄청난 회복세를 보이고 있는 것으로 착각하고 있다. 그래서 한국 경제의 냉엄한 현실도 모른 채 기득권 언론들이 만들어낸 환상에 젖어 주식시장과 부동산 시장에 뛰어들고 있는 것이다. 실제로 일부 언론들은 "어! 이러다 2000 되나?"(머니투데이 8월 4일자), "1년 전 MB 말 듣고 주식 샀더라면 부자 됐을 텐데"(뉴데일리 8월 4일자) 등 주식 투자를 선동하는 듯한 보도를 하면서도 펙섹의 칼럼 내용을 자기들 멋대로 끌어다댔다.

이런 식의 엉터리 왜곡 보도가 정도의 차이는 있지만, 거의 매일 되풀이되고 있다. 상당수의 부동산 관련 기사들도 그렇지만, 앞에서 소개한 삼성전자나 LG전자 등의 실적에 대한 기사도 한번 생각해보자. 환율 효과를 통한 실적 과대 포장은 그 실상을 파악하기 어렵지 않다. 다음 아고라 논객들은 실적 발표 당일부터 이를 분석하는 내용을 다뤘는데 주류 언론들은 한참이 지난 후에야 하나둘씩 보도하기 시작했다. 그것도 한국일보를 제외하고는 뉴스로서 별 가치가 없는 것처럼 몇 줄 걸쳐 보도하는 식이었다.

이처럼 상당수의 일반인들이 독재가 끝난 뒤에도 제대로 된 정보로부터 차단당하며 살고 있다. 진정한 의미에서 언론의 자유도 누리지 못하고 있는 것이다. 극단적인 비유를 하자면 조지 오웰의 '1984년'에 살고 있거나 영화 〈매트릭스〉에서처럼 매트릭스 속에 갇혀 있는 꼴이라고 할 수 있다. 사정이 그렇다 보니 많은 이들이 한국 경제나 세계경제의 냉엄한 현실을 모른 채 왜곡된 정보에 휘둘려 금방이라도 한국 경제가 회복될 것으로 착각하고 있다. 예를 들어, 한국의 소비자심리지수는 2009년 3월 84에서 7월 109로 가파르게 상승했는데, 이 또한 상당 부분 정보 조작에 따른 것이라고 생각된다. 일반인들이 현상의 이면을 제대로 이해하고 있다면 이런 식의 가파른 심리지수 상승은 아마도 불가능했을 것이다.

이번 건만 해도 실제 칼럼의 제목과 주제와는 전혀 딴판으로,

일부만 침소봉대하거나 비판적 내용을 줄이거나 없애는 식으로 정보를 조작했다. 이렇게 해서 정부와 언론은 일반인들에게 한국 경제에 대한 환상을 심어주고, 한국 정부를 미화한다. 한국 경제에 대한 근거 없는 낙관론을 통해 주식시장과 부동산 시장을 부풀리는 것이다. 그 결과 현 정권과 재벌 기업, 주식 및 부동산 투기 세력이 덕을 보는 것은 두말할 나위 없다. 하지만 제대로 된 정보를 갖지 못해 피해를 보는 것은 결국 일반 서민이다.

도대체 외신 기사 내용마저 정반대로 왜곡하는 이런 파렴치한 언론들을 정상적인 언론이라고 할 수 있을까. 또 자신들을 욕하는 줄도 모르고 칭찬으로 알아듣는 한심한 정부 당국에 의존해 경제 위기를 탈출할 수 있을까. 비아냥거리는 톤의 칭찬을 극찬으로 바꿔놓는 한국 언론의 상상력에, 자신들을 비판하는 칼럼조차 찬사로 새기는 한국 정부의 포용력에 경의를 표한다. 잠깐, 이마서노 칭찬으로 받아들이는 건 아니겠지.

2장

경기 부양과
일자리, 양극화

건설 부양책 효과, 20년 전과 비교해보면

2008년 하반기부터 국내 부동산 시장의 버블 붕괴가 시작되면서 현 정부는 부동산 및 건설 경기 부양에 총력을 기울여 버블 붕괴 막기에 나섰다. 2008년 '8·21 대책'을 시작으로 '9·1 감세안', '9·19 500만 호 주택 공급 대책', '9·22 종합부동산세제 개편안' 등이 잇따랐다. 이도 모자라 '10·21 가계 주거 부담 완화 및 건설 부문 유동성 지원·구조조정 방안'과 '11·3 경제 난국 극복 종합 대책'까지 나왔다. 2009년 초에는 강남 3개 구의 투기지역 및 투기 과열지구 해제 카드를 계속 만지작거리기도 했다.

그동안의 발표 내용을 구체적으로 살펴보면 △사실상의 후분양제 폐지, △최저가 낙찰제 확대 적용 연기, △수도권 및 지방의 미분양 아파트 환매조건부 매입, △수도권 및 뉴타운 재개발 부동산 전매 완화, △투기지역 해제, △재건축 규제 완화, △정부 예산 120조 원을 동원한 주택 공급, △뉴타운 및 신도시 추가 지정, △재개발 사업 촉진, △1가구 1주택 양도세 부담 및 상속세 부담 완화, △부유층 중심의 소득세 완화, △종부세의 유명무실화, △분당 신도시 16배 크기의 그린벨트 해제, △건설사 택지 전매 허용, △수도권 규제 완화, △부동산 담보 대출자에 대한 상환 만기 조정 등이다.

이 밖에 직접적인 건설 경기 부양 대책으로 포장하진 않았지만 그 내용을 뜯어보면 사실상 건설 경기 부양 대책인 것도 많다. 예컨대 정부가 앞으로 5년간 56조 원을 투입하는 사업인 '광역경제권 선도 프로젝트'가 대표적이다. 이 사업에 책정된 56조 원 가운데 53조 원가량이 이미 포화 상태인 항만과 공항, 산업 단지, 도로 건설 등에 들어가게 된다. 또한 '녹색 뉴딜' 사업도 대부분 콘크리트 사업이다. 저질 소시지를 고급 스테이크로 포장한 것일 뿐이다. 이 같은 대규모 건설 경기 부양책을 잇달아 내놓으면서 이명박 정부와 여당인 한나라당이 내세우는 명분은 경기 활성화와 일자리 창출이다. 그런데 이 같은 주장이 현실에 비춰볼 때 얼마나 설득력이 있을까?

1970~1980년대 개발경제 시대에는 "경기 침체가 오면 건설 경기 부양으로 대응한다"는 게 거의 공식화돼 있었다. 당시 이 같은 대응은 두 가지 측면에서 합리성을 가졌다. 우선, 당시에는 이

렇다 할 산업이 없었기 때문에 상대적으로 건설 산업이 GDP에서 차지하는 비중이 컸고, 산업 연관 효과와 고용 효과도 높았다. 그래서 건설업의 경기 부양 효과도 그만큼 컸다. 건설업에 투자하면 건설업계 자체뿐만 아니라 관련된 자재 생산 및 공급업체 등 연관 산업 전반에서 매출과 고용이 큰 폭으로 늘어났다. 또한 당시에는 각종 SOC(사회간접자본)가 아직 부족한 상태였기 때문에 건설 경기 부양을 취약한 SOC를 확충하는 기회로 삼을 수도 있었다. 도로, 항만, 공항 등 SOC 확충은 물류 수송의 확대와 물류 시간 및 비용 절감 등의 형태로 한국 경제의 성장 잠재력을 확충하는 데 기여했다.

하지만 지금은 20~30년 전의 개발시대 때와는 상황이 확연히 다르다. 지금은 건설업 말고도 수많은 새로운 산업들이 발전했다. 그로 인해 건설업의 비중도 크게 낮아졌고, 산업 연관 효과도 줄어들었다. 또 입지별로 다를 수 있지만, 웬만한 SOC 투자는 이미 이뤄져 전국에서 이용률이나 가동률이 낮은 도로, 공항, 산업단지 등이 급증하는 데서 볼 수 있는 것처럼 SOC 확충의 필요성도 크게 낮아졌다. 더구나 개발연대와 외환위기를 거치면서 대형 건설업체들의 조직 구조와 고용 구조가 변화하면서 정부가 내세우는 '경기 활성화'와 '일자리 창출' 효과도 크게 떨어졌다. 왜 그런지 〈그림 1〉을 참고로 해서 설명해보자.

우선, 건설업체들은 1987년 민주화 이후 노조가 빠른 속도로 조직화되고 노조원들의 임금이 급상승하자 비용 절감 명목으로 덤

1980년대 건설업체 구조

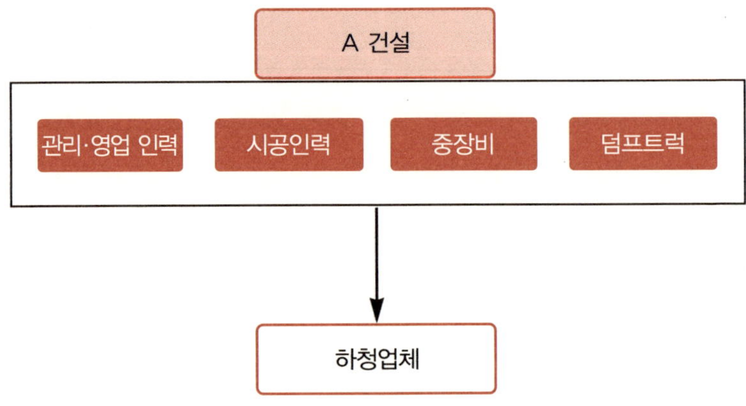

현재의 건설업체 구조

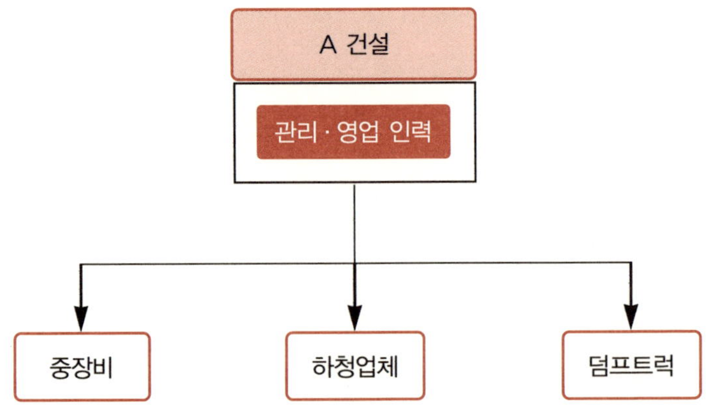

프트럭 운전자와 중장비 인력을 개인사업자 형태로 분리했다. 또한 시공 인력도 아웃소싱 명목으로 점차 하청업체에 떠넘겨 본사 인력을 줄여나갔다. 이 같은 추세는 1990년대 말 외환위기를 맞으면서 더욱 심화됐다. 외환위기 이후 대형 건설업체에는 최소한의 관리·영업 인력만 남았고, 그나마 남아 있는 인력의 상당수도 비정규직으로 전환됐다.

그런 가운데 개인사업자가 된 덤프트럭과 중장비 사업자의 시장 진입이 자유롭게 개방되면서 경쟁이 치열해져 트럭 운임 및 중장비 단가는 계속 하락했다. 하청업체의 사정도 갈수록 열악해졌고, 시공 인력들의 노임 단가도 불법 외국 체류자 유입으로 지속적으로 하락했다. 이 때문에 1990년대 이전에 비해 외환위기 이후 덤프 및 레미콘, 중장비 기사와 하청업체 시공 인력 등 소위 현장 노동자들에게 돌아가는 몫은 실질 가격으로 절반 이하로 줄어들었다는 것이 많은 건설 현장 관계자들의 이야기다.

이런 구조에서 정부가 경기 부양 명목으로 예전처럼 추경 편성 등을 통해 건설 사업의 재정을 확대하면 어떻게 될까? 답은 뻔하다. 그 대부분은 공사를 수주한 대형 원도급자가 차지해버리고 밑바닥까지는 거의 내려가지 않을 것이다.

왜 그런지 서울지방국토관리청이 2002년 발주해 2004년까지 진행된 경기도 성남-장호원 간 도로 건설 공사 2공구 공사 현장 사례를 통해 살펴보자. 〈그림 2〉에 나타난 바와 같이 이 공사에서 A건설 등 3개 대형 건설업체 컨소시엄은 총공사비(정부 예정 가격

3032억 원) 2853억 원에 수주한 공사 가운데 1970억 원어치의 공사 물량을 60.5% 정도인 1190억 원에 하청을 주었다. 간접공사비와 자재비 등의 명목으로 챙긴 이익만이 883억 원(=2853억 원−1970억 원)이고, 이에 더해 직접공사비 하청 과정에서 780억 원(=1970억 원−1190억 원)을 추가로 챙긴 것이다.

A사 등은 간접공사비와 자재비만으로 처음부터 총공사비에서 30.9%가량을 챙긴 다음 하청 과정에서 추가로 27.3%가량을 챙긴

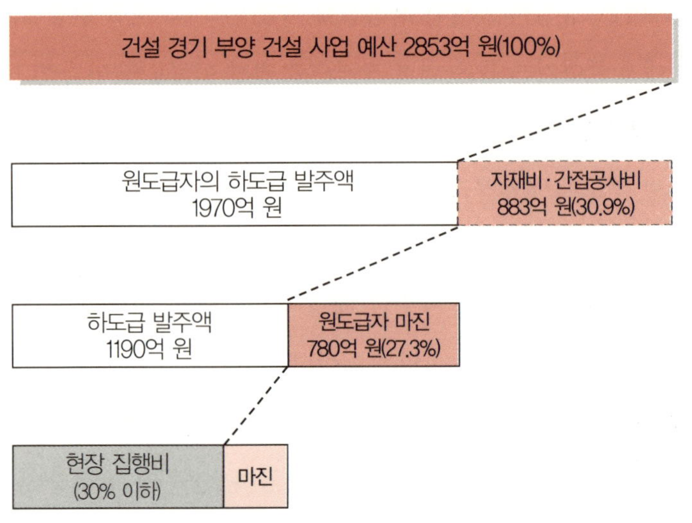

다. 총공사비의 58.2%가량이 A사 등 대형 원도급업체의 이익으로 돌아간 것이다. 이런 막대한 이익을 챙기는 데 대해 대형 건설업체들은 직원을 투입해 공사 전반을 관리하는 비용이라고 주장한다. 하지만 각종 관리비용은 이미 간접공사비에 포함돼 있기 때문에 단순히 공사 물량을 넘겨주는 브로커 역할을 하는 하청 발주 과정에서 엄청난 차익을 챙기는 것은 설득력이 떨어진다. 결국 경기 부양을 위해 투입된 재정이 대형 건설업체들의 금고로 그대로 들어가버려 경기 부양 효과와는 무관하게 퇴장되어 버리는 것이다.

좀 더 구체적으로 위의 예에서 건설 경기 부양 재정 사업의 경기 부양 효과를 살펴보자. 건설 경기 부양 예산 2853억 원의 58.2%가 자재비·인건비 883억 원과 마진 780억 원의 형태로 대형 원도급업체에게 돌아간다. 원도급업체가 차지하는 이 돈은 사업 관리 및 영업 직원들의 월급과 음성적인 로비 자금까지 포함된 활동비, 자재비 등으로 나가지만 대부분 이익으로 사내유보 된다. 사내에 유보된 자금의 상당 부분은 대형 건설업체의 주택 사업 등을 위한 택지 매입 비용 등으로 들어가 땅값 상승을 부추길 뿐, 당장 경기를 부양하는 데 기여하는 고용을 늘리거나 산업 연관 효과의 확대를 통하여 연관 산업의 소득을 늘리는 데는 사용되지 않는다.

특히 지금처럼 건설업체들이 무리한 차입과 분양 사업 전개로 미분양 물량이 급증하여 극심한 자금난에 시달리는 상황에서는 정부의 경기 부양 예산이 이들 업체의 부채 상환에 사용될 가능성이 매우 높다. 이명박 정부가 경기 부양책을 통해 실제로 노리는 것도 어찌 보면 건설업체들에 대한 유동성 지원이라고 할 수 있다. 이것은 적어도 현 정부가 건설 경기 부양책을 실시하기 위해 겉으로 내세우는 경기 활성화나 일자리 창출과는 거리가 멀다.

하도급업체에게 지급되는 1190억 원(41.8%)도 3차, 4차, 5차 다단계 하도급 과정을 통해 중간마진 형태로 상당 부분 사라지고 최종 시공 인력과 덤프트럭 및 중장비 기사 등에게 돌아가는 금액은 처음에 설정한 예산의 30%에도 미치지 못할 것으로 추정된다. 정부가 건설 경기 부양 명목으로 아무리 돈을 풀어도 건설 사업 현장에서 돈 구경하기 어렵다는 말이 나오는 것은 바로 이 때문이다. 더구나 시공 인력의 30% 정도를 차지하는 외국인 노동자들은 임금의 상당 부분을 본국에 송금하므로 국내 소비 진작 효과는 더욱 떨어질 수밖에 없다.

물론 앞의 사례에서 원도급자가 챙기는 마진이 큰 이유는 상위 대형 건설업체들이 가격 담합을 통해 폭리를 취할 수 있는 턴키 입찰(설계·시공 일괄 입찰) 방식으로 사업이 추진됐기 때문이다. 평균 낙찰가가 가장 낮은 최저가 낙찰제의 경우에도 원도급자는 20~30% 이상 남기는 게 보통이다. 결국 외환위기 이후 급변한 건설업계의 사업 구조 및 고용 구조 때문에 건설·토목 사업을 통한 고용 창출 및 내수 진작 효과는 과거에 비해 크게 줄어들었다고 할 수 있다. 이런 상황에서 정부가 건설 경기를 부양한다고 해서 건설 및 토목 사업을 통해 얼마나 많은 고용이 창출되고 얼마나 많이 소득이 늘어나겠는가.

서민 위한 조기 예산 집행,
재벌 건설업체만
조기에 배 불려

각종 건설 부양책과 불요불급한 예산으로 점철된 2009년 재정 가운데 현 정부는 65%가량을 상반기에 조기 집행했다고 한다. 돈을 빨리 풀어 극심한 내수 침체를 해소해 경제를 살리겠다는 명목이었다. 물론 서민들의 생계를 지원하는 형태의 예산은 가능한 한 빨리 풀수록 좋다. 하지만 장애인과 독거노인, 빈곤층 등 대부분의 복지 지원 대상자에게는 월 단위로 정기적으로 지원금이 지급될 뿐이다. 중앙정부 차원에서 시·군·구 기초자치단체나 동사무소까지 빨리 내려보내는 것일 뿐, 실제로 정부의 지원이 필요한 현장에 돈이 빨리 내려가는 것이 아니기 때문이다.

더구나 앞서 보았듯이 정부 예산의 상당 부분을 차지하는 건설·토목 사업 예산의 실상을 살펴보면 조기 예산 집행은 시중에 돈이 빨리 도는 것을 뜻하지 않는다. 대형 건설업체들의 호주머니에 정부의 예산을 일찍 집어넣는다는 뜻일 뿐이다. 예를 들어, 2008~2009년에 걸쳐 2000억 원짜리 공사를 한 대형 건설업체가 수주했다고 치자. 이 업체는 정부의 경기 활성화를 위한 예산 조기 집행 방침에 따라 연차별로 공사할 금액의 절반을 선급금으로 받는다. 그러나 이 가운데 60~70%가량은 선급금으로 지급할 대상이 아니다. 일단 자재비는 거래 관행상 미리 주지 않는다. 정부가 미리 준다고 해서 자신들도 자재 대금을 주는 원도급업체가 있겠는가. 마찬가지로 직원의 급료도 미리 주지 않는다. 대기업이 정부에서 돈을 미리 받았다고 직원들의 월급을 당겨주겠는가.

결국 대형 건설업체가 정부에서 받은 돈 가운데 조기 집행할 수 있는 돈은 기껏해야 하도급업체들에게 주는 공사 대금뿐이다. 이는 정부 예산 집행액에서 겨우 30~40% 정도를 차지한다. 그런데 이마저도 보통 실제 집행해야 하는 액수의 3분의 1밖에 집행하지 않는다.

철도 공사를 하청하는 한 기업의 사례를 보자. 이 업체는 원도급업체가 정부로부터 공사 대금을 선급 받은 것을 확인했다. 원도급업체는 정부에서 공사 대금을 받은 뒤 '하도급 거래 공정화에 관한 법률'에 따라 15일 이내에 자사가 정부에서 받은 것과 같은 비율만큼 하청업체에게 공사 대금을 줘야 한다. 하지만 이 업체는 2008년 공사 물량이 원래 100억 원이라면 50억 원어치만 공사하는 것처럼 축소해 선급금 적용 비율을 최대한 줄였다. 이런 방법으로 이 업체는 원래 받아야 할 돈의 30% 수준밖에 못 받았다. 예산 집행액의 30~40% 가운데 원래 받아야 할 돈의 30% 수준밖에 못 받은 것이다. 결국 이 업체에는 정부 예산 집행액의 9~12%만 전달됐다. 이런 양상은 이 업체에만 국한된 게 아니라 정도의 차이는 있지만, 전국적으로 나타나고 있다.

이런 식이면 정작 돈이 필요한 하도급업체에는 돈이 내려가지 않고, 대기업에만 머물러 있게 된다. 정부가 경기를 부양한다고 하지만 정작 도움을 받아야 할 중소 건설업체들과 건설 노동자들에게는 거의 도움이 되지 않는다. 대신 최근 몇 년간 부동산 붐으로 배를 잔뜩 불렸다가 유동성 위기에 처한 재벌 건설업체들의 호주머니로만 돈이 들어갈 뿐이다.

정부는 예산을 조기 집행했으면 제대로 줬는지 관리 감독해야 한다. 하지만 해당 부처는 대기업에게 돈을 주고 나서 예산을 집행했다고 재정부에 통보하고, 재정부는 이를 '실적'으로 잡아 예산 집행 계획을 달성했다고 홍보한다. 혈세를 들여 정책을 실시했다면 실제로 현장까지 돈이 내려가는지, 그래서 정책적 효과가 제대로 나타나는지 평가해야 한다. 정도의 차이는 있지만 거의 매년 예산을 조기 집행하면서 정부는 한 번도 제대로 실태를 조사해 평가한 적이 없다. 무조건 대형 건설업체에게 돈만 갖다 안긴다고 해서 정책 효과가 생기는 것은 아니지 않은가. 그러면서도 정부 관료들은 앞뒤 재지 않고 경기가 좋지 않다는 소리가 나오면 '조기 예산 집행'을 입버릇처럼 외고 있다. 이런 조기 예산 집행은 결국 유동성 위기에 시달리는 대형 건설업체에게 현금 다발을 안기는 효과만 있을 뿐이다.

실제로 〈그림 1〉에서 월별 건설 수주액 추이를 보면, 2008년 말의 밀어내기 발주 효과를 제외하면 공공 부문 발주 물량은 2009년 초부터 크게 늘어나 60~70% 수준까지 치솟았다. 또한 공공 발주 물량의 공종별 물량 추이를 보면 2009년 들어 건축 물량은 큰 변동이 없는 가운데 토목 공사 물량이 폭증하고 있다. 전체 공공 발주 물량 가운데 토목 사업 비중이 70~80%대를 오르내릴 정도로 높아진 것이다. 정부는 4대 강 사업과 경인 운하 사업, 새만금 사업 및 각종 고속도로 및 국도 건설 등 사업의 경제성이 의심스러운 대규모 토건 사업에 재정을 퍼붓고 있다.

특히 대규모 토건 사업은 대부분 상위 10개 재벌 건설업체들에게 돌아가는 턴키 방식으로 발주하고 있다. 이런 대규모 토건 사업마저도 경기 부양 및 일자리 창출 효과가 가장 떨어지고 재벌 건설사들에게 일방적으로 유리한 방식으로 집행하고 있다. 주택 시장의 침체로 민간 건설 사업 물량이 줄어들자 정부가 공공 토건 사업을 일으켜 재벌 건설업체들을 먹여 살리고 있는 것이다.

연간 공공 부문 공사 물량이 2008년 80조 원에 이른 상황에서 이런 낭비성 대규모 토건 사업을 더 벌이고 있으니 한국 정부는 건설업계만을 위한 정부인가. 각종 중소기업과 자영업자들은 극심한 신용 경색 때문에 돈 구경하기 어려운데 왜 대형 건설업체들은 직

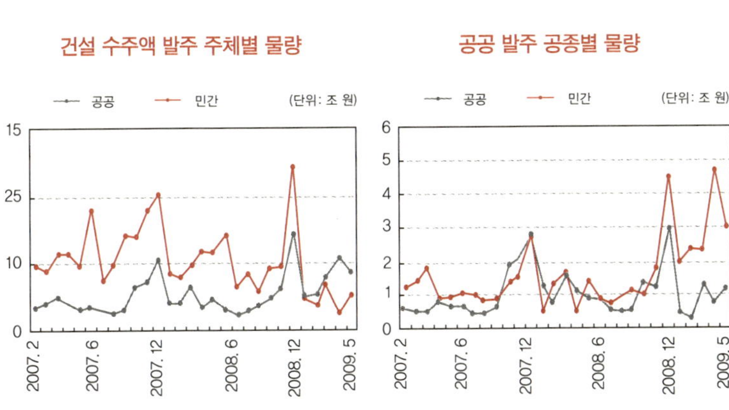

(주) 통계청 자료로부터 KSERI 작성

접 시공하지도 않은 관급 공사를 수주했다는 이유 하나만으로 수백억 원에서 수천억 원의 현금을 미리 받아 챙기도록 하는가. 공공 사업을 진행하기도 전에 정부가 돈을 막 퍼주는 나라가 제대로 된 나라 가운데 또 어디가 있는가. 더구나 이렇게 하는 과정에서 또다시 엄청난 예산이 낭비되고 있다. 예산을 조기 집행하려면 국채를 발행해야 하고, 정부는 거기에 해당하는 이자를 지급해야 하기 때문이다.

지난 몇 년간 건설업체들은 국민의 부동산 투기 심리를 부추겨가며 터무니없는 고분양가로 엄청난 폭리를 취해왔다. 그 같은 부동산 버블에 취해 과욕과 무리한 경영 판단으로 사업을 벌이다 보니 부동산 버블이 꺼지는 과정에서 생겨난 미분양 물량으로 지금 현재 극심한 자금난을 겪고 있다. 하지만 부동산 버블이 일 때 폭리를 취했듯, 부동산 버블이 꺼지면서 생겨나는 모든 손실은 그들이 책임져야 한다. 그런데도 정부는 무주택 서민들의 세금까지 포함된 막대한 건설·토목 예산을 편성하는 것도 모자라 예산 조기 집행이라는 명목으로 돈을 퍼붓고 있다. 서민들을 위해 경기를 부양하려고 예산을 조기 집행한다고 하지만, 결국 감춰진 속내는 유동성 위기에 빠진 재벌 건설사들을 구제하기 위한 '눈 가리고 아웅 쇼' 일 뿐이다. 말끝마다 서민을 외치지만, 그들에게 서민은 뒷전이다. 현 정권의 눈에 보이는 것은 지금 자금난에 시달리는 건설업체들뿐이다.

경인 운하로 건설업체에 4000억 퍼주는 MB, 서울시장 시절 땐 예산 절감했을까

경인 운하 공사가 2009년 3월 착공식도 없이 시작됐다. 경인 운하 사업을 맡고 있는 수자원공사 측은 얼마 전 경인 운하 관련 공청회를 일반인의 출입을 막는 '자물쇠 공청회'로 연 바 있다. 환경 영향 평가도 요식행위처럼 3개월 만에 뚝딱 해치웠다. 현 정권이 내세우는 것처럼 그렇게 꼭 해야 하는 사업이라면 왜 이렇게 떳떳하지 못한지 모르겠다. 마치 부잣집 담을 넘는 '밤손님'의 행태처럼 느껴진다.

이에 앞서 경인 운하 사업에 2009년 1월 확정된 정부 추정 사업비보다 3800억 원 정도기 더 들어간 것으로 추정된다는 재정부의 내부 보고서가 일부 언론에 보도됐다. 그 내용대로라면 이 사업의 비용편익비율(B/C)이 1 이하로 떨어져 사업의 경제성이 없다는 결론이 나온다. 고속도로로 한 시간 거리인 곳에 물류를 수송하기 위해 운하를 판다는 사업에 경제성을 따지는 것부터가 한심한 일이다. 하긴 어떻게든 경인 운하 사업을 하기로 작정한 '불도저 정부'에게 경제성을 따지는 것도 무의미한 일이다. 다만 이 같은 토건 사업을 통해 현 정부가 얼마나 많은 국민의 세금을 낭비하는지, 그리고 그 속내가 무엇인지는 알아야 한다.

결론부터 말하면 정부는 현재 예정된 경인 운하 사업 6개 공구의 총공사비 추정 가격 1조 3500억 원의 30% 정도인 4000억 원을 낭비하게 된다.

경인 운하 사업을 턴키 입찰(설계·시공 일괄 입찰) 방식으로 발주하기 때문이다.

왜 그럴까. 여기에서 자세히 설명하기는 어렵지만, 턴키 입찰 방식은 현재 예산 낭비와 건설업체 간 담합 구조의 핵으로 자리 잡고 있다. 상위 10개 재벌 건설사들은 설계 비용에 들어가는 거액의 선투자 비용을 시장 진입 장벽으로 활용, 지금까지 턴키 입찰 물량을 거의 싹쓸이해왔다. 그러면서 그들은 각종 턴키 입찰에서 철저한 가격 담합을 통해 경쟁 입찰에 비해 평균 30%가량 높은 추정 공사비의 95~98% 수준에서 공사를 수주했다. 건설업체들끼리 경쟁하게 놔뒀으면 아낄 수 있는 돈 30%를 낭비했다는 뜻이다. '떡고물'이 워낙 많다 보니 담합과 뇌물 수수 등 부패의 온상이 된 것이다.

2009년 8월 한 용기 있는 교수에 의해 금호건설의 상품권 로비 실태 일단이 드러난 사업도 턴키 입찰 공사였다. (턴키사업 등 각종 공공사업 입찰 방식의 문제점과 턴키 사업 등이 얼마나 많은 부정부패와 예산낭비를 초래하는지를 구체적으로 알고 싶은 분들에게는 필자가 공저한《대한민국은 부동산공화국이다?》(궁리)를 읽어보기를 권한다. 부동산 거품 해소와 건설 부패 척결을 통해 한국사회를 진정으로 개혁하기 위한 필독서라고 자부한다)

이명박 대통령은 서울시장으로 재임하던 시절에도 턴키 사업을 남발했다. 청계천 사업, 동남권 유통 단지(가든파이브), 지하철 9·7·3호선 연장 구간 등을 모두 턴키로 발주했다. 심지어 일반 주택 단지를 만드는 은평 뉴타운 사업조차 턴키로 발주했다. 그 결과 부작용은 심각했다. 7000억 원에 할 수 있었던 가든파이브에 1조 원 이상이 들어간 결과 고분양가 때문에 상가 입점이 극히 부진한 상태다. 은평 뉴타운은 과다한 토지 보상금과 더불어 턴키 입찰을 통한 사업비 과용으로 후임자인 오세훈 시장 초기 고분양가 논란을 불러일으켰다. 이렇게 진행된 지하철 9호선과 7호선 연장 구간 등에서는 업체들끼리 담합한 사실이 드러났고, 청계천 사업과 가든파이브 사업에서는 각종 비리 사건이 불거지기도 했다. 심지어 청계천 사업을 추진하는 과정에서 양윤재 전 서울시 부시장(현 정부 들어 이명박 대통령의 특별사면으로 풀려난 뒤 장관급 대우를 받는 국가건축정책위원회 위원으로 임명됐다)이 구속되기도 했다. 이런 과정에서 낭비된 예산만 줄잡아 1조 원가량은 될 것이다. 그렇기에 이명박 대통령이 서울시장 시절 예산을 절감했다는 주장을 들으면 헛웃음밖에 나오지 않는다.

이명박 대통령은 서울시장 시절의 행태를 이제 전국 단위로 되풀이하고 있다. 당장 경인 운하 사업뿐만 아니라 새만금 사업, 울산-포항 간 고속도로, 호남고속철도 등 대규모 토목 사업이 대부분 턴키 공사로 예정돼 있다. 재벌 건설업체들은 벌어진 입을 다물지 못하고 있다. 고분양가로 마구잡이 주택 사업을 벌였다가 미분양 물량에 물려 극심한 자금난에 시달리던 건설업체들이 시장의 채찍질은커녕 정부의 퍼주기 예산으로 희희낙락하고 있는 것이다.

현 정부가 이를 놓고 말로는 '서민 경기 부양'이니 '일자리 창출'이니 내세우고 있지만, 결국 세금으로 재벌 건설업체들을 위해 차리는 푸짐한 잔칫상이라는 것을 건설업계는 너무나 잘 안다. 이처럼 현 정부의 '삽질 경제'는 그 이면을 살펴보면 바로 부패 경제, 반칙 경제, 불공정 경제인 것이다. 이를 들키지 않으려니 사업 추진 과정이 밤손님 행태를 닮아가는지도 모르겠다.

일본의 전철을 밟는 현 정부의 건설 경기 부양책

이제 부동산 버블 붕괴 시기에 정부의 부동산 경기 부양책이 얼마나 효과가 있는지 일본의 사례를 통해 살펴보기로 하자.

미국의 경우 2007년 하반기 서브프라임론 사태가 본격화된 이후 정부의 천문학적인 규모의 경기 부양책과 공적자금 투입, 그리고 FRB의 금리 인하 등 온갖 대책을 실시했음에도 불구하고 경제가 후퇴 일로를 걷고 있다. 미국의 서브프라임론 사태가 본격화되자 많은 사람들이 미국은 일본과 다를 것이라고 생각했다. 그러나 폴슨 재무장관이나 버냉키 의장 등 미국 정책 당국자들은 가장 먼저 일본의 버블 붕괴 사례를 주시했다. 똑같은 실수를 반복하지 않겠다는 생각에서였다. 그러나 1990년대 일본의 부동산 버블 붕괴 과정에서 나타난 것과 거의 유사한 현상이 반복되었다.

〈그림 1〉에 나타난 바와 같이 일본 정부는 부동산 버블 붕괴를 막기 위해 1992~1995년 무려 66조 9000억 엔에 달하는 각종 경기 부양 대책을 쏟아냈다. 이 외에 세 차례에 걸쳐 각각 2조 엔 규모의 보완 대책이 나왔다는 점을 감안하면 투입된 재정은 총 73조 엔에 이른다. 이는 1994년 일본 정부의 일반 예산과 맞먹는 규모다. 이처럼 막대한 규모의 재정을 경기 부양 대책에 투입했지만 결국 버블 붕괴를 막지 못했다. 이 기간 일본 경제의 실질 성장률이 0%대에 그쳤다는 것이 그 증거다.

이처럼 경기 부양 효과가 없었던 이유에는 여러 가지가 있을 수 있는데, 그중에 하나로 당시 일본의 집권당인 자민당의 건설족(토건족) 의원들의 요구에 의해 불요불급한 각종 건설 토건 사업들로 경기 부양책이 채워졌다는 점을 들 수 있다. 말하자면 부동산 버블 붕괴를 막는다는 명목으로 또 다른 버블을 만들어냈던 것이다. 뚜렷한 계획도 없이 육지와 무인도를 연결하는 대교를 만들고, 아무런 목적도 없이 산을 마구 훼손해 건설했으나 산토끼와 노루만 다니는 도로, 조그만 시골 길과 연결되는 거대한 고가도로들이 이 시기에 집중적으로 지어졌다. 이처럼 버블 붕괴를 또 다른 버블을 만들어 막으려는 퍼주기식 경기 부양 대책으로는 결국 버블 붕괴를 막지 못했다.

그런가 하면 부동산 버블 붕괴가 시작된 상황에서 일본 정부의

부양책	시기	사업 규모(단위: 조 엔)
제1차 종합경제대책	1992년 8월	10.7
제2차 종합경제대책	1993년 4월	13.2
긴급 경제대책	1993년 9월	6.2
신종합경제대책	1994년 2월	15.3
긴급 엔고경제대책	1995년 4월	7.3
경제대책	1995년 9월	14.2
1997년도 추경예산	1998년 2월	4.5
종합경제대책	1998년 4월	16
긴급경제대책	1998년 11월	17
경제신생대책	1999년 11월	17
일본 신생을 위한 신발전정책	2000년 10월	11
누계		132.4

(주) 일본 내각성 자료로부터 KSERI 작성

과도한 건설 경기 부양책으로 사실상 시장에서 퇴출돼야 할 부실 건설업체들 가운데 상당수가 연명할 수 있었다. 그 결과 버블 붕괴 초기의 줄도산에도 불구하고, 1990년대 중반까지 일본의 건설업체 수는 오히려 늘어났다. 경제 전문가인 사이토 세이치로 교수의 책 《일본 경제 왜 무너졌나》(들녘)에 따르면 건설·토목 산업 종사자 수는 1991년 604만 명에서 1996년 676만 명으로 오히려 72만 명 이 늘어났다. 반면 이 기간에 제조업 종사자 수는 1563만 명에서 1450만 명으로 113만 명이나 줄어들었다. 또한 같은 기간의 건 설·토목 관련 업체 수를 보면 60만 2000개 사에서 64만 7000개

사로 4만 5000개 사나 늘어났다. 일본 전문가인 알렉스 커의 저서 《치명적인 일본Dogs and Demons》(홍익출판사)에 따르면 1994년 일본의 콘크리트 제조량은 9160만 톤으로 7790만 톤인 미국보다 많았다. 일본이 미국에 비해 국토의 단위 면적당 30배나 많은 콘크리트를 사용한 것이다.

부동산 버블이 일면 당연히 건설 붐도 일고, 부동산 버블이 꺼지면 건설 경기도 죽기 마련이다. 부동산 버블 붕괴기에는 그만큼 건설 시장의 파이가 줄기 때문에 부동산 붐 때 생겨난 건설업체의 수가 감소하는 것이 정상이다. 그런데 일본의 건설업체 수는 정부의 막대한 경기 부양 공공사업 확대에 힘입어 버블 붕괴기에 오히려 더 늘어났다. 실제로 사정을 잘 뜯어보면 정부 예산이라는 호흡기로 연명하는 부실 건설업체들이 대폭 늘어났기 때문이다. 부실 기업들이 인수합병되거나 퇴출당하는 등 구조조정이 원활히 이뤄졌더라면 살 수 있었던 기업들조차 시간이 흐르면서 점점 부실화되었다.

이 때문에 "1990년대 일본의 경기 부양책은 건설업의 보호와 지원에 도움이 되었을 뿐, 경기의 자율적인 힘을 회복시킨다는 케인스 이론과는 거리가 멀다"고 세이치로는 평가했다. 세이치로에 따르면, 1990년대의 대대적 건설 경기 부양 대책은 일시적인 효과를 내는 데 그쳤을 뿐 결과적으로 적자 재정의 체질화와 국채 잔액 누적을 초래했다. 그는 또한 진정한 원인의 치료를 미룸으로써 도태돼야 할 기업까지 목숨을 연명해 일본 경제의 증상을 더욱 악화시켰고, 초저금리 정책과 재정 지출 확대로 격렬한 통증을 숨긴 결과 일본 경제의 병인이 모호해져 병의 원인 진단에 오류가 발생했다고 지적했다. 이 같은 건설업계 보호적인 건설 경기 부양 대책으로 건설사의 부실은 수면 아래에서 지속적으로 증가했고, 결국 1998년부터 금융권의 부실 증가로 이어져 일본의 장기 침체를 가져오는 주요 원인으로 작용했다고 주장했다.

실제로 일본 정부는 1996년 실질GDP 성장률이 3.5%로 올라서자 지나친 건설 경기 부양으로 천문학적으로 늘어난 국가 채무에 대한 부담 때문에 〈그림 1〉에서 보는 것처럼 1996~1997년에는 대규모 경기 부양 대책을 마련하지 않았다. 그러자 1997년부터 건설업체와 금융 기관 들이 줄도산하는 등 버블 붕괴 후 2차 위기를 맞게 됐다. 부동산 버블에 이어 막대한 '재정 적자 버블' 아래 부실을 숨기고 있던 건설업체와 금융 기관 들이 정부의 재정 지원이라는 호흡기가 끊어지자 곧바로 중태에 빠져든 것이다. 〈그림 2〉를 보면 부동산 버블 붕괴에 따라 부실해진 건설업체 등의 구조조정 지연으로 1990년대 후반에 도산 기업 수와 도산 기업의 부채 총액이 급증했음을 알 수 있다. 또한 건설업체의 도산이 급증해 실직, 감봉, 장기 휴가 등 근로자의 피해도 급증했음을 알 수 있다.

1990년대 부동산 버블 붕괴를 막기 위해 일본 정부는 공공 건설 사업 경기 부양책뿐만 아니라 금리 인하와 주가 부양 대책도 함께 동원했다. 일본 대장성은 우정연금과 국민연금 등을 통해 1992년 하반기에만 2조 8200억 엔을 주식시장에 투입해 주가를 떠받쳤다. 이들 공적 연금은 1995년까지 주가가 떨어질 때마다 주식시장에서

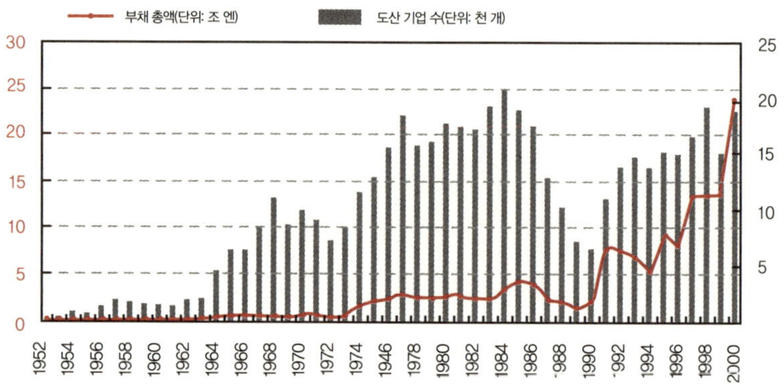

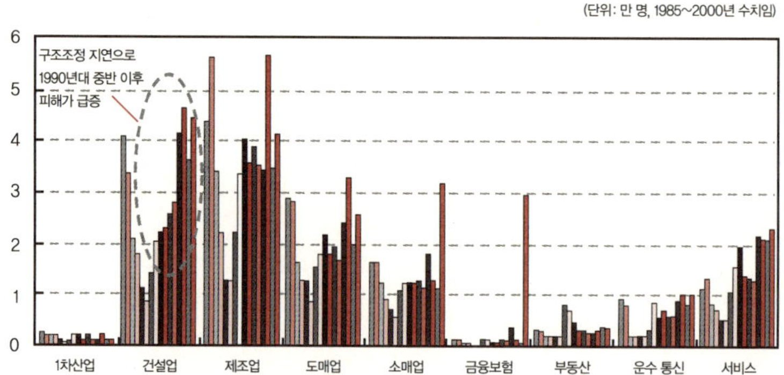

일본의 업종별 기업 도산에 따른 근로자 피해 추이

(주) TST 자료로부터 KSERI 작성

순매수자로 나서 주가를 부양했다. 연기금의 효과적 운용을 위해 '투자자'로서 참여한 것이 아니라 주가 부양을 위한 의무적 매수자로서 주식시장에 참여한 것이다. 이 때문에 국제 금융계에서는 일본의 이 같은 주가 부양 대책을 두고 유엔 평화유지군의 머리글자인 PKO(Peace-Keeping Operation)에 빗대 PKO(Price-Keeping Operation)라고 조롱하는 말까지 나오기도 했다. 일반적으로 정부를 주식시장의 건전한 투자 환경 조성자로 보는 다른 선진국들과 달리 특정한 목표 주가를 정하고 정부가 투자 여부를 결정하는 일본 정부를 조롱한 표현이다.

또 일본 대장성은 일본은행에 수시로 압력을 가해 1990년 8월까지 6%던 기준금리를 1991년 4.5%로 떨어뜨린 데 이어 1994년 1.75% 수준까지 낮췄다. 하지만 이 같은 기준금리 인하에 가장 먼저 움직여야 할 건설 및 부동산업계는 아무런 반응이 없었다. 은행들이 이미 부동산 및 건설업계의 대규모 부실 채권을 잔뜩 떠안고 있는 상태인 데다 신용 경색까지 겹쳐 추가 대출을 할 여력이 없었던 것이다. 뿐만 아니라 이미 부동산 시장의 투자자들 대부분이 부동산 버블이 붕괴되고 있다는 사실을 알고 있었기 때문에 일본은행이 기준금리를 인하한다고 해서 부동산 수요가 늘어나거나 부동산 가격이 대세 상승할 것이라고 생각한 사람은 드물었다.

정리하자면, 1990년대 부동산 버블 붕괴 시기에 일본 정부는 공공 건설 사업을 중심으로 한 막대한 건설 경기 부양책(재정 정책)과 금리 인하(통화 정책), 주가 부양책(공적 연금 동원) 등을 총동원했으나 결과적으로 버블 붕괴를 막지 못했다. 오히려 이후 과감한 구조조정 후 효과적으로 쓰일 수 있는 재정 및 통화 정책 수단들을 일찌감치 소진해버렸다.

그런데 기묘하게도 지금의 한국 정부는 원/달러 환율이 폭등하는 가운데 1990년대 일본 정부가 시행한 정책을 그대로 답습하고 있다. 재정 확대를 통한 건설 경기 부양책 남발, 주공과 대한주택보증도 모자라 자산관리공사까지 동원한 미분양 아파트 매입, 부동산 버블을 떠받치기 위한 유례없는 금리 인하, 연금을 동원한 주식 매입과 은행채·카드채·회사채 매입 등 마구잡이 정책을 남발한 것이다.

한국 정부는 과거 일본이나 외환위기 직후의 구조조정 경험에서 배우지 못하고 과거 일본이 장기 불황으로 치달았던 궤적을 그대로 따라가고 있다. 물론 한국은 정권의 변화에 관계없이 계속 반복되는 정책 실패와 국가적 위기가 발생하는 근본 원인부터 해결하지 않으면 안 된다. 지난 IMF 사태 등의 사례를 비롯하여 대통령을 비롯한 정부 관료들과 여야를 막론하고 정치권은 이미 21세기의 급변하는 세계경제 환경 속에서 한국 경제를 정상적으로 운영할 능력과 역량이 없음이 드러났다. 이들은 시대착오적인 집단이 되어 버린 것이다. 대통령과 정부 관료들, 그리고 정치권의 무능과 무지를 계속 방치하는 한 더 이상 패러다임이 변한 21세기 한국 경제가 정상적으로 발전해가기를 기대하는 것은 무리다.

빈곤층 지원 삭감하면서
'신빈곤층' 지원하라니

2009년 초 뉴스를 보는 도중 이명박 대통령의 '신빈곤층' 발언을 보고 까무러치는 줄 알았다. MBC 뉴스 보도에 따르면 이명박 대통령은 2월 5일 보건복지 종합 상담 센터인 129콜센터에서 비상 경제 대책 현장 점검 회의를 주재하면서 "어려운 사람들은 정말 죽고 싶은 심정일 것"이라며 "제일 중요한 게 신빈곤층에 대한 지원과 일자리 창출"이라고 강조했다고 한다. 그러면서 "현실에 맞지 않는 복지법 체계는 고치고, 도와줘야 할 신빈곤층을 적극 찾으라"는 주문까지 했다고 한다. 이어 이명박 대통령은 집에 낡은 봉고차가 있다는 이유로 기초생활수급 대상자에서 제외된 빈곤층 모녀와 직접

전화 상담을 하는 '쇼'까지 연출했다.

청와대는 이후 신빈곤층이라는 단어가 현 정부 들어 빈곤층이 새로 생겨났다는 뉘앙스를 준다며 이 단어를 쓰지 않기로 했다. 그러다가 노무현 전 대통령이 서거한 이후 어느 날부터 서민 정부임을 내세우기 시작했다. 태생이 '강부자 정권'인 현 정부가 지지율이 떨어지자 국면 전환용으로 이른바 분칠에 나선 것이다. 하지만 이 같은 행보들이 모두 기만적인 쇼임은 두말할 것도 없다.

이 같은 사실은 이명박 대통령이 신빈곤층 행사를 벌이던 같은 날 있었던 MBC 보도 내용으로도 입증된다. MBC의 보도에 따르면 정부는 차상위 계층 21만 명에 대한 의료 급여를 2009년 4월부터 중단하기로 결정했고, 기초생활수급자도 2008년보다 1만 명 줄였다. 정부가 겉으로 표방한 사회 안전망 강화와는 완전히 정반대로 가고 있는 것이다.

이런 기막힌 일들은 지금도 계속 벌어지고 있다. 예를 들면, 2009년 들어 지역 아동 복지 센터에 대한 지원 예산도 삭감했다. 지역 아동 복지 센터는 주로 저소득층 아이들을 대상으로 방과 후 학습을 지도하거나 맞벌이 부부들을 위해 부모들이 퇴근할 때까지 아이들을 돌봐주는 곳이다. '공부방'이라고도 불린다. 순수 비영리 민간단체들이 시작한 사업인데, 그 사회적 역할을 인정받아 정부의 예산을 일부 지원받기 시작했다. 하지만 예산 규모가 센터를 운영하는데 턱없이 부족하다고 한다. 한겨레신문의 보도에 따르면 보건복지가족부가 급식비를 뺀 공부방의 월 평균 운영비만 600만 원이라는 정책 연구 보고서를 낸 적도 있다고 한다. 그렇지만 2009년 들어 공부방 한 곳당 지원액은 오히려 줄어들었다. 2008년 월 465만 원을 지원키로 국회 보건복지위가 의결했으나, 국회에서 최종 확정된 안은 월 219만 원이다. 외환위기 이후 최악의 경기 침체로 서민들이 고통 받고, 이명박 대통령이 '신빈곤층' 운운하며 생쇼를 벌이는 와중에 벌어지고 있는 일이다.

지원되는 예산이 부족해 직원들은 사실 아르바이트를 해서 자신들의 부족한 월급을 충당하고 있다. 이들 직원은 자신들의 생활이 어려울 정도로 박봉이지만, 아이들이 정서적으로 안정되고 다른 아이들과 어울려 공동체 생활을 몸에 익히며, 학원 과외를 받는 아이들에 비해 훨씬 열악한 여건에서도 열심히 공부하는 모습에 보람을 느끼며 버틴다고 한다. 하지만 그런 것도 하루 이틀이지 2~3년 지나면 여건이 너무 힘들어 직원들이 하나둘씩 떠나가고 만단다. 지역 아동 센터를 이용하는 아이들은 대부분 극빈자나 저소득층, 장애인 가정의 아이들이다. 경제 위기가 심화되면서 이 아이들의 가정이 경제적 문제 등으로 해체 위기를 겪는 경우가 늘고 있다. 게다가 경기 침체가 본격화되면서 이들 센터에 아이들을 맡기려는 수요는 늘고 있는데, 수용 인원에 한계가 있어 다 못 받는다고 한다.

이 같은 지역 아동 복지 센터 수는 유럽, 일본 등 선진국에 비하면 턱없이 부족하기도 하지만, 예산 지원액도 형편없는 수준이다. 선진국 가운데는 지역 아동 복지 센터를 중앙정부나 지방정부가 직접 건립하고 운영하는 곳이 대다수다. 그런데 한국은 민간에서 하는 사업을 정부가 쥐꼬리만큼 보조해주는 수준이다. 전국의 지역 아동 센터에 정부가 지원해주는 예산은 모두 합해봐야 359억 원. 한국 사회가 이 정도 수준의 복지지원도 감당할 수 없는 나라라면 말도 안 한다. 온갖 불요불급한 건설·토목 사업에는 돈을 펑펑 쓰고 있는 게 현실이다. 당장 현 정부는 국민 대다수가 그 필요성을 공감하지 못하는 4대 강 하천 정비 사업에 앞으로 4년간 22조 원을 털어넣는다. (이는 당초 14조 원이라고 했던 예산액에서 8조 원 늘어난 것이다. 사실 국내 건설·토목 사업의 예산액은 대부분은 처음에는 돈이 별로 안 드는 것처럼 입안됐다가 시간이 갈수록 점점 불어난다) 2009년 지역 아동 센터에 지원하는 돈의 600배가 넘는 규모다. 이런 상황을 생각하면 정말 가슴이 미어질 정도다.

그렇다고 정부가 돈이 없는 것도 아니다. 〈그림 1〉을 참고로 2009년 예산안을 한번 살펴보자. 우선, 2008년보다 26% 늘어난 24조 7000억 원 규모의 SOC 사업이 눈에 띈다. 이와 관련하여 현 정부는 빠른 속도로 진행되는 경기 침체에 적극적으로 대응하고 일자리를 창출하기 위한 것이라고 주장했다. 이에 더해 정부는 2009년 초 '녹색 뉴딜'이라는 이름으로 각종 건설 경기 부양책을 또 한 번 내놓았다. 녹색이라고 포장했지만, 4대 강 사업과 중소 댐 건설 등 도대체 왜 하는지 공감대가 전혀 형성되지 않은 건설·토목 사업이 대부분이다. 한마디로 고급 스테이크로 포장한 저질 소시지다.

그렇지 않아도 한국은 이미 전 국토가 거대한 공사장처럼 느껴질 정도로 불필요한 건설·토목 사업이 남발되고 있는 나라다.

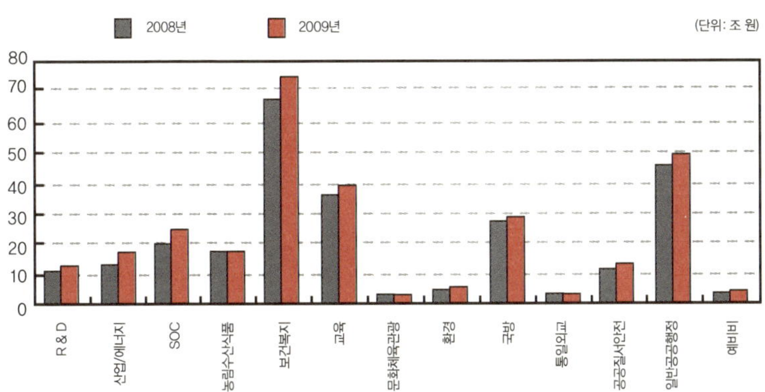

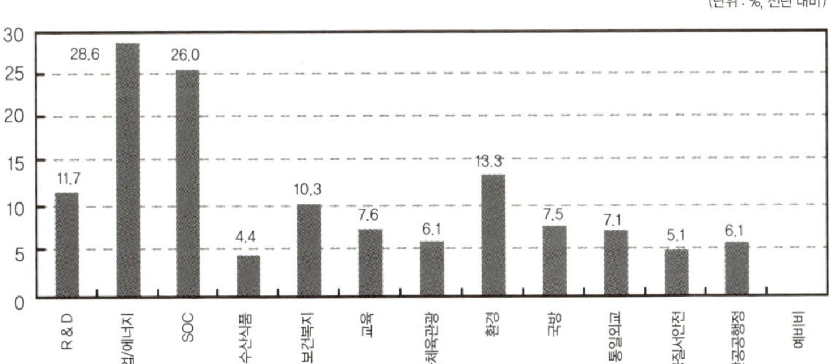

(주) 기획재정부 자료로부터 KSERI 작성

〈그림 2〉에서 1970년대 이후 건설 산업의 부가가치가 전체 부가가치에서 차지하는 비중을 보면, 한국은 1980년대 말부터 시작된 200만 호 주택 건설 사업으로 건설 산업의 부가가치 비중이 크게 늘어나 11~12%대를 유지하다가 외환위기를 계기로 비중이 줄어들었다. 그리고 1990년대 말 IMF사태 직후 8%대까지 낮아졌다가 2000년대 부동산 투기가 본격화되면서 9%대로 상승하여 최근까지 지속되고 있다.

부가가치 비중으로 볼 때 한국 경제는 미국보다 두 배가량 더 건설업에 의존하고 있다고 할 수 있다. 일본의 경우도 1980년대 말

>>> **그림 2 한·미·일 건설업 부가가치 비중 추이**

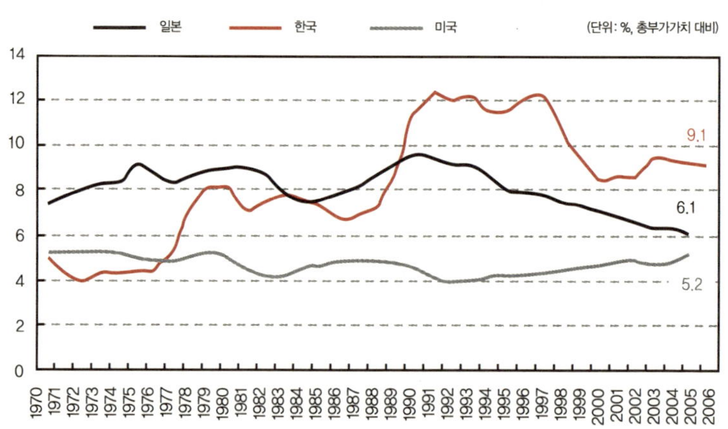

(주) OECD 자료로부터 KSERI 작성

부동산 버블이 정점에 달했던 1990년에 9.7%를 기록한 후 버블 붕괴와 장기 불황으로 계속 줄어들어 2005년에는 6.1%까지 감소했다. 건설업의 비중이 상대적으로 높은 것은 한국 경제의 중장기 성장 잠재력을 떨어뜨린다는 점에서 문제라고 할 수 있다. 특히 개발 경제 시대에 비해 건설·토목 사업의 경기 부양 효과와 일자리 창출 효과가 매우 낮은 것을 감안하면 문제는 더욱 심각해진다.

그런데도 한국 정부는 2009년 SOC 예산을 줄이기는커녕 대폭 늘렸다. 그 가운데는 대운하 건설을 추진하기 위한 걸치기 예산으로 의심받는 4대 강 하천 정비 예산 1조 7000억 원과 소위 '형님 예산'으로 비판받는 포항 지역 건설 예산 4370억 원이 포함돼 있다. 이뿐만 아니라 건설업체들이 가장 많은 이윤을 남기고, 정치인들이 과시용 지역 예산으로 가장 선호하는 도로 예산은 모두 9조 4942억 원이나 편성됐다. 국토해양부는 당초 2009년 10월 도로 예산으로 7조 9540억 원을 편성했다. 이곳저곳에서 공사를 벌이기보다는 완공 위주의 집중 투자를 통해 예산의 효율성을 높이기 위해 이같이 편성했다고 설명했다. 그런데 11월 수정 예산안에서는 경기 침체를 내세워 선도 사업이라며 10월보다 18.6%가 늘어난 9조 3966억 원을 편성했고, 이마저도 국회에서 더 증액돼 통과됐다. 더구나 2009년 예산에 반영된 음성-충주 간 고속도로, 충주-제천 간 고속도로, 동해-삼척 간 고속도로, 상주-영덕 간 고속도로 등은 2007년 국가 기간 교통망 계획에서 모두 경제성이 낮다고 평가된 사업이다.

이처럼 상당수가 불요불급한 건설·토목 사업에 국가의 자원이 과다 배분되면 그만큼 사회적으로 절실히 필요하거나 전략적인 투자가 필요한 곳에 투자할 자원이 부족할 수밖에 없다. 대표적인 것이 바로 저소득층과 취약 계층 등에 대한 지원이 주가 되는 보건복지 예산이다. 정부와 여당은 줄기차게 경기 침체 시에 가장 타격을 많이 받을 것이라며 대규모 지원을 할 것처럼 떠들어댔으나 2009년 보건복지 예산은 전년 대비 10.4% 증가하는 데 그쳐 증가율이 전체 예산 증가율 10.6%보다 낮게 나타났다.

보건복지 예산은 74조 7000억 원으로, 전체 예산의 25.9%를 차지하여 겉으로는 매우 많은 것처럼 보인다. 하지만 2005년부터 정부 세출 예산에 포함된 국민연금(7조 7000억 원)과 건강보험(31조 6000억 원) 급여액이 39조 3000억 원가량을 차지한다는 점을 감안하면 순수한 보건복지 예산은 35조 4000억 원 안팎으로 줄어들어 전체 예산의 12.3%에 불과하다. 더구나 전체 보건복지 예산의 절반가량을 차지하는 사회보장연금 지출 증가율이 2005~2007년 증가율인 14~17% 수준을 유지한다면 순수한 보건복지 예산 증가율은 대략 5~7% 정도 증가하는 데 그친다. 법령에 따른 정부의 의무적 지출이나 자연적인 지출 증가분을 제외하고 정부가 추가적인 복지 서비스의 확대를 위해 편성한 예산은 1.5%정도밖에 늘어나지 않았다. 이는 경기 불황으로 복지 수요가 크게 증가하고 사회 안전망 확충이 시급하다는 점을 고려하면 매우 낮은 수준이다.

구체적 현실을 뜯어보면 더 개탄스럽다. 230개 사회복지 사업 가운데 약 130개 사업은 예산이 줄어들거나 동결됐다. 저소득층 에너지 보조금 489억 원 삭감, 의료급여 4263억 원 삭감, 장애 수당 409억 원 삭감, 노인 돌봄 서비스 168억 원 삭감 등 저소득층과 장애인 등 취약 계층을 지원하는 예산이 집중적으로 줄어들었다. 이런 여파로 기초생계 급여, 장애 수당, 산모·신생아 도우미, 노인 돌보미 바우처 등 각 사업 지원 대상자도 대폭 줄었다. 이들 대상 자에게 돌아가는 돈은 한 달에 겨우 몇만 원에서 몇십만 원 수준이 지만 이들에게는 절실한 돈이다. 이렇게 삭감한 예산을 다 합쳐봐 야 1조 원이 넘지 않는다. 그런데 이들에 대한 예산은 대폭 삭감하 면서 4대 강 사업과 경인 운하 사업 등에는 막대한 예산을 탕진하 고 있다.

〈그림 3〉에서 OECD(경제협력개발기구) 주요국 회원의 저소득 층과 장애인, 노인, 환자 등 취약 및 소외 계층에 대한 정부의 시원 을 나타내는 사회 지출(Social Expenditure) 추이를 살펴보자.

미국과 일본은 GDP 대비 사회 지출 비중이 15%를 넘으며 OECD 회원국 전체의 평균도 20%를 상회한다. 한국은 외환위기 직후에 급증한 복지 수요에 대응하여 보건복지 예산의 비중을 한 단계 올렸다고는 하지만 2005년 현재 6.9%로, OECD 회원국 평균 의 3분의 1 수준에 머무르고 있다. 복지에 관한 한 OECD 회원국 으로 불리기에 민망한 수준이다.

일본은 버블 붕괴 이후 극심한 장기 경기 침체를 겪으면서도 사회 지출 비중을 전체 예산의 11.2%에서 18.6%로 빠르게 늘려왔

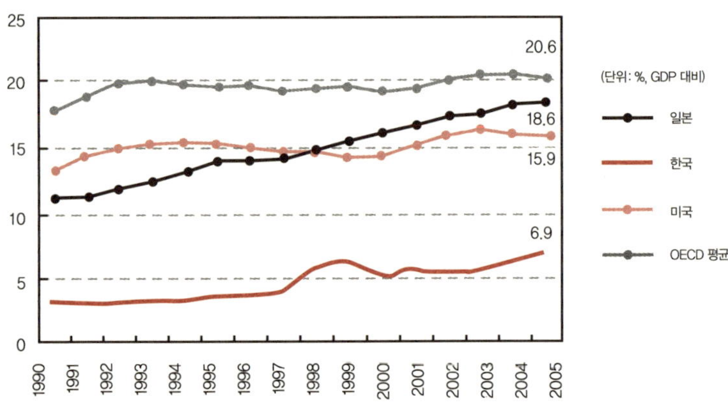

(주) OECD 자료로부터 KSERI 작성

다. 물론 이는 일본 사회의 급속한 고령화와 비정규직 증가 등으로 인한 복지 수요 급증에 따른 것으로 볼 수도 있지만, 장기 불황이라는 어려운 경제 여건 속에서도 일본 정부와 정치권이 사회 지출 예산을 적극적으로 늘려온 데 따른 결과다. 일본의 예를 보더라도 경제 위기 상황에서 적극적으로 복지 인프라를 확충하는 것이 중요하다고 할 수 있다.

그런데 외환위기 이후 최대 경제 위기를 맞이한 상황에서 현 정부는 말과는 달리 보건복지 예산 편성에 극히 소극적이다. 뿐만 아니라 미래 고령화 사회에 대비한 투자적 개념의 복지 인프라라는 개념 자체가 아예 없다. 그러니 복지 인프라를 구축하기 위한 예산 배정이나 투자도 있을 리 없다. 복지 인프라에 대한 개념이 없는 이유는 현 정부가 747공약과 같은 양적 성장에만 집착할 뿐 삶의 질적 향상 같은 질적 개념의 국가 발전 전략이 없기 때문이다.

이런 식으로 경제 위기를 핑계 삼아 저소득층과 취약 계층의 복지 수요가 몇 배로 늘어나는 현실을 외면하고 물가 인상분 수준에도 못 미치는 복지 예산을 편성해놓았으니 현실에서는 복지 혜택이 오히려 줄어들고 있는 것이다. 그러면서도 4대 강 바닥을 파헤치는 사업에 더해 관련한 부수 사업까지 포함하면 4년간 30조 원가량을 투입할 계획이라고 한다. 당장 숨이 넘어갈 것만 같은 진짜 저소득층과 취약 계층에 대한 지원 예산은 '예산 부족'을 이유로 삭감하면서, 서민을 위한다며 대규모 건설·토목 사업이나 벌이니 이 정부가 말하는 서민은 도대체 어디에 있는가.

이러면서도 이명박 대통령은 갑자기 가락동 농수산물 시장에 가서 상인에게 목도리를 걸어주는 장면을 연출하고, "신빈곤층에 대한 지원을 늘리라"고 했다니 쇼도 이런 생쇼가 없다. 아무리 쇼라고 해도 속내가 뻔히 드러나면 비웃음밖에 나오지 않는다. 원래 신빈곤층은 없었고, 정부가 그동안 나 몰라라 하며 전혀 돌보지 않은 빈곤층만 있을 뿐이다. 설사 이명박 대통령이 이름 붙인 신빈곤층이 실제로 있다고 한들, 한쪽에서는 빈곤층에 대한 지원을 깎으면서 새로 신빈곤층을 찾아내 지원하는 것은 코미디가 아닌가. 현 정부는 태생부터가 기득권 계층과 건설족을 위한 정부다. 그리고 그것이 현 정부의 뼛속에 각인돼 있다. 현실에 대한 체계적 인식이 결여돼 있는 대통령에게 대단한 것을 바라지는 않는다. 지하 벙커에 숨어서 대중 앞에서 생쇼만 하지 않기를 바랄 뿐이다. 현 정부는 말끝마다 서민을 부르짖지만, 내놓는 정책마다 '반서민' 임을 이제 많은 서민들이 다 알아차렸다.

감세 정책, 서민 팔아 마련한
'강부자'와 대기업 복지 성금

재정부는 2008년 9월 1일 '일자리 창출을 위한 경제 재도약 세제'라는 이름의 감세안을 발표했다. 이어 정부 여당은 노무현 정부 때 도입된 종부세를 사실상 무력화하는 법안도 통과시켰다. 이 같은 조치들을 어떻게 봐야 할까. 감세안의 내용을 하나하나 놓고 지엽적으로 따져서는 새로운 한국 경제의 패러다임에 맞는 세제를 마련하기 어렵다. 큰 틀에서 봐야 한다.

현재 한국의 재정 상태는 결코 건전하다고 할 수 없다. 외환위기 전 50조 원이던 국가 채무는 2008년 기준으로 300조 원을 넘어섰고, 현 정부의 무지막지한 적자 재정으로 2009년에만 60조 원의 국가 채무가 늘어날 것으로 추정된다. GDP 대비 국가 채무 비중이 다른 나라에 비해 상대적으로 낮다고 떠벌리지만 그것은 착각이다. 한국의 경우 연기금 등으로부터 차입한 사회보장 기여금 비중이 계속 늘어나고 있어 지금은 재정 수지 적자폭을 그나마 줄이고 있다. 미국이나 일본의 경우와 달리 연금 지급을 위한 재정 지출 시기가 아직 오지 않았지만 2013~2015년경부터 베이비붐 세대가 은퇴하기 시작해 연금 지출이 확대되면 정부의 재정 적자폭은 선진국들처럼 기하급수적으로 커질 가능성이 크다. 이 같은 상황은 불과 10년도 안 돼 본격화될 것이다. 따라서 제대로 된 정부라면 이에 대비해 매우 신중하게 재정을 운영하지 않으면 안 된다. 중장기적 관점에서 재정 구조의 건전성을 미리 확보하지 못한다면 재정은 앞으로 급속도로 악화될 것이다. 그런데도 정부는 30~50대 경제활동인구 감소 등에 따른 세입·세출 구조의 변화에 대한 치밀한 준비 없이 막무가내식 감세 정책을 밀어붙였다.

또한 현 정부는 급격히 변화한 한국 경제의 구조에 걸맞은 세입·세출 구조를 어떻게 구축할 것인지에 대한 비전도 전혀 없다. 한국은 1970년대 기본 조세 체계를 구축한 뒤 근본적인 변화 없이 땜질식 세목 변경으로 일관해왔다. 이 때문에 새로운 경제 구조에 걸맞은 조세 체계의 정비는 시급히 추진해야 할 필수 과제다. 재정부도 겉으로는 '선진 조세 체계'를 구축한다고 밝히고 있다.

하지만 구체적인 내용을 살펴보면 겉으로 내세운 정책 목표에 전혀 부합하지 못하고 있다. 현재의 조세 체계는 개발경제 시절 노동 및 자본 집약적 산업 구조에 맞춰 구축된 것으로, 2000년대 이후 자산 경제 비중이 급격히 커진 상황에 맞는 조세 체계라고 할 수 없다. 과거 생산경제 활동의 비중이 클 때에는 법인세나 소득세 등 가계나 기업의 생산 활동에 대한 세금 비중이 클 수밖에 없었다. 하지만 생산경제 비중이 과거에 비해 크게 줄어든 상황에서 언제까지 그 같은 체계를 그대로 가져갈 수는 없다. 그렇다고 무턱대고 법인세나 소득세를 깎을 수도 없다. 지속적인 세원을 추가로 확보하지 않는다면, 심각한 재정 위기에 노출될 수 있기 때문이다. 이 경우 극단적으로 경제 전반의 침체와 사회 보장 시스템의 붕괴로 이어질 수도 있다.

새로운 경제 상황에 걸맞은 새로운 세원을 확보해야 한다. 이런 측면에서 부동산 등 자산에 대한 과세를 강화할 수밖에 없다. 특히 종합부동산세와 재산세 등 보유세는 선진국 수준으로 계속 높여갈 수밖에 없다. 양도세의 경우도 선진국 수준의 보유세율이 정착되기 전까지는 집값 상승으로 인한 우발 이익을 환수한다는 측면에서 큰 틀을 유지해야 한다. 또한 앞으로는 자산 임대 소득이 크게 늘어날 것이다. 그러면 그에 따른 과세를 강화해 생산경제의 세수 감소를 보완해야 한다. 현실적으로 볼 때도 근로소득에 수백만 원에서 수천만 원의 세금을 부과하면서 불로소득이라고 할 수 있는 부동산 가격 상승이나 임대 소득에는 훨씬 적은 세금을 부과하는 것은 사회 구성원들이 받아들이기 어렵다. 이런 세제로는 근로자들의 근로 의욕을 꺾어 현 정부가 말하는 경기 활성화도 어려워질 것이다. 정말 새로운 시대에 걸맞은 선진 조세 체계를 구축하려 한다면, 이 같은 세원 구조에 대한 조정은 필수적이다.

하지만 정부는 자산 소득에 대한 과세를 강화하는 방향과는 정반대로 치달았다. 종부세를 무력화하고 양도세와 상속세 부담을 급격히 완화함으로써 투자자 또는 투기자의 불로소득을 용인해준 것이다.

또 한국의 경우 국세에서 간접세가 차지하는 비중이 높아 직접세 비중을 높이는 방향으로 바꿔야 한다. 국세청이 발간하는 《국세 통계 연보》에 따르면 2007년 기준으로 한국의 직접세 대 간접세 비율은 48.2% 대 51.8%로 간접세 비중이 더 높다. 그나마도 2000년 40%선이던 직접세 비율을 많이 끌어올린 것이다. 그런데 일본 (62.4% 대 37.6%), 미국(92.7% 대 7.3%. 미국의 경우 판매세 등이 모두 주정부 세원으로 잡히므로 연방정부의 국세 비율로만 보는데는 어느 정도 한계가 있다) 영국(60% 대 40%) 등 상당수 선진국들이 직접세의 비중이 더 높다.

조세 체계에서 간접세가 차지하는 비중이 크면 그만큼 세금의 역진성이 강화된다. 한국의 대표적인 재벌 그룹 삼성의 이건희 회장이든 노숙자든 같은 액수의 세금을 내는 세제의 비율이 그만큼 높다는 뜻이다. 예를 들어, 휘발유에 붙는 세금은 소비자들이 기름을 넣을 때마다 소득에 상관없이 똑같이 간접세 형태로 내게 된다. 그런데 정부가 지금까지 세제 개편을 추진한 종부세, 양도소득세, 종부세, 상속세, 소득세 등은 모두 직접세다.

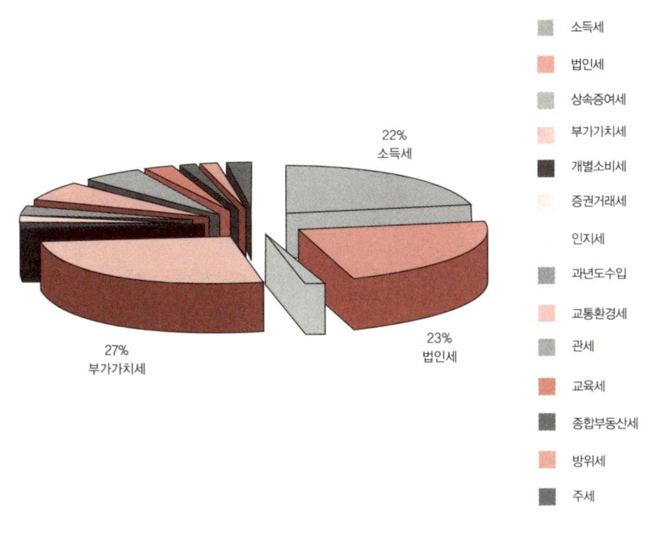

그렇다면 정부의 감세 규모는 어떨까. 국회 예산정책처에 따르면 정부의 감세 정책 추진으로 2009년 13조 5000억 원, 2010년 24조 6000억 원 등 2012년까지 무려 96조 1000억 원의 세수가 줄어든다고 한다. 예산정책처에 이어 대표적인 국책 연구소인 한국개발연구원(KDI)조차 세수 감소 규모가 99조 원에 이른다며 정부에 반기를 들었다. 이는 정부가 밝힌 33조 9000억 원보다 60조 원 이상 많은 것이다. 감세 정책만으로 2010년 이후 연간 25조 원 전후의 재정 적자 발생 요인이 발생할 것으로 보인다. 이만큼 세수가 줄어들면 그만큼 어디에선가 다른 세수를 확보할 수밖에 없다. 직

접세를 깎아줬으니 추가 세원은 대부분 간접세에서 충당할 수밖에 없다. 〈그림 1〉을 보면 2008년 기준으로 소득세와 법인세, 부가가치세 수입이 전체 국세 수입의 72%가량을 차지한다. 소득세와 법인세를 대폭 줄이면 부가가치세 등 다른 세목에서 세수를 늘릴 수밖에 없는 구조다.

실제로 재정부가 부인하기는 했지만, 부가가치세 인상 방안이 거론되는 한편 정부가 180여 개의 비과세 감면 제도 중 2009년 일몰 시기가 도래하는 86개 제도를 중심으로 비과세 혜택을 없애겠다고 하는 것도 이 때문이다. 결국 자신들의 사리사욕에 눈이 멀어 앞뒤 재지 않고 추진한 감세안 때문에 재정 건전성이 악화되는 한편 서민들의 부담이 커지는 꼴이라고 할 수 있다. 발등에 불이 떨어진 정도가 아니라 이미 발밑에서 불이 활활 타오르고 있다.

이처럼 세금의 역진성이 커지면 빈부격차 또한 커질 수밖에 없다. 각국 정부는 계층 간 소득 불평등을 완화하기 위해 생계비 보조 등 공공 소득 이전과 가계 소득에 대한 누진세 등 불평등 감소 정책을 시행하고 있다. 이런 면에서 한국이 얼마나 형편없는 나라인지 다른 나라와 비교를 해보자.

먼저 가계 가처분소득 대비 공공 소득 이전 규모 및 불평등 감소 효과를 살펴보면 한국의 공공 소득 이전 규모는 가계 가처분소득 대비 3.6%로, OECD 회원국 가운데 최하위다. OECD 회원국 전체 평균은 21.4%로, 한국의 6배에 이른다. 한국은 계층 간 소득 불평등을 해소하기 위한 정책적 노력이 OECD 회원국 가운데 가장 빈약하다는 뜻이다. 공공 소득 이전 정책이 빈약하다 보니 당연히 생계비 보조 등을 통한 지니계수 감소 효과도 0.011로 최하위다. OECD 회원국 전체의 평균적인 불평등 감소 효과가 0.078인 것에 비하면 7분의 1 수준에 불과하다.

공공 소득 이전을 통한 불평등 해소에 적극적인 나라는 오스트리아, 프랑스, 스웨덴, 룩셈부르크, 벨기에, 이탈리아, 독일 등이다. 미국은 소득 불평등이 매우 심각한 상태임에도 불구하고 한국에 이어 두 번째로 소득 불평등 해소를 위한 정책적 노력을 하지 않는 국가로 나타났다.

가계 가처분소득 대비 과세 비율 면에서도 한국은 8.0%로 OECD 회원국 가운데 최하위를 차지했다. 한국 바로 다음인 아일랜드는 19.4%로 한국보다 2.4배 이상 높다. OECD 회원국 전체 평균은 28.3%로, 한국의 3.5배에 이른다. 이는 한국이 다른 OECD 회원국에 비해 가계 가처분소득에 대해 적용하는 누진세 비중이 상대적으로 매우 낮다는 것을 의미한다. 즉 고소득 부유층에게 적용하는 누진세가 OECD 회원국에 비해 매우 적다는 뜻이다. 이처럼 한국의 공공 소득 이전과 가계소득에 대한 누진세 등 불평등 감소 정책이 얼마나 빈약한 수준인지는 너무나도 명백하다.

그런데 정부는 이를 개선하지는 못할망정 부자 감세를 추진하면서 간접세 비중을 더 높이고 있다. 2008년 말 종부세를 무력화하는 법안을 추진할 당시 이동관 청와대 대변인은 "잘못된 징벌적 과세로 1명의 피해자라도 있으면 다소 인기가 떨어지더라도 원칙에 따라 바로잡는 것이 정부와 여당의 역할"이라고 했다. 언뜻 들으면 좋은 말인 것 같다. 하지만 '강부자' 1명의 피해자를 구제하는 데는 그렇게 열심이면서 대다수 서민들의 피해를 구제하는 데는 왜 그토록 관심이 없을까. 현 정부의 감세 정책과 종부세 삭감 정책이야말로 수많은 근로소득자들의 사기를 꺾고, 분배의 역진성을 강화한다는 측면에서 국민 대다수를 괴롭히는 징벌적 과세다. 이 나라에서는 '강부자' 한 명이 서민 1000만 명과 맞먹는 정치적·경제적 비중을 갖는 모양이다.

정부는 여기서 한 걸음 더 나아가 뻔뻔스러운 거짓말까지 하고 있다. 정부의 감세안 관련 보도자료를 보면 주요 개편 내용의 첫 번째 항목으로 '중저소득층 민생 안정 및 소비 기반 확충 지원'을 내세우고 있다. 감세 혜택의 상당 부분이 중저소득층에게 돌아갈 것처럼 포장하고 있는 것이다. 이명박 대통령은 라디오 주례 연설을 통해 "감세 혜택의 70%가 중저소득층에게 돌아가고 있다"고 주장한 바 있다. 하지만 사실은 전혀 다르다.

이종석 회계사(진보신당 정책연구위원)가 분석한 감세 효과를 구체적으로 살펴보면, 2009년 양도소득세 감면 추정액 1조 5000억 원과 종부세 감면 추정액 2조 3000억 원은 거의 전액 자산 부유층에게 혜택이 돌아간다. 법인세 감면 추정액 5조 7000억 원 가운데 4조 원 이상이 매출액 1000억 원 이상 대기업에게 돌아간다. 중소기업에게 돌아가는 혜택은 1조 7000억 원이다. 사업소득세의 경우 과세 표준 4600만 원(실제 소득 7000만 원 수준) 이상에게 돌아가는 혜택이 5500억 원, 그 이하에게 돌아가는 혜택이 3300억 원 정도다. 근로소득세는 과세 표준 4600만 원 이상에게 돌아가는 혜택이 4400억 원, 그 이하가 1조 800억 원 정도로 중저소득층에게 돌아가는 혜택이 유일하게 많은 세목이다. 전체적으로 75%의 세금 감면 혜택이 부유층과 대기업에게 돌아가는 것이다.

정부가 내세우는 중저소득층을 위한 감세는 대국민 사기극일 뿐이다. 도대체 정부가 말하는 중저소득층은 어디에 있단 말인가. 한나라당 이종구 의원이 "서울 강남의 종부세 대상자는 대부분 중산층이다"라고 말한 것처럼 중저소득층의 개념이 바뀌어 자산이나 소득이 상위 10% 안에 들어야 중저소득층이란 말인가. 최소한의 염치도 없는, 부유층 감세안을 호도하기 위한 포장술이라고 볼 수밖에 없다.

이명박 정부가 흉내 내고 있는 것으로 보이는 부시 행정부의 감세안이 어떤 효과를 나타냈는지 살펴봐도 마찬가지다. 미국 CBO(의회예산처)의 2004년 보고서에 따르면 상위 20%가 감세 혜택의 60%를 챙겼다. 또 최상위 1% 가구가 중간 소득 계층의 40배에 해당하는 혜택을 입었다.

이런 현상이 한국에서라고 나타나지 않을까. 그 효과를 충분히 짐작할 수 있는 전례가 있다. 2004년 소득세율과 법인세율의 인하 효과에 대해 국회 예산정책처가 2005년 추정한 자료에 따르면, 정부가 말하는 중저소득 계층이라고 할 수 있는 1~6분위 계층에서는 3885억 원(6분위)에서 7799억 원(1분위)의 후생이 감소하는 것으로 나타났다. 반면 중고소득층인 7분위(788억 원)부터 10분위(1조4454억 원)까지는 후생이 증가했다. 미국의 경우에는 하위층의 후생이 줄지 않았는데, 한국의 경우 하위층의 후생을 희생해 상류층의 후생을 증진시킨 꼴이라고 할 수 있다. 이런 사실을 모르지 않을 정부가 부유층이 주로 혜택을 보는 사상 최대의 감세안을 추진한 것을 국민들이 수긍할 수 있을까.

이렇게 감세 정책의 혜택이 상류층에게 집중적으로 돌아갈 경우 경기 부양 효과는 상당히 제한적이다. 2007년 소득 계층별 평균 소비 성향을 보면 최하위 소득 계층인 1분위는 220.7%, 2분위는 112.7%인 반면, 상류층인 9분위는 69.2%, 10분위는 61.0%다. 저소득층은 돈이 없어서 못 쓸 뿐 돈이 생기면 생기는 족족 소비하지만, 고소득층은 1000만 원이 생기면 그중에 600만~700만 원 정도밖에 소비하지 않는다는 얘기다. 이런 점에서 기득권 언론들의 "돈 있는 사람이 돈을 써야 경제가 좋아진다"라는 말은 경제적 양극화를 합리화하기 위한 궤변에 가깝다. 그렇다면 같은 21조 원으로 어느 쪽에 돈을 쓰는 게 경기 부양에 유리할까. 소비 승수 효과를 감안할 때 당연히 저소득층에게 돈을 쓰는 게 훨씬 유리한다. 굳이 돈을 쓴다면 저소득층을 위한 감세를 실시하는 게 이번 감세안보다 훨씬 경기 부양에 유리할 것이다. 실제로 미국의 오바마 행정부나 영국, 호주 등에서 추진하고 있는 방향은 이런 쪽이다.

여론의 비판을 의식한 한나라당의 주장으로 한 해 연기됐지만, 법인세 인하를 통해 기업의 투자 의욕을 고취하겠다는 주장도

허황된 것이다. 재정부는 법인세율을 5%포인트 인하할 경우 0.6% 포인트의 경제 성장률 상승 효과가 있고, 10조 원 이상의 투자가 늘어나 취업자가 18만 명 증가할 것이라고 주장했다. 하지만, 이는 장밋빛 분칠에 불과하다. 정부가 2003년 기업들에 대해 임시 투자 세액 공제 조치를 취한 적이 있는데, 이후 기업들의 설비 투자 총 액은 거의 변화 없이 70조 원대 초반에 머물렀다. 이처럼 법인세 인하를 통해 투자를 활성화하겠다는 주장이 거의 설득력이 없음은 감세안을 내놓은 당시에도 명백했다. 더구나 경제 위기가 본격화 되는 상황에서 제대로 된 기업이라면 정권이 아무리 회유와 압박 을 가해도 쉽사리 투자에 나서지 않을 것이 너무나도 뻔하다. 법인 세뿐만 아니라 임시 투자 세액 공제 확대와 출자총액 제한 제도 폐 지, 수도권 규제 완화 등 이른바 온갖 '친재벌 정책'을 내놓았지만, 그 결과는 어떻게 됐는가. 2009년 3월 말 현재 10대 그룹 계열사는 현금 유보율이 1000%에 육박할 정도로 현금을 쌓아두고 투자에 나서지 않고 있다. 4월 설비 투자 증가율은 전년 동기 대비 25.3% 감소한 상태다. 결국 대기업들을 위해 엄청난 감세 혜택을 주었지 만, 정부가 말한 경기 활성화 효과는 거의 드러나지 않은 셈이다.

무분별한 감세 정책은 경기를 활성화하는 효과를 내기는커녕 재정 적자를 늘리고, 빈익빈부익부 현상을 심화시키고, 물가 상승 등 문제점만 더 키우고 있다. 미국의 경우에도 현실에서는 감세를 단행해 막대한 재정 적자를 초래한 레이건과 부시 행정부 때에 비 해 증세를 통해 재정 적자를 흑자로 반전시킨 클린턴 행정부의 경제 성적표가 훨씬 좋았던 점도 시사하는 바가 크다.

　　이처럼 현 정부가 내놓은 감세 정책의 본질은 현재 집권 세력인 '강부자' 자신들과 핵심 지지층인 부유층을 위한 특혜다. 당장 국가 채무 비중이 상대적으로 높지 않다고 미래의 자원을 흥청망청 탕진하는 꼴이다. 현 정부가 전 국민의 미래 재산을 가불해 자기 임기 안에 기득권층을 위해 생색내고 있는 것이다. 그런데도 이를 중저소득층을 위한 감세안이라고 포장하고 있으니 얼마나 비열하고 파렴치한가.

정부, 99조 감세 규모, 몰랐나 알고도 속였나

현 정부가 내놓은 감세안의 감세 규모가 KDI나 국회 예산정책처의 추산 대로라면 앞으로 재정 적자는 걷잡을 수 없이 커질 수도 있다. 따라서 재정부와 국회 예산정책처, KDI의 주장 가운데 어느 쪽이 맞는지 한번 따져 볼 필요가 있다.

재정부의 발표에 따르면 이명박 정부의 감세 정책에 따른 감세 규모는 2008년부터 2012년까지 33조 9000억 원이다. 연도별로는 2008년 6조 2000억 원, 2009년 10조 2000억 원, 2010년 13조 2000억 원, 2011년 3조 9000억 원, 2012년 4000억 원 등이다. 반면 KDI가 2009년 6월 2009~2013년 국가 재정 운영 계획 토론회에서 발표한 자료에 따르면 정부의 감세 규모는 2012년까지 재정부의 추산치보다 63조 5000억 원이 더 많은 98조 9000억 원에 이르는 것으로 나타났다. 연도별 추이에서도 2008년 6조 2000억 원, 2009년 12조 원, 2010년 24조 2000억 원, 2011년 28조 1000억 원, 2012년 28조 4000억 원으로 분석됐다.

왜 이처럼 양쪽 추산에 엄청난 차이가 발생한 것일까. 이는 세수 감소액을 추산하는 기준을 달리 적용했기 때문이다. 재정부는 세수 감소를 계산할 때 매년 전년 대비 세수 감소폭을 합계한 데 반해, KDI는 기준연도를 기준으로 세수 감소분을 계산했다. 설명의 편의를 위해 감세 정책을 시행하기 전 250조 원이던 세수가 감세 정책의 효과로 이후 4년간에 걸쳐 매년 240조 원, 230조 원, 220조 원, 210조 원으로 줄어든다고 가정하자. 재정부는 매년 전년 대비 감소분의 합계액인 40조 원(=10조 원×4년)의 감세 효과가 발생한다고 추산한 것이다. 반면 KDI 방식으로는 감세 정책을 실시하기 전 기준연도 세수(250조 원) 대비 세수 감소액의 합계인 100조 원(10조 원+20조 원+30조 원+40조 원)으로 추산한 것이다.

이렇게 볼 때 누가 옳은지는 너무나도 자명하다. 당연히 KDI와 예산정책처가 옳다. 기준연도 방식을 사용해야 감세 정책의 영향이 매년 누적되는 폭을 추산할 수 있기 때문이다. 감세 정책이 없었다면 정책을 시행한 4년 차에도 250조 원의 세수가 들어올 것이기 때문에 40조 원의 감세 효과가 발생한다고 보는 게 정상이다. 그런데 이를 전년에 비해서 10조 원의 감세 효과만 발생한다고 추산하는 것은 난센스다.

재정부의 과소 추산이 무지의 산물인지, 아니면 대규모 '강부자 감세'에 대한 여론의 반발을 의식한 의도적인 속임수인지는 분명치 않다. 만약 재정부가 이런 기본적인 계산조차도 제대로 하지 못한 채 감세 정책과 같은 중대한 결정을 내렸다면, 국민의 한 사람으로서 소름이 끼친다. 미국 CBO 등도 국회 예산정책처나 KDI가 추산한 방식처럼 기준연도 방식을 사용해 세수 변화 효과를 추산하고 있다. 이것은 너무나도 기본적인 상식에 속하는 문제다. 이 경우 무식해서 나라를 말아먹는다는 비난을 들어도 변명의 여지가 없다. 만약 의도적인 속임수라면 정부가 대국민 사기극을 벌인 것으로 사악한 기득권 정부라는 비판을 피할 수 없다. 어느 쪽이든 이 나라 국민이라는 것이 부끄러워진다.

이명박 정부나 재정부의 세수 감소 추정치가 나름대로 설득력을 지닐 방법이 딱 한 가지 있다. 그것은 이명박 정부가 2012년까지 낭비성 예산을 줄여 정부의 재정 규모를 세수 감소분에 비례하여 매년 축소해가는 경우다. 그러나 2009년만 해도 정부의 총지출이 이미 302조 원을 넘어 관리 대상 수지 적자가 무려 51조 5000억 원에 이른다. 더구나 '작은 정부'를 내세우지만 실제로는 왜 하는지 국민들이 납득하지 못하는 4대 강 정비 사업에만 30조 원 이상을 퍼부으려 하고 있다. 오죽했으면 여당 소속인 한나라당 이한구 의원이 4대 강 사업과 자전거도로 사업은 국가 채무로 하는 사업이라고 언론을 통해 공개적으로 비판했을까 이렇게 현 정부는 서민들의 호주머니를 강탈해 부자들에게는 거의 74조 원(감세액 99조 원×부유층 감세 혜택 귀착률 75%)을 퍼주고 있다. 현 정부가 아무리 말로는 '서민 정부'임을 내세우고 이전에 하던 사업들을 긁어모아 억지로 생색내기용 '친서민 정책'을 발표하더라도 호박에 줄긋기다. 기득권과 특권층을 위한 정부가 포장만 바꾼다고 하루아침에 서민 정부가 되지는 않는다.

실업률, OECD 최저를 기록한 한국 정부의 비법

OECD가 30개 회원국의 2009년 1~4월 실업률을 집계한 결과 한국의 실업률이 회원국 가운데 가장 낮게 나타났다는 보도가 있었다.

하지만 이는 일반인들이 체감하는 것과 동떨어져 있을 뿐만 아니라 실질적인 의미의 실업률을 전혀 반영하지 못한 것이다. OECD 30개 회원국만 비교해 보면 한국의 경우 2007년 기준으로 취업률이 63.9%로 OECD 평균인 66.7%보다 낮고, 실업률 또한 3.2%로 매우 낮은 수준을 보인다. 이처럼 실업률과 취업률이 모두 낮게 나타난 결과, 일할 의사나 능력이 없는 것으로 간주되는 비경제활동인구 비율은 32.9%로, OECD 평균인 27.7%보다 상당히 높게 나타난다. 또 한국의 장기 실업자 비율은 0.6%로, OECD 회원국 가운데 가장 낮다. OECD 평균인 29.1%에 비교하면 기적 같은 수치다.

이를 자세히 들여다보면 한국의 경우 사실상 실업자로 봐야 할 사람들을 광범위하게 비경제활동인구에 포함함으로써 실업률이 낮은 것처럼 보이도록 통계를 작성하고 있다. 물론 통계청은 ILO(국제노동기구) 기준에 따라 실업률 통계를 작성한다고 한다. 하지만 조사 당시 대상자를 구체적으로 어떻게 분류하느냐에 따라 관련 통계 수치들은 얼마든지 달라질 수 있다.

통계청이 발표하는 관련 통계들을 통해 현재의 실업률 통계가 얼마나 허구적인지 살펴보자. 결론을 먼저 말하면 통계청이 발표하는 실업률 수치와 달리 고용 사정은 2000년대 이후 지속적으로 악화되고 있다. 특히 2008년 하반기 이후 본격화된 경제 위기로 실질적인 고용 사정이 더 한층 악화되었다.

〈그림 1〉에서 실업률 추이를 보면 외환위기 이후 사상 최악의 불황 속에서도 줄곧 4% 이내를 기록하고 있는데, 이는 납득하기 어려운 일이다. 비경제활동인구 추이를 보면 경기 부침에 따라 실업률보다 더 확연한 증감을 보여준다. 경제활동인구 대비 비경제활동인구의 비중을 보면 외환위기의 여파가 남아 있던 2001년 무렵까지는 높은 수준을 보이다가 월드컵 특수와 카드빚 버블로 호황을 누린 2002년에는 상당히 떨어졌다. 이후 완만한 증가세를 보이다가 경기 침체가 시작된 2008년 하반기부터 다시 빠르게 상승

〉〉〉 그림 1 실업률 및 비경제활동인구 추이

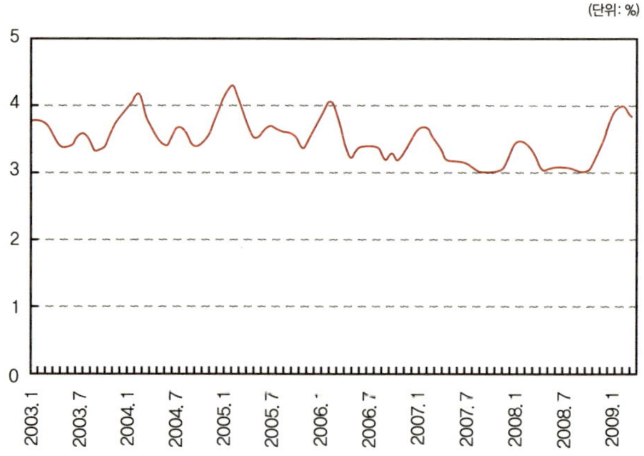
실업률 추이
(단위: %)
5
4
3
2
1
0
2003. 1
2003. 7
2004. 1
2004. 7
2005. 1
2005. 7
2006.
2006. 7
2007. 1
2007. 7
2008. 1
2008. 7
2009. 1

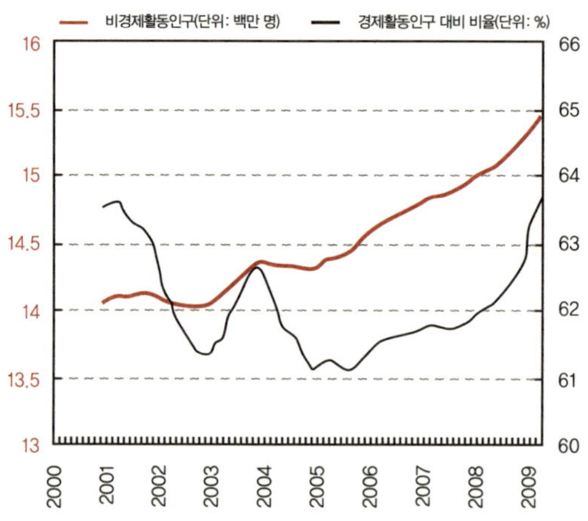
비경제활동인구 추이
비경제활동인구(단위: 백만 명)   경제활동인구 대비 비율(단위: %)
16
15.5
15
14.5
14
13.5
13
66
65
64
63
62
61
60
2000
2001
2002
2003
2004
2005
2006
2007
2008
2009

'쉬었음' 인구 추이

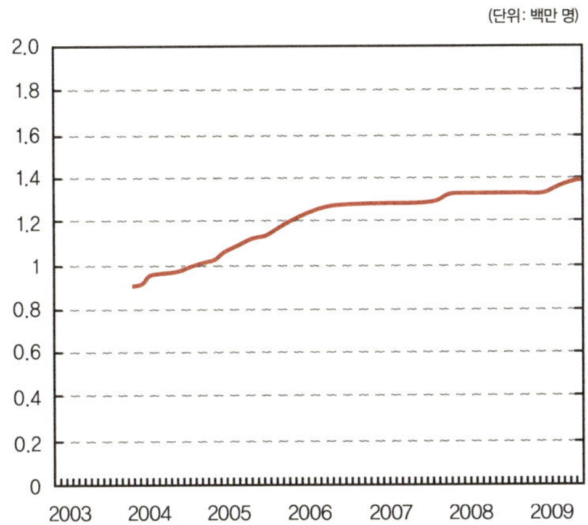

구직단념자 수 추이

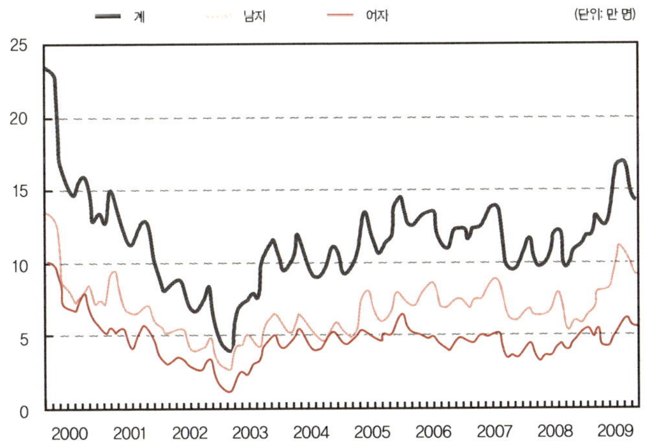

(주) 통계청 자료로부터 KSERI 작성

비경제활동 및 '쉬었음' 인구는 12개월 이동 평균치임하고 있다. 이는 사실상 실업자로 분류될 사람들을 비경제활동인구로 편입함으로써 통계상 실업률을 낮은 수준으로 억제하고 있기 때문으로 추론된다.

비경제활동인구 가운데 '쉬었음'이라고 답한 인구 수는 2003년 90만 명 수준에서 2005년 말까지 꾸준히 늘어나 130만 명 수준에 이르는 가운데 2008년 말부터 다시 상승세를 나타내고 있다. 사실상 실업자로 분류될 상당수의 사람들을 '쉬었음' 응답자로 분류하고 있음을 시사한다.

'쉬었음' 응답자 수와 비슷한 추이를 보이는 구직 단념자 수 추이도 장기간 일자리를 구하지 못해 구직을 포기한 사실상 실업자들을 자발적 구직 단념자로 분류해 통계상의 실업률을 낮췄음을 알 수 있다. 즉, 경기가 악화되면서 사실상 12개월 이상 장기 실업자로 분류해야 할 사람들 중 상당수를 구직 단념자로 분류해 실업자 수를 줄인 것이다. 이것이 한국이 OECD 회원국 가운데 장기 실업자 비율을 가장 낮게 유지하는 '비결'이자 2002년 이후 장기 실업자가 사실상 자취를 감춘 이유다.

정부가 실업률을 의도적으로 낮추고 있다는 증거는 더 있다. 〈그림 2〉를 참고로 비경제활동인구 가운데 취업준비인구 추이를 살펴보자. 취업준비인구는 대학을 졸업한 뒤 직장을 구하지 못하고 있는 취업 재수생 등으로, 사실상 가장 적극적으로 직장을 구하고 있다는 점에서 실업자라고 봐야 한다. 취업 준비생은 2003년 초 14만 명 전후였으나 이후 상당히 가파른 상승세를 보여 2008년 한

때 40만 명 수준에 육박했다가 2008년 하반기 경기 침체가 나타난 이후 오히려 소폭 줄어들었다. 이는 저출산으로 인한 인구 감소의 영향과 취업준비생 등이 실업자로 분류되거나 구직 단념자 등 다른 비경제활동인구로 분류된 데 따른 것으로 보인다.

그런가 하면 취업자 가운데도 사실상 실업자인 경우가 적지 않게 포함돼 있다. 이는 〈그림 2〉에서 주당 36시간 미만 또는 18시간 미만 취업자 가운데 추가 취업 희망자 수를 보면 알 수 있다.

먼저 주당 36시간 미만 취업자 가운데 추가 취업을 희망하는 사람의 수는 외환위기의 여파로 1999년 상반기 70만 명 수준에 이르렀다가 이후 가파르게 하락했다. 2003~2005년 상승한 뒤 2008년 하반기까지 조금씩 하락하던 이 숫자는 2008년 말부터 갑자기 치솟기 시작했다. 2008년 10월 37만 7000명에 불과하던 이 숫자는 2009년 3월 62만 4000명 수준에 이르렀다. 불과 다섯 달 만에 24만 7000명이 늘어난 것이다.

정도는 다르지만 주당 18시간 미만 취업자 가운데 추가 취업을 희망하는 숫자도 2008년 11월 10만 8000명에서 2009년 4월 19만 5000명으로 8만 7000명 가까이 늘어났다. 이는 2008년 말 이후 직장에서 해고된 뒤 이른바 단시간 노동직을 구한 상태로 '부분 실업자'로 봐야 한다. 실업보험 체계 등이 제대로 갖춰져 있지 않아 유럽 등 선진국이라면 정부의 실업보험수당 등을 받으며 구직 활동을 하는 실업자로 분류될 사람들이 급한 대로 '알바'와 같은 일을 하면서 추가 구직 활동을 하고 있는 것이라고 할 수 있다. 이들을

취업준비인구 추이

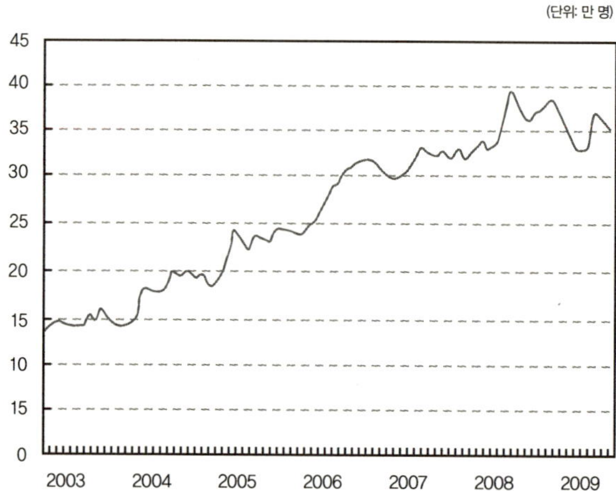

추가 취업 희망자 추이

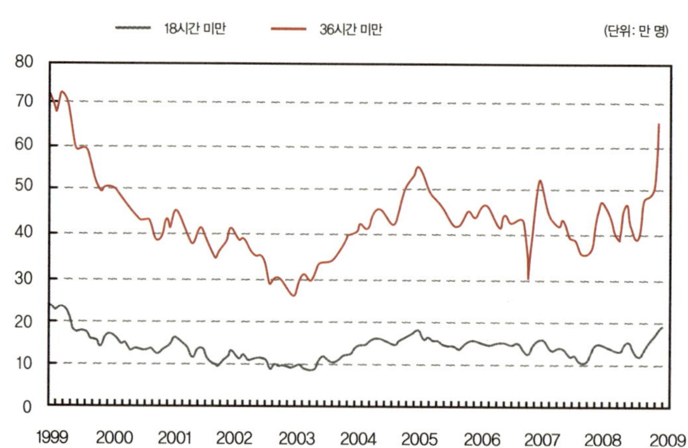

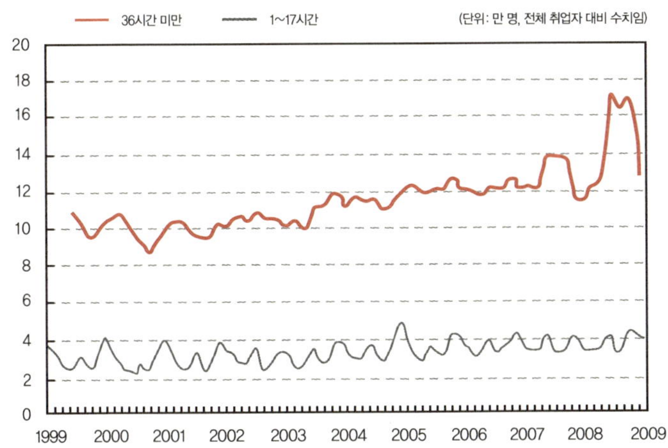

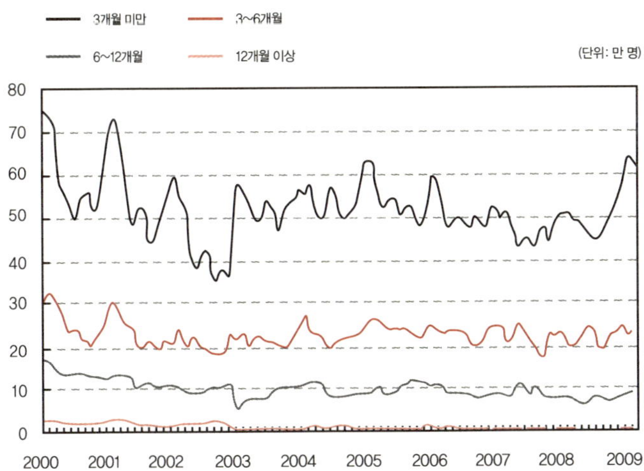

(주) 통계청 자료로부터 KSERI 작성

정부는 명목상 취업자로 분류하고 있는 것이다.

또 취업 시간별 취업자 비율 추이를 보면, 전체 취업자 가운데 주당 36시간 미만 취업자 비율이 상당히 가파르게 증가했고, 18시간 미만 취업자 수도 계속 늘고 있다. 반면 주당 54시간 이상 취업자는 2000년대 내내 지속적으로 줄고 있다. 이는 주 5일제 정착에 따른 효과가 일부 있으나 전반적으로는 비정규직 및 단시간 근로자들이 지속적으로 늘어나고 있음을 반영한 것이다. 또 실업 기간별 실업자 수를 보면 3개월 이내 실업자 수가 급증하고 있어 통계상의 문제에도 불구하고 경제 위기로 인해 최근 실업률이 점차 높아지고 있음이 뚜렷이 나타나고 있다.

이상의 분석을 토대로 이번에는 일반인이 느끼는 체감 실업률을 한번 추정해보자. 여기서 체감 실업률이란 정부가 발표하는 통계상의 실업자에 비경제활동인구 가운데 '쉬었음' 응답자와 취업 준비자, 그리고 18시간(또는 36시간) 미만 취업자 가운데 추가 취업 희망자를 더한 숫자를 경제활동인구 수로 나눈 비율로 정의된다. 이른바 실업의 대상과 범위를 확장하여 일반인들이 몸으로 느끼는 확장 실업률을 구해보자. 추가 취업 희망자 가운데 18시간 미만 취업자로 대상을 한정한 경우를 편의상 체감 실업률(1), 36시간 미만 취업자로 대상을 확대한 경우를 체감 실업률(2)로 정의하겠다.

〈그림 3〉을 참고로 체감 실업률 추정치를 보면 2003년 초 10% 미만이던 것이 시간이 갈수록 상승해 2009년 초에는 13~14%대까지 치솟았다. 이는 정부의 실업률 통계치가 2003년 초 3.8%에서

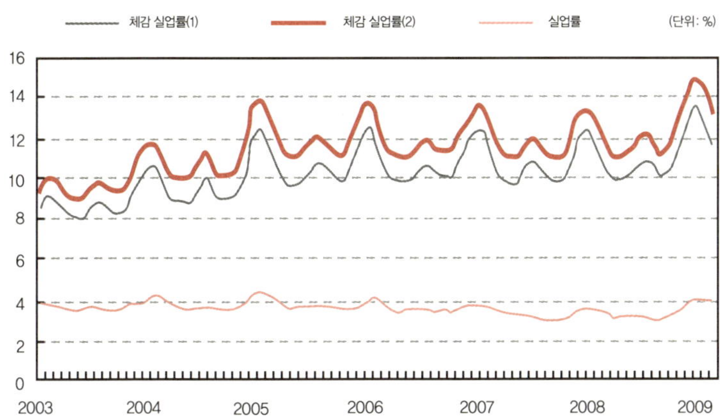

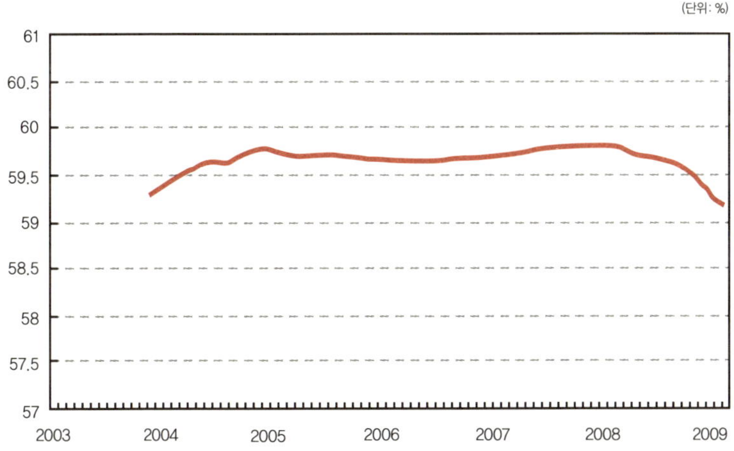

(주) 통계청 자료로부터 KSERI 작성

2009년 4월 3.8%로 거의 변하지 않은 것에 비하면 완전히 다른 결과라고 할 수 있다. 정부 실업률과 체감 실업률의 괴리는 시간이 갈수록 확대되고 있다.

정부 당국이 실업률 통계를 3~4% 수준으로 맞추며 숫자 놀음을 하고 있는 가운데 사실상 실질적인 체감 실업률은 경제 위기로 실업률이 치솟고 있는 유럽 국가들이나 미국과 비슷하거나 상회하고 있는 것이다. 여기에는 직장에서 해고된 뒤 가사나 육아 종사자로 전환한 경우나 가족 단위 자영업에 종사하지만 사실상 실업자인 경우 등은 통계적으로 밝히기 어려워 반영되지 않았다는 점과 군 입대를 통한 실업 완충 효과 등을 감안하면 실제 체감 실업률은 이보다 더 높다고 봐도 무리가 아니다.

이처럼 한국 정부는 사실상 실업 상태에 있는 인구를 비경제활동인구로 분류하는 식으로 숫자 놀음을 하고 있다. 어떻게 보면 전 국민을 상대로 사기극을 벌이고 있다고 해도 크게 틀린 말이 아니다. 이런 엉터리 실업 통계로 제대로 된 정책을 강구할 리가 없을 뿐만 아니라 설령 강구한다고 해도 실효성 없는 대책이 될 가능성이 크다. 그래서 일자리 문제가 계속 악화되고 있을 뿐 실질적인 해결책이 나오지 않고 있는 것이다.

전 국민을 '알바'로 만들려 하나

이제 현 정부가 내놓은 일자리 대책의 방향과 문제점을 살펴보자. 이명박 정부는 출범한 이후 지금까지 일일이 다 거론하기도 어려울 정도로 숱한 경제 대책을 발표하면서 일자리 창출을 주요 목표로 내세웠다. 예를 들어, 2008년 9월에 발표한 감세안의 정식 명칭은 '일자리 창출을 위한 경제 재도약 세제 개편안'으로 당시 재정부는 이를 통해 일자리 18만 개를 추가로 창출하겠다고 대대적으로 선전했다. 2008년 9월에 발표한 '방송통신 선진화를 통한 신성장동력과 일자리 창출' 방안도 방송 장악 의도가 있는지 여부에 관계없이 29만 1000개의 일자리 창출을 전면에 내세웠다. 대대적인 건설·토목 사업이 대부분을 차지하는 '녹색 뉴딜' 정책 역시 95만 6000개의 일자리 창출을 주요 명분으로 내세웠고, '신성장 동력 비전 및 발전 전략' 또한 88만 개의 일자리 창출을 목표로 했다.

정부가 재정을 투입해 직접 일자리를 만드는 대책도 숱하게 발표했다. 글로벌 청년 리더 10만 명 양성, 중소기업 청년 인턴제(2만 5000명), 미래 산업 청년 리더 10만 명 양성, 공공 부문 일자리 창출 추가 대책(3만 4000명), 공공 부문 청년 인턴제(2만 3000명), 사회적 일자리 확대(12만 5000명) 등 사업 대상과 종류가 어떻게 다른지 헷갈릴 정도로 많은 대책을 발표했다. 또 최근에는 28조 9000억 원에 이르는 추경의 일부인 3조 5000억 원을 투입해 22만 개의 일자리를 유지하고 55만 개의 일자리를 추가로 창출하겠다고 밝혔다.

경기가 극도로 침체된 시기에 정부가 재정을 투입해 일자리를 창출하기 위한 노력을 기울이는 것은 당연한 일이다. 하지만 현 정부가 내놓은 일자리 창출 대책의 구체적 내용을 뜯어보면 문제점이 한두 가지가 아니다.

첫째로, 정부는 일자리 창출을 명분으로 내세운 정책을 사실상 현 정권의 정치적 지지자들에 대한 특혜 제공 수단으로 삼았다. 앞에서 설명했듯이 2008년 발표한 감세 정책은 그로 인해 재정 적자가 급증하고 있음에도 불구하고 사실상 부유층과 대기업에게 80% 이상의 감면 혜택이 돌아간다. 광역경제권 선도 프로젝트나 녹색 뉴딜 사업도 대부분 건설·토목 사업으로 이뤄져 일자리 창출을 위한 것이라기보다는 자금난에 시달리는 건설업계에 유동성을 지원하는 방편에 더 가깝다. 개별 사업으로는 국민들의 반발이 거센 4대 강 하천 정비 사업이나 경인 운하 사업을 추진하는 과정에서도 '일자리 창출' 효과를 주요 명분으로 내세웠다. 경제 위기와 '일자리 창출' 명분을 내세워 막대한 재정 적자를 남발하면서 정치적 의도가 강한 특혜적 사업을 대대적으로 전개하고 있는 것이다.

이처럼 편향적이고 정치적 의도가 강한 편법적인 재정 사업을 남발하는 데 대해 많은 전문 기관과 전문가, 그리고 시민단체들의 반발이 제기되는 것은 불을 보듯 뻔한 일이다. 이 같은 반발 여론을 잠재우고 사업의 당위성을 홍보하기 위해 일자리 창출 예상 규모를 과장하는 일 역시 다반사로 벌어지고 있다. 예를 들어, 정부는 2009년 초 발표한 '녹색 뉴딜' 사업을 통해 앞으로 4년간 모두 95만 6000개의 일자리를 창출하겠다고 발표했다. 정부의 보도자료를 보면 정부는 예산 투입액에 2005년 기준 건설업 분야 취업 유발계수(16.6명/10억 원)를 적용하는 등의 방식으로 일자리 창출 예상치를 산출했다고 밝혔다.

하지만 이러한 추정 방식으로는 예상치가 상당히 부풀게 된다. 한국은행 자료를 보면 농림어업·광업·제조업·전력, 가스, 수도·건설업·서비스 등 6개 대분류 산업별 기준에 따른 건설업의 취업유발계수는 1995년 17.5, 2000년 17.0, 2005년 16.6으로 계속 줄어들고 있다. 이처럼 취업유발계수가 낮아지는 추세를 고려할 때 '녹색 뉴딜' 사업이 집행되는 2009~2012년의 일자리 창출 효과를 2005년의 취업유발계수를 적용해 산출하면 정부의 계산이 실제보다 부풀려질 가능성이 높다. '녹색 뉴딜' 사업뿐만 아니라 정부가 계획한 대규모 SOC 사업도 대부분 토목 사업이다. 한국은행이 분류한 168개 세분류별 취업유발계수를 보면 2005년 기준 일반 토목 사업의 취업유발계수는 10억 원당 14.2명으로 6개 대분류상 건설업의 취업유발계수보다 10억 원당 2.4명 적은 것으로 나타난다. 이는 대규모 토목 공사의 경우 상대적으로 중장비 등 기계에 의존한 작업 비중이 건축업에 비해 높기 때문이다. 이처럼 취업유발계수만 엄격히 적용해도 정부의 일자리 창출 예상치가 부풀려져 있음이 드러난다.

하지만 현재 실제 진행되고 있는 건설·토목 사업의 현실을 고려하면 취업 유발 효과는 이보다 훨씬 더 낮아질 가능성이 높다. 그 이유는 현재 정부가 발주하는 대규모 공공 발주 사업들이 대부분 턴키 방식으로 추진되고 있기 때문이다. 이명박 정부가 정권의 명운을 걸다시피 추진하고 있는 4대 강 하천 정비 사업의 상당 부분이 턴키로 이뤄져 있다. 아직 정확한 턴키 발주 규모를 알 수는 없지만, 국토부 보도자료에는 "보 설치, 지천 합류부, 대규모 준설 등 공기가 많이 소요되고 면밀한 사업 관리가 필요한 구간은 턴키 방식 발주"라고 돼 있어 상당액을 턴키 방식으로 발주할 것임을 예고하고 있다. 특히 언급된 공사의 종류는 4대 강 하천 정비 사업의 핵심 내용이어서 총사업비 22조 2000억 원의 절반 이상이 턴키 사업으로 추진될 가능성이 높아 보인다. 뿐만 아니라 현재 정부가 추진하고 있는 대규모 공공사업 가운데 경인 운하, 새만금 사업, 호남고속철도, 그리고 소위 '형님 예산' 가운데 하나인 울산-포항 간 고속도로 등 굵직굵직한 대규모 토목 사업들이 대부분 턴키 방식으로 발주된다. 심지어 정부가 그린벨트를 풀어 짓는 보금자리 주택 사업도 턴키 방식으로 추진되고 있다.

그런데 이처럼 턴키 방식으로 공공사업이 진행되면 정부 재정 투입액 대비 일자리 창출 효과는 훨씬 더 줄어든다. 정부 재정 투입액 대비 실제 현장 공사비의 비중이 크게 줄기 때문이다.

〈그림 1〉을 참고로 보면 턴키 발주 공사의 경우 당초 추정 공사비의 약 50%가 실제 공사 현장에 투입되는 예산이라고 볼 수 있다. 반면 턴키 이외의 방식으로 발주하면 실제 공사 현장에 투입되는 예산은 재정 투입액 대비 66.7%가량으로 늘어난다.

두 경우를 비교해보면 동일한 재정 투입비 대비 턴키 공사의 현장 공사비 비중은 15%가량 낮아진다. 그만큼 동일한 재정 투입액 대비 현장 인력을 고용하는데 드는 금액이 줄어드는 것이다. 따라서 공공사업에서 턴키 사업 물량이 많으면 많을수록 일자리 창출 효과는 그만큼 떨어진다. 턴키 사업의 경우 원도급업체의 관리직이나 기술직 인력의 인건비가 높아지는 효과는 있지만, 일자리 창출 효과는 거의 없다고 봐야 한다.

따라서 현 정부가 대규모 SOC 사업을 대부분 턴키 공사로 발주하거나 발주할 예정이어서 공공사업을 통한 일자리 창출 효과는 정부가 내세운 예상치보다 훨씬 더 낮아질 것이다. 정부가 재벌 건설업체에게 유동성을 퍼주는 것이 목표가 아니라 정말 밑바닥 경

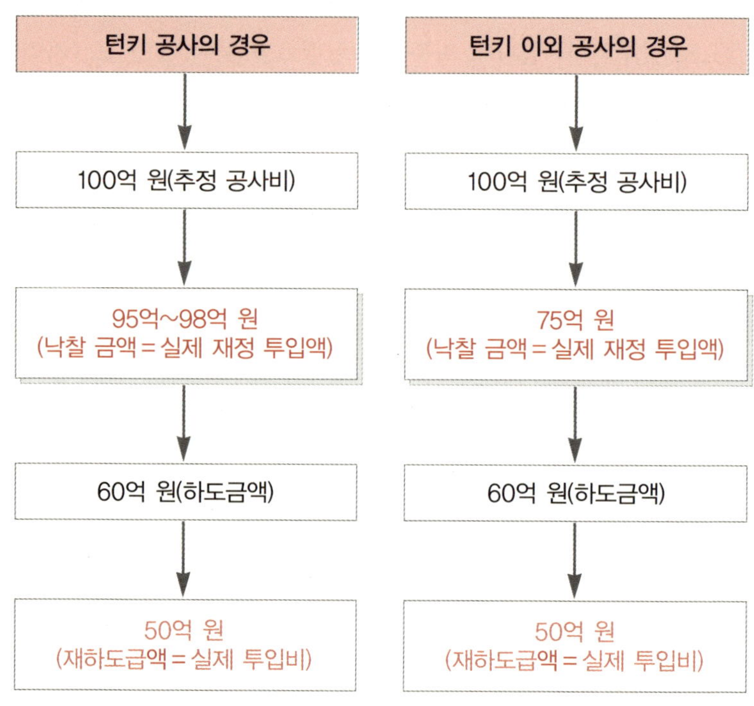

기를 활성화하고 일자리 창출을 목표로 한다면 먼저 최저가 경쟁 입찰을 확대해야 한다. 하지만 정부는 2008년 내놓은 '8·21대책'에서 최저가 낙찰제 확대 방안을 연기했다.

뿐만 아니라 최근 정부 출연 연구기관인 산업연구원은 건설·토목 사업 위주의 경기 부양책은 소득 증대와 고용 효과가 상대적으로 떨어진다는 점을 지적한 바 있다. 산업연구원이 2009년 5월 8일 발표한 '경기 부양책의 산업 부문별 배분 구조와 소득 및 고용 창출 효과' 자료에 따르면 공공행정·건설·교육보건 등 3대 정부 지출 부문 가운데 교육보건 부문의 고용 창출 효과가 10억 원당 35.1명으로 30.8명인 건설이나 30.3명인 공공행정 부문보다 크게 높았다. 참고로 소득 창출 효과(승수)도 교육보건은 1.62로 공공행정(1.61)이나 건설(1.47)보다 높았다. 뿐만 아니라 정부 지출 1조 원을 3대 부문에 배분했을 때 나타나는 효과 또한 교육보건 부문 (18.4~35.1명/10억 원당)에 집중하는 것이 가장 효과적으로 나타난 반면, 건설 부문(15.7~30.8명/10억 원당)에 집중하는 경우 효과가 가장 낮은 것으로 나타났다.

둘째로, 현 정부가 내놓은 일자리 대책의 또 다른 문제점은 정부가 만드는 일지리가 거의 대부분 처우 수준이 매우 열악한 임시직이라는 점이다. 〈그림 2〉를 참고로 살펴보자. 2009년 예산안에 반영된 주요 일자리 관련 사업에는 연간 73만(월 6만 원)~983만 원(월 82만 원) 정도의 예산이 배정돼 있다. 이는 최저 임금에도 미치지 못하는 수준이다. 정부가 추경을 통해 만들겠다는 일자리 또한 이와 비슷하다. 중소기업 청년 인턴제 확대, 숲 가꾸기, 아이 돌보미 사업 등 사회 서비스 분야의 일자리 확대, 학습 보조 인턴 교사, 대졸 미취업자, 조교 채용, 노인 일자리 확대 등 2009년 계획한 단기 일자리를 확대하는 한편, 2조 원을 투입해 근로 능력이 있는 저소득층 40만 명에게 근로 기회를 제공하는 희망근로프로젝트를

사업명	예산 (단위 : 억 원)	대상인원 (단위 : 만 명)	1인당 예산 (단위 : 만 원)
사회서비스 일자리	12,366	12.6	983
노인 일자리	1,166	16.0	73
공공기관 청년 인턴제	575	2.4	240
글로벌 청년 리더 양성	873	1.5	596
미래 산업 청년 리더 양성	1,155	1.3	861
여성 다시 일하기	143	1.5	95
희망근로프로젝트	20,000	40.0	500
합계	36,278	75.3	482

(주) 각종 자료로부터 KSERI 작성

도입했다. 2009년 예산과 추경에 반영된 일자리가 모두 다니던 직장에서 해고되거나 일자리를 구하지 못한 사람들을 대상으로 6개월 전후의 단기 일자리를 제공하는 수준에 머무르고 있는 것이다.

이처럼 현 정부는 한쪽에서는 일자리 창출을 핑계로 대규모 건설·토목 사업을 벌여 재벌 건설사들에게 자금을 지원하여 간접적으로 부동산 버블을 떠받치는 한편, 다른 쪽에서는 거액의 예산을 투입해 사회적으로 부가가치를 만들어내지도 못하고 지속적이지도 못한 단기 일자리를 마구잡이로 양산하고 있다. 결국 막대한 재정 적자를 남발하면서까지 사실상 실업자나 다름없는 사람들에게 질 낮은 일자리를 갖게 해 겉으로 드러나는 실업률을 낮추는 데만 급급하다고 할 수 있다. 이런 식의 일자리 대책들이 반복되는 바람에 겉으로 드러나는 실업률은 경제 위기의 한복판에서도 3% 대의 기적적인 수치를 나타내는 반면 체감 실업률은 13~15%를 오르내리는 기막힌 괴리 현상이 벌어지고 있는 것이다.

정부의 일자리 창출 사업의 목적이 저소득 가계에 대한 소득 이전이라면 차라리 일정한 기준을 마련해 저소득층과 취약 계층에게 직접 생활비 보조금을 지원하거나 취약한 사회 안전망을 강화하는 것이 더 효과적이다. 만일 정말로 제대로 된 일자리 창출이 목표라면 방과 후 교사 확대, 영유아 보육 사업 지원, 노인 장기 요양 사업 확대 등 사회적 수요가 있으면서도 저출산 고령화 문제 등에 대응할 수 있는 사업에서 지속성 있는 사회 서비스 일자리를 창출하는 방향으로 정책을 추진하는 것이 더 낫다. 그런데 현 정부의 일자리 대책은 이도 저도 아닌 가운데 재정은 재정대로 낭비하면서 실효는 거두지 못하는 눈 가리고 아웅하는 식의 전시 행정이 되고 있다.

한국 경제는 2000년대 들어 치솟은 부동산 가격으로 땅값은 금값이 됐지만, 정리해고 남발과 비정규직 양산 등으로 사람값은 헐값이 됐다. 2008년 하반기부터 시작된 부동산 버블 붕괴는 지나치게 부풀어 오른 부동산값을 내리고 상대적으로 사람값을 올리는 시장의 자기 조절 과정의 시작이라고 할 수 있다. 정책 당국으로서도 경제 체질을 개선하기 위한 절호의 기회라고 볼 수 있다. 사람값이 상대적으로 높아져야 중장기적으로 양질의 노동력이 증가하고 노동 생산성도 높아질 뿐만 아니라 그 같은 생산성을 바탕으로 향상된 임금 소득이 다시 내수 기반 강화로 이어지는 경제의 선순환 구조를 만들 수 있다.

하지만 국민들이 알지도 못하는 사이에 이뤄진 '노사민정 대타협'을 발표한 직후부터 기업들은 대졸 초임을 대대적으로 깎아내렸다. 정부는 이 같은 기업들의 조치를 '일자리 나누기'라며 독려하는 한편 막대한 예산을 들여서 각종 단기 일자리 양산을 부추기고 있다. '88만 원' 짜리도 안 되는 6만 원짜리와 82만 원짜리 일자리 만들기를 정책이라고 떠들어대고 있는 것이다.

이처럼 지속 가능한 일자리 창출에는 관심이 없는 근시안적인 정부 대책과 사회적 평균 임금을 깎기에 바쁜 대다수 기업들의 잘못된 경영 관행 때문에 OECD 회원국 가운데 한국만 유일하게 2008년 4분기 단위 노동 비용이 4.3%나 감소했다고 언론들이 보도했다. 조사 대상 OECD 27개 국의 평균 단위 노동 비용이 같은 기간 2.9%나 늘어난 것과 대조적이다. 단위 노동 비용은 상품 한 단위를 생산하는 데 들어가는 인건비를 말하는데, 노동 생산성이 2008년 4분기에 급격히 좋아진 게 아니라면 결국 임금이 하락했다는 것을 뜻한다.

이는 한국이 경제 위기에 대응하는 방식이 다른 대부분의 국가들과 동떨어져 있음을 시사한다. 다른 OECD 회원국들은 경제 위기에 직면해 직원들을 해고하는 대신 임금을 깎지 않는 반면 한국은 한편에서는 직원들을 정리해고하고 다른 한편에서는 비정규직으로 전환하거나 단기 임시적으로 재고용하는 대신 임금을 대폭 삭감하는 식으로 대응하고 있다. 그렇다고 한국의 '일자리 나누기'가 일본이나 유럽 일부 국가들에서처럼 노동자와 사용자가 함께 고통을 분담하는 사회적 연대의식의 발로라고 보기도 어렵다. 같은 조사에서 일자리 나누기가 우리보다 더 보편화돼 있는 일본이나 독일, 프랑스, 북유럽 국가들 대다수가 2008년 4분기에 3% 이상 단위 노동 비용이 증가한 점이 이를 방증한다. 한국에서의 일자리 나누기는 사용자들이 경제 위기를 틈타 사회적 평균 임금을 대폭 삭감해 노동자에게 고통을 대부분 전가하는 방식으로 진행되고 있음을 보여준다.

이처럼 정부의 잘못된 정책과 기업의 잘못된 대처로 점점 많은 국민들이 일자리 불안에 시달리고 건설 일용직과 단기 임시직 등으로 내몰리고 있다. 이런 식으로 가면 노동력의 질이 떨어지고 내수 기반이 점점 취약해저 한국 경제는 지속 가능한 성장을 할 수 없다. 시간이 걸리고 단기적 고통이 따르더라도 부동산값을 낮추고 사람값을 높이는 선순환 구조를 만들어 내수 기반을 넓히는 것이 장기적으로 한국 경제의 전반적인 활력을 높이는 길임을 정부와 기업들은 깨달아야 한다. 정부와 정치권, 그리고 재벌 기업들이 과거의 특권적이고 시대착오적인 이념에서 벗어나지 않으면 한국 경제는 더 이상 성장하기 어려운 상황에 직면하게 될 것이다.

3장

인구와 저출산 고령화

저출산 고령화 충격, 대비할 시간 10년도 안 남았다

한국 경제가 대응해야 할 가장 중요한 문제 중 하나가 저출산 고령화의 충격이다. 인구 문제는 대부분 과거의 결과물이기 때문에 그 추이가 단기간에 바뀔 가능성이 거의 없다는 점에서 더욱 대처하기 어려운 문제다. 현재의 저출산 고령화 추세는 10년 후쯤부터 한국 경제에 큰 부담이 될 가능성이 높다.

〈그림 1〉에서 출산율과 인구 증가율, 65세 이상 노령인구 비중을 한번 보자. 출산율은 정부 차원에서 산아 제한 정책을 실시한 중국이나 저출산 국가의 대명사인 일본보다 더 가파른 속도로 떨어져 세계 최저 수준을 기록하고 있다. 2008년 기준 한국의 합계 출산율

그림 1
저출산 고령화 관련 각종 지표

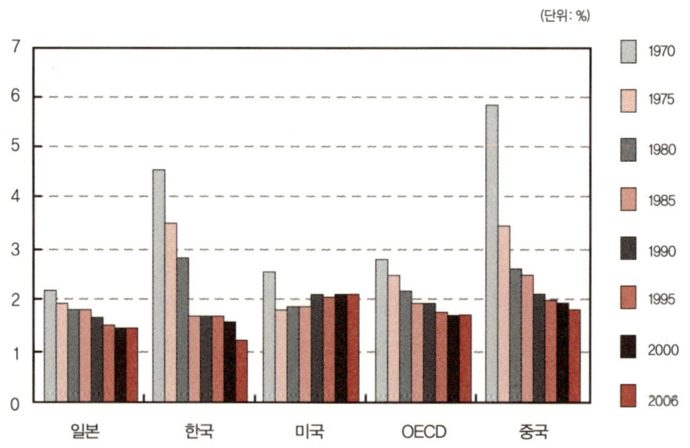

출산율 추이
(단위: %)
7
6
5
4
3
2
1
0
일본
한국
미국
OECD
중국
1970
1975
1980
1985
1990
1995
2000
2006

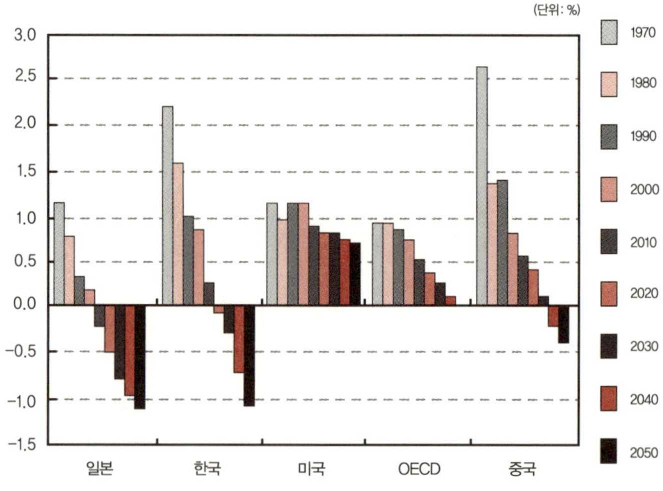

인구 증가율
(단위: %)
3.0
2.5
2.0
1.5
1.0
0.5
0.0
-0.5
-1.0
-1.5
일본
한국
미국
OECD
중국
1970
1980
1990
2000
2010
2020
2030
2040
2050

65세 이상 노령인구 비중

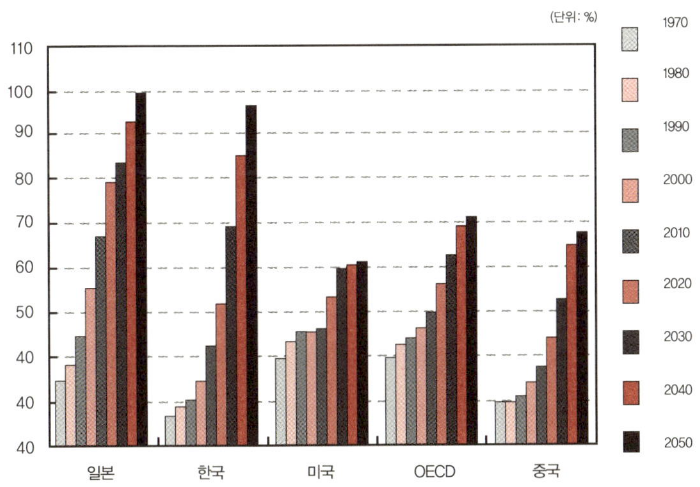

공공 및 민간연금 지출

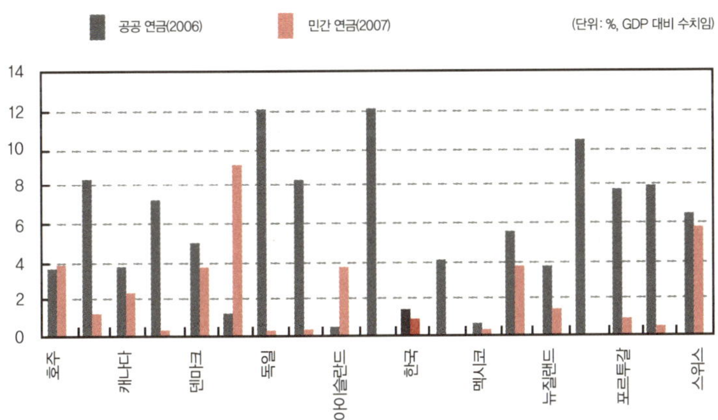

(주) OECD 자료로부터 KSERI 작성

(15~49세 여성이 평생 동안 낳는 아이 수)은 1.19명이다. 인구 현상 유지에 필요한 대체 출산율 2.1명에 크게 못 미칠 뿐만 아니라 OECD 회원국 가운데 가장 낮은 수준이다. 이에 따라 인구 증가율도 급감해 2009년 현재 0.29% 정도에 불과하다. 이런 추세가 지속되면 2018년부터는 인구 감소 시대에 접어들게 된다. OECD 회원국 전체가 2050년까지 계속 증가하는 추세인 것과는 딴판이다. 게다가 2000년 이후 65세 이상 노령인구가 가파르게 늘어나 2009년 12.9%에 이른 것으로 추정되는 가운데 2020년 이후에는 노령화 속도가 일본을 능가할 정도로 가속화될 것으로 예상된다. 2020년 이후 저출산 고령화의 충격이 걷잡을 수 없이 폭발할 가능성이 높은 것이다.

이처럼 세계에서 가장 급속하게 저출산 고령화가 진행되고 있음에도 불구하고 한국은 완전히 무방비 상태다. 한국이 이 같은 충격에 전략적으로 대비할 수 있는 시간은 10년 정도밖에 안 남았다. 그런데도 여전히 무능과 부패, 도덕적 해이가 넘쳐나는 정부와 정치권 때문에 국민들은 아직 부동산 거품에서 헤어나지 못하고 있다. 현 정부의 행태로 볼 때 10년 가운데 4년은 까먹었다고 봐야 할지도 모르겠다.

높은 집값과 사교육비, 아이 낳기 겁난다

우선, 저출산 문제에 대한 현 정부의 대응을 살펴보자. 이명박 대통령은 2009년 6월 초 '아이 낳기 좋은 세상 운동 본부' 출범식에 참석해 출산 장려 캠페인을 벌여 출산율을 높이겠다고 말했다. 또 보육비 지원 대상 확대나 맞벌이 부부에 대한 인센티브 제공 등 각종 지원에 나서겠다고 했다.

그런데 이 정도 캠페인과 지원책으로 출산율을 높일 수 있을 만큼 간단한 문제였다면 벌써 해결됐을 것이다. 한국보다 먼저, 훨씬 더 많은 지원책을 쏟아내고 대대적인 캠페인을 벌인 일본도 별다른 성과를 보지 못했다. 동물의 경우에도 개체 수가 줄어드는 것은 번식을 억제하는 외부 환경 때문인 경우가 많다. 1권 2부에서 조금 다른 측면에서 사례를 들었지만, 루마니아의 경우에도 일자리와 소득, 제대로 된 주거 공간이 부족해 아이들을 제대로 키울 수 없어 출산율이 떨어졌다. 한국의 출산율이 이렇게 기록적으로 낮은 수준을 계속 유지하고 있는 것도 사회경제 구조에서 키다란 문제가 계속 누적되고 있음을 방증한다.

그러면 한국에서 저출산 문제가 왜 발생했는지 구체적으로 보자. 우선, 〈그림 1〉에서 출산율 추이를 보면 한국의 경우 이미 1980년대 초부터 출산율이 대체 출산율인 2.1명 이하로 떨어진 뒤 2000년대 이후로도 지속적으로 감소하고 있다. 국내 사정을 잘 모르는 다른 나라 사람이 본다면 한국이 전쟁 중이거나 엄청난 정치경제적 격변이 일어난 것으로 착각할 정도다. 다른 나라의 경우 출산율이 떨어지다가 대체 출산율 전후 수준에서 감소세가 완만해지는 데 비해 한국은 바닥을 모를 정도로 가라앉고 있다. 한국의 출산율은

1980년대 후반 하락세를 멈춘 뒤 1990년대 초반 일시 상승했으나 1990년대 중반부터 다시 하락세를 보이고 있다. 이처럼 한국의 저출산 문제는 이미 수십 년 이상 지속되고 있는 문제다. 즉, 한국의 출산율 감소세가 계속되고 있는 것은 아이 출산과 보육에 관해 사회경제적 면에서 심각한 구조적 문제가 해결되지 않은 채 지속되고 있음을 시사한다.

구조적 문제는 여러 가지가 있겠지만, 우선 소득에 비해 너무 높은 집값을 들 수 있다. 〈그림 2〉에서 볼 수 있는 것처럼 한국의 집값은 2000년 이후 지속적으로 소비자물가 상승률을 상회해 치솟았다. 집값이 너무 높고 대학을 졸업해도 변변한 직장을 잡기가 어렵다 보니 결혼 적령기의 젊은이들이 결혼을 미루는 사태가 발생했다. 통계청 자료에 따르면 1990년 이후 2007년까지 17년 만에 초혼 연령이 남녀 모두 3.3세나 높아졌다는 사실이 이를 단적으로 보여준다. 불과 17년 만에 이런 변화가 일어난 나라는 유례가 없을 정도다. 또 결혼을 했더라도 자기 집을 마련하는 데 다른 나라보다 더 많은 돈을 써야 하다 보니 출산과 육아 비용이 부담으로 다가올 수밖에 없다. 집값이 높아지면 이처럼 초혼 연령이 높아지고 출산 및 육아 부담의 상대적 증가로 출산율 저하가 초래될 수밖에 없다.

과도한 사교육비도 마찬가지 역할을 한다. 〈그림 3〉을 참고로 OECD 회원국과의 교육비 지출 규모 비교를 통해 살펴보자. 얼핏 보면 한국은 OECD 회원국 가운데 교육비 지출이 많은 편에 속해 교육에 투자를 많이 하는 나라라고 긍정적으로 볼 수 있다. 하지

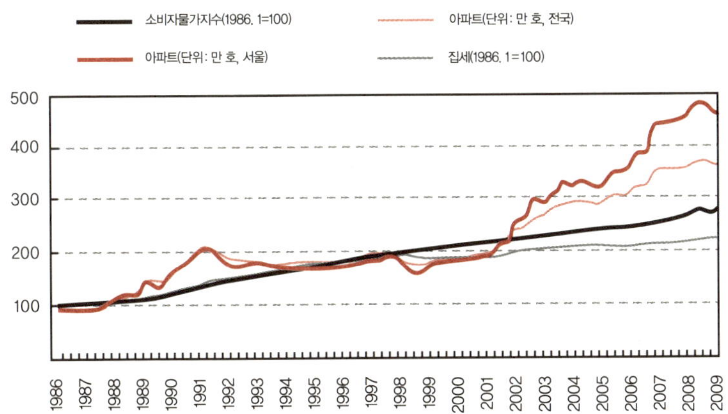

(주) 한국은행 및 국민은행 자료로부터 KSERI 작성

만, 속 내용을 뜯어보면 그렇지 않다. 한국은 OECD 회원국 가운데 사교육비는 가장 많이 쓰는 반면 공교육비 지출 비중은 평균을 밑돈다. 세계경제포럼의 2007년 조사 대상국 127개 국 가운데 공교육비 지출 비중이 71위일 정도로 낮다. 입만 열면 "인재가 자원인 나라"라고 떠들지만, 공교육비 지출은 이렇게 한심한 수준이다. 한국의 부모들은 사교육비 부담으로 허리가 휘고 있다. 더구나 인구 규모를 감안한 지표인 학생 1인당 공교육 지출 비중을 보면 초중등 과정과 대학 과정 모두 OECD 회원국 하위권이다. 대학 이상 고등교육 과정의 공공 및 민간 부담률은 OECD 회원국 가운데 가장 높다. 유럽 선진국은 대부분 정부가 대학 학비를 지불하지만, 한국은

>>> 그림3 OECD 회원국의 교육비 지출 및 학생 1인당 지출(2005)

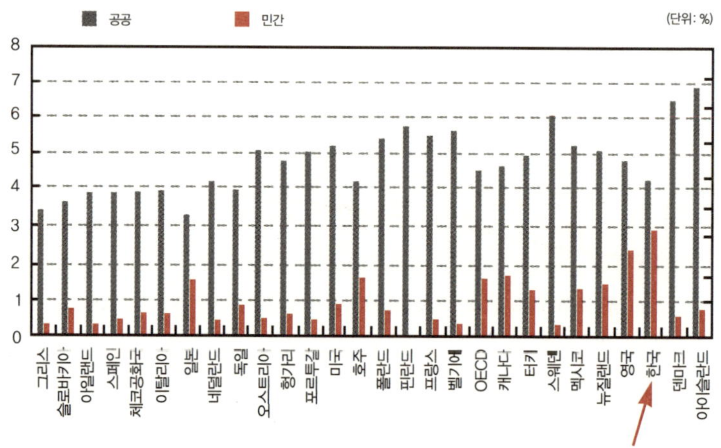

GDP 대비 교육비 지출 비중
공공
민간
(단위: %)
그리스 / 슬로바키아 / 아일랜드 / 스페인 / 체코공화국 / 이탈리아 / 일본 / 네덜란드 / 독일 / 오스트리아 / 헝가리 / 포르투갈 / 미국 / 호주 / 폴란드 / 핀란드 / 프랑스 / 벨기에 / OECD / 캐나다 / 터키 / 스웨덴 / 멕시코 / 뉴질랜드 / 영국 / 한국 / 덴마크 / 아이슬란드

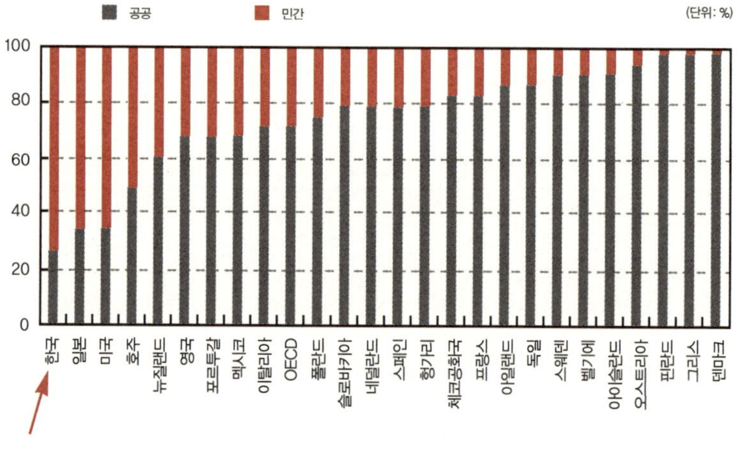

고등교육에 대한 공공/민간 지출 부담률
공공
민간
(단위: %)
한국 / 일본 / 미국 / 호주 / 뉴질랜드 / 영국 / 포르투갈 / 멕시코 / 이탈리아 / OECD / 폴란드 / 슬로바키아 / 네덜란드 / 스페인 / 헝가리 / 체코공화국 / 프랑스 / 아일랜드 / 독일 / 스웨덴 / 벨기에 / 아이슬란드 / 오스트리아 / 핀란드 / 그리스 / 덴마크

초중등 교육 학생 1인당 교육비 지출

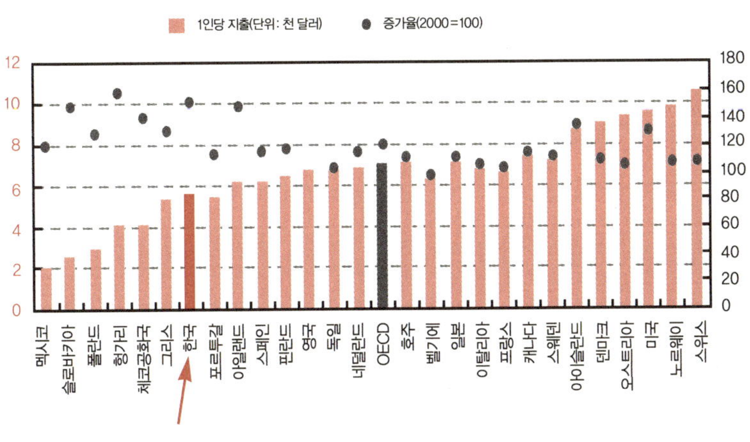

고등교육 학생 1인당 교육비 지출

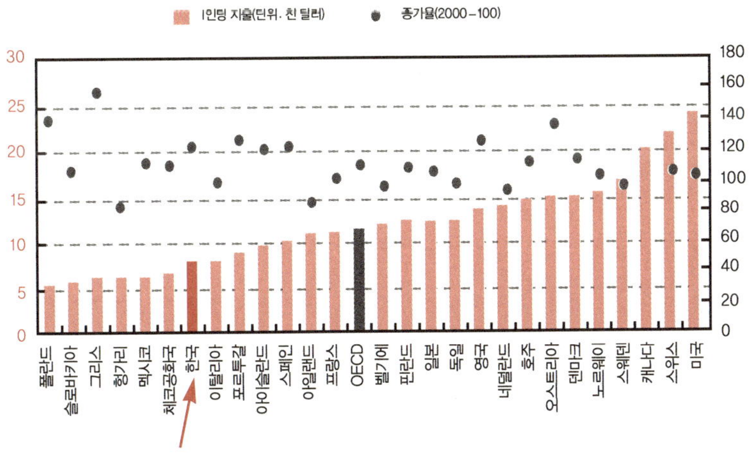

(주) OECD 자료로부터 KSERI 작성

OECD는 회원국 전체 또는 평균을 나타냄

각 가정이 학비를 부담한다. 이렇게 볼 때 한국은 자녀 교육에 그 어느 나라보다도 비용이 많이 드는 나라라고 할 수 있다. 그렇게 해서 정말 뛰어난 인재라도 길러내는 구조라면 모르지만, 실제로는 창의성을 말살하는 주입식 교육과 살인적인 성적 경쟁에 돈을 쏟아붓고 있다는 것을 우리 모두가 알지 않는가.

보육 및 육아 지원이나 저소득층과 장애인, 노인, 환자 등 취약 및 소외 계층에 대한 정부의 지원을 나타내는 사회 지출(Social Expenditure) 비중 또한 굉장히 낮음은 이미 설명했다. OECD 평균은 20%를 상회하지만 한국은 이의 3분의 1 수준에 불과하다. 그런데도 현 정부는 산모·신생아 도우미 사업 등 예산 사업의 상당 부분을 오히려 줄였다. 낭비성 건설·토목 사업에는 예산을 탕진하면서 교육이나 육아, 보육 등에 돈 쓰는 데는 인색하기 짝이 없다. 정부가 예산을 제대로 쓰지 않으니 일반 가정의 보육 및 교육비 부담은 커질 수밖에 없다. 이런 마당에 집값 부담이라도 줄면 좋으련만 한국 정부는 다른 모든 나라들에서 잔뜩 부풀었던 부동산 거품이 꺼지는데도 온갖 부양책을 통해 이를 가로막고 있다.

그렇다고 저출산 문제를 해결하기 위해 꼭 막대한 재원을 들여야 한다는 것은 아니다. 저출산 문제를 여성부나 보건복지가족부의 과제로만 생각할 필요도 없다. 각종 사회경제적 제도와 시스템을 잘만 다듬으면 큰 재원을 들이지 않고도 얼마든지 저출산 문제를 해결할 수 있다.

예를 들어, 공공주택 단지에 공동체 기능을 강화하는 공간 구조를 만들면 저출산 문제를 해결하는 데 큰 도움을 줄 수 있다. 아파트 단지의 1층을 단지 안의 공공 용도에 사용할 수 있게 해보라. 예를 들어, 전라도 순천시에서 하는 것과 같은 '작은 도서관', 지자체의 재정 지원을 통해 운영되는 대학생들이 초중등학생을 지도할 수 있는 공부방, 그리고 공공이 지원하는 '공공 보육 센터', 어린이들이 마음껏 놀 수 있는 '플레이룸', 생일잔치 등 각종 행사를 하거나 부모들 간 다과회를 할 수 있는 공동 공간 등만 만들어도 각종 보육 및 사교육비 부담을 크게 줄일 수 있다. 이렇게 하면 아이들이 멀리 가지 않아도 작은 도서관에서 책을 접할 수 있고, 쇼핑 센터에나 가야 볼 수 있는 플레이룸에서 마음껏 놀 수 있다. 집 안에 혼자 갇혀 있던 산모와 유아들이 다른 부모와 아이 들과 교유할 수 있게 된다. 그런 과정에서 자연스럽게 산모 우울증도 해소되고 아이들도 사회성 있는 어린이로 자랄 수 있다. 생일잔치 등 행사 비용이나 아이들의 보육비와 사교육비도 줄일 수 있다. 1층에 공동 공간이 들어서는 것만큼만 용적률을 올려주면 건축비가 크게 늘어나지도 않는다. 이에 더해 공공이 각종 토목 사업에 들어가는 재정의 일부만 지원해도 아파트 단지에서 다양한 사회적 교류가 일어나는 한편 각종 보육 및 교육 비용을 줄일 수 있다. 공동주택 단지에 이처럼 과거 전통사회의 마을과 같은 공동체 기능을 만들고 적극 활용하면 보육 및 교육에 따르는 각종 경제적·사회적 부담을 덜 수 있어 자연스럽게 저출산 문제를 해결하는 데 기여할 수 있다.

아이를 키우면서 드는 엄청난 사교육비나 천정부지로 치솟는 집값 등을 부담해야 하는 환경에서 아이를 둘 이상 낳아 기르는 것은 매우 부담스러운 일이다. 게다가 결혼이나 출산을 이유로 여성의 능력을 폄하하고 승진 등에서 불이익을 주는 후진적인 기업 문화가 여전히 한국 사회를 지배하고 있다. 출산 및 육아를 전적으로 여성의 책임으로 돌리는 가부장적 사회 분위기도 출산율을 떨어뜨리는 원인이다. 한국의 이런 사회경제 구조 전반을 바꾸지 않고 캠페인을 벌이거나 다둥이 출산 장려금을 지급하는 등의 대증요법만 실시해서는 결코 저출산 문제를 해결할 수 없다. 가계로 하여금 출산, 육아로 인해 막대한 부담을 느끼게 하는 구조가 온존하는 상황에서 아이 많이 낳으라고 백날 캠페인을 벌이고 다둥이에 대한 일회성 장려금을 준다고 해봐야 출산율이 높아질 리 만무하다. 문제는 아이들이 태어나지 않는 나라에는 미래가 없다는 것이다. 우리 아이들이 살아갈 나라의 장래를 생각하면 걱정스럽기 짝이 없다.

　고령화 문제도 마찬가지다. 사회경제적 구조를 바꾸고 정책과 제도를 잘 손질하면 큰 비용을 들이지 않고도 고령화의 충격을 줄일 수 있는 방법이 얼마든지 있다. 예를 들어, 노인들을 위한 저렴하면서 쾌적한 장기 임대 · 전세 주택을 대량 공급하면 노후 주거 문제를 해결하는 한편 고령층의 주거 비용 부담을 줄여 고령화에 따른 내수 침체 효과도 해소할 수 있다. 이에 대해서는 다음에 자세히 소개하기로 하고 여기서는 고령화의 충격을 보여주는 대표적 예인 국민연금 재정 문제를 짚어보자.

　과거 권위주의 정권 아래에서 장기적 계획 없이 정권의 선심성 사업으로 도입된 국민연금 제도는 하루빨리 수술하지 않으면 안 된다. 지금까지 학계나 정치권에서 주로 논의된 방안은 '더 내고 적게 받는' 식으로 국민연금 수급 구조를 바꾸자는 것이었다. 하지만 그것은 근본적인 해법이 아니다. 그런 식으로는 연금 재정 적자 문제가 심화될 때마다 주기적으로 '더 내고 적게 받는' 식의 조정을 하지 않으면 안 된다. 그 방법으로는 연금 재정 파탄을 지연시킬 뿐 해소할 수 없다. 그 같은 경향이 지속돼 연금 수령액이 크게 줄어들면 도대체 국민연금 제도를 왜 시행하는지 알 수 없는 지경에 이를 수밖에 없다.

지금 당장 살림살이가 팍팍한데 20~40년 후를 내다보고 무리하게 저축하는 가계가 있을까. 가계와 기업이 당장 소비와 투자에 쓸 수 있는 돈을 수백조 원씩 퇴장시키고 있는 것이다. 노후를 대비한다는 명목으로 현 경제를 위축시키고 있는 것이다. 경제가 위축되면 고령화에 따른 부담은 상대적으로 더 커질 수밖에 없다. 더구나 계속 급증하는 연금 재정을 관리하고 운용하느라 공단 조직이 비대해져 공단 운영비와 기금 관리비가 매년 5000억 원을 상회하는 수준에 이르렀다. 이것은 경제적으로나 사회적으로나 도저히 납득할 수 없는 어리석은 일이다. 현행 적립 방식의 국민연금 제도는 너무나 비효율적이며 한국 경제가 감당할 수 있는 제도가 아니다.

그렇게 국민으로부터 거둬들인 수백조 원의 연금 적립액이 생산적인 곳에 쓰이는 것도 아니다. 연금 적립액의 80%가 국공채 매입에 사용되고 있다. 왼쪽 주머니에 든 연금 재정으로 국공채를 사고, 오른쪽 주머니에 든 세금으로 국공채를 상환하는 꼴이다. 이얼마나 한심한 상황인가. 2008년부터는 '도시락 폭탄'을 통해 주가부양에 사용하기도 했다. 연금을 운용해 겨우 시중금리 수준의 수익률을 올리고 있을 뿐이다.

'소득 재분배를 통한 사회 부조'라는 국민연금 당초의 기본 정신으로 복귀해야 한다. 저소득 계층이나 취약 계층의 노후 생활에 대해서는 조세 방식에 의해 국가가 필요한 최소한도의 책임을 지되, 나머지 소득 계층에 대해서는 각자가 자율적 선택에 따라 개인 연금 제도를 활용하도록 해야 한다. 스스로 노후 생활을 해결한 수 있는 소득 계층에 대해서까지 국가가 일일이 나서서 강제적으로 강요하는 것은 결코 합리적이지 않다. 오히려 고령화의 충격만 더욱 키울 뿐이다.

김남주 출산 장려금 논란

2009년 6월 배우 김남주 씨가 둘째 아이를 낳고 출산 장려금 100만 원을 받은 사실이 화제가 돼 논란을 낳은 적이 있다. 서울 강남구에 살면서 풍족한 삶을 누리고 있는 김 씨가 둘째 아이를 낳았다고 세금으로 출산 장려금을 받은 것이 합당한가에 대한 논란이었다. 물론 김 씨가 연예인이다 보니 논란이 조금 선정적이고, 감정적으로 확산된 측면이 없지 않다.

이 사례는 현재의 출산 장려금 지원책이 큰 문제점을 갖고 있음을 보여준다. 필자가 이 글을 쓰는 것도 김남주 씨 개인과는 상관없이 현재의 지원 방식에 대한 문제점을 지적하고자 하는 것이다. 정책이 잘못된 것이 문제이지, 그런 정책 환경에서 김 씨가 100만 원을 지원받은 사실에 대해 비난할 생각은 전혀 없다.

그럼 현재의 다둥이 지원책이 왜 문제점이 많은지 생각해보자. 현실적으로 다둥이 지원 예산을 많이 편성할 만큼 재원이 풍부한 지자체는 서울 강남 3개 구처럼 고소득층이 많이 사는 지역이다. 둘째 아이를 낳았다고 출산 장려금을 줄 수 있는 지자체는 그다지 많지 않다. 또 여러 명의 아이를 출산할 경제적 여력이 있는 사람도 대부분 고소득층이다. 실제로 통계청 자료를 분석해보면 소득과 자녀 수는 비례해서 늘어나는 상관관계를 보인다. 그런데 대부분의 지자체에서 출산 장려 지원금은 3자녀 이상부터 지급한다. 따라서 3자녀 이상 다둥이에 대한 현재의 지원 방식은 결과적으로 상류층에게 혜택이 집중될 가능성이 높다. 이들 상류층은 그런 지원금이 없어도 아이를 낳을 경제적 여력이 충분하다. 이들에게 몇백만 원의 출산 장려금을 준다고 해서 낳지 않을 아이를 낳을 인센티브가 될 리 없다. 어차피 낳을 아이를 낳는데 장려금을 줘봐야 무슨 출산 촉진 효과가 생기는가.

그나마 출산 장려금이 인센티브로 작용하는 계층은 중저소득층 가계다. 그런데 돈이 중저소득층에는 가지 않고 엉뚱한 데로 가고 있다. 더구나 출산율을 끌어올리기 위해서는 한 자녀 가정이 두 자녀를 갖도록 하는 데 집중하는 것이 훨씬 현실적이고 효과적이다. 그런데 김남주 씨가 살고 있는 강남구 등 일부를 제외하고 거의 대부분의 지자체들은 재원 문제 때문에 둘째 아이 출산에 대한 장려금 지원은 어렵다고 할 것이다. 그런 상황이라면 출산 장려금 지원책을 시행하지 않으면 된다. 현 상태로는 출산 촉진 효과가 없으면서, 지자체장의 생색내기용 사업에 예산을 탕진하고, 소득 역진성만 높이는 결과를 낳을 뿐이다. 꼭 해야 하겠다면 소득 수준에 맞춰 차등 지원할 필요가 있다. 그리고 다둥이 지원에 쓸 예산을 지역 내 보육 서비스를 확충하고 저소득층의 보육료 지원을 늘리는 데 쓰는 것이 훨씬 더 효과적이고 바람직할 것이다. 앞서 말한 집값 거품을 빼고 사교육비 부담을 줄이는 등 구조적 문제를 해결하는 것이 선행되어야 함은 두말할 나위 없다.

'1인 가구 = 골드미스족'?

2009년 1월 통계청은 '향후 10년간 사회 변화 요인 분석 및 시사점' 이라는 보도자료를 발표했다. 이 자료에 따르면 총인구는 2018년 4932만 명을 정점으로 감소하며, 노동 생산성이 높은 30~40대 인구는 이미 2006년부터 감소하고 있다고 한다. 이처럼 총인구가 감소함에 따라 경제·사회 전반에 미칠 영향이 우려된다고 지적했다.

총인구 감소에도 불구하고 2030년까지 총가구 수는 2000년 1451만 가구에서 2030년 1987만 가구로 37%가량 늘어날 것이라고 추계했다. 이처럼 인구 정체에도 불구하고 총가구 수가 크게 증가할 것으로 전망한 이유는 가구당 인구 수가 2000년 3.1명에서

2030년 2.4명으로 줄어들기 때문이라고 설명했다. 특히 1인 가구가 2000년 222만 가구에서 2030년 471만 가구로 무려 112%나 급증할 것이라고 예상했다.

총인구 감소와 경제활동인구 감소, 그리고 가구 수 증가로 고령화 심화, 장기적인 내수 침체, 사교육비 증가, 고학력 실업 증가, 양극화 심화, 주택 가격 하락, 학생 수 감소에 따른 학교 구조조정, 병역 인력 감소에 따른 국방 공백 등 경제·사회 전반에 걸친 구조적인 변화가 예상된다고 했다. 이어 인구 변화로 인해 예상되는 구조적 문제에 대해 정책적인 사전 대비가 필요하다고 밝혔다. 사실 통계청의 보도자료는 이미 오래 전부터 지적되어 온 사실들을 반복한 것에 지나지 않는다.

그런데 일부 언론과 상당수 부동산 재테크 전문가들, 건설업계 등은 위의 발표 내용 중에 총가구 수 급증과 1인 가구 수 급증을 들어 앞으로도 주택 수요가 계속 늘어날 것이라는 황당한 주장을 하고 있다. 통계청의 보도자료에서 주택 가격이 중장기적으로 하락세를 보일 것이라고 전망하고 있음에도 말이다. 통계청이 공표한 가구 수 추계치는 신뢰성이 크게 떨어진다. 뿐만 아니라 1인 가구의 실체가 무엇이며 왜 증가할 것인지에 대한 합당한 이유나 원인에 대해 납득할 만한 분석이나 설명도 없다. 그저 어떻게 해서든 아무렇게나 엮어서 부동산 투기 심리를 조장하여 마구잡이로 집을 지어 팔아먹으려고 혈안이 돼 있을 뿐이다.

우선 통계청이 발표한 인구 동태 추계치에 관한 통계 자료는 신뢰성이 크게 떨어진다. 2050년까지의 인구를 추계하기 위해서는 경제성장률과 소득 수준, 생명표, 사회복지 수준 변화 등에 대한 전망이 선행되어야 한다. 이를 전제하지 않은 단순한 직관적 추계 방식이나 함수 추계 방식으로는 현실과 동떨어진 결과를 낳게 된다. 〈그림 1〉은 통계청이 5년마다 실시하는 인구 및 가구 수 추계치와 1인 가구 총조사 및 2030년까지의 추계치를 나타내는데, 이를 예로 들어 가구 수 추계치가 왜 신뢰성이 결여됐다고 하는지 설명해보기로 하자.

〈그림 1〉에서 가구당 인원 수는 1970년 5.5명에서 2000년 3.2명, 2005년 3명으로 계속 줄어드는 것으로 나타나고 있다. 통계청의 추계치에 따르면 2030년에는 2.4명까지 줄어든다고 한다. 이는 단지 기계적으로 추계된 수치에 불과하다. 인구 통계학적으로 가구당 인원 수는 가구의 소득 분포에 크게 좌우된다. 따라서 가구당 인원 수를 올바로 추계하려면 2030년까지의 경제성장률과 가구당 소득 수준 및 소득 분포에 대해 먼저 시나리오 분석을 하지 않으면 안 된다. 뿐만 아니라 가구당 인원 수는 소득 수준이 향상되더라도 무한정으로 줄어드는 것이 아니라 일정 수준에서 멈추는 수렴 경향을 보인다.

여기까지는 봐줄 수 있다고 치자. 그러나 전체 가구 가운데 1인 가구 비중 추계치에 이르면 금방 허점이 드러난다. 이 그래프에서 1인 가구 비중 추이를 보면 2005년까지 기하급수적으로 증가하는 모습을 보인다. 그런데 2005년 이후 추계치에서는 갑자기 증가율

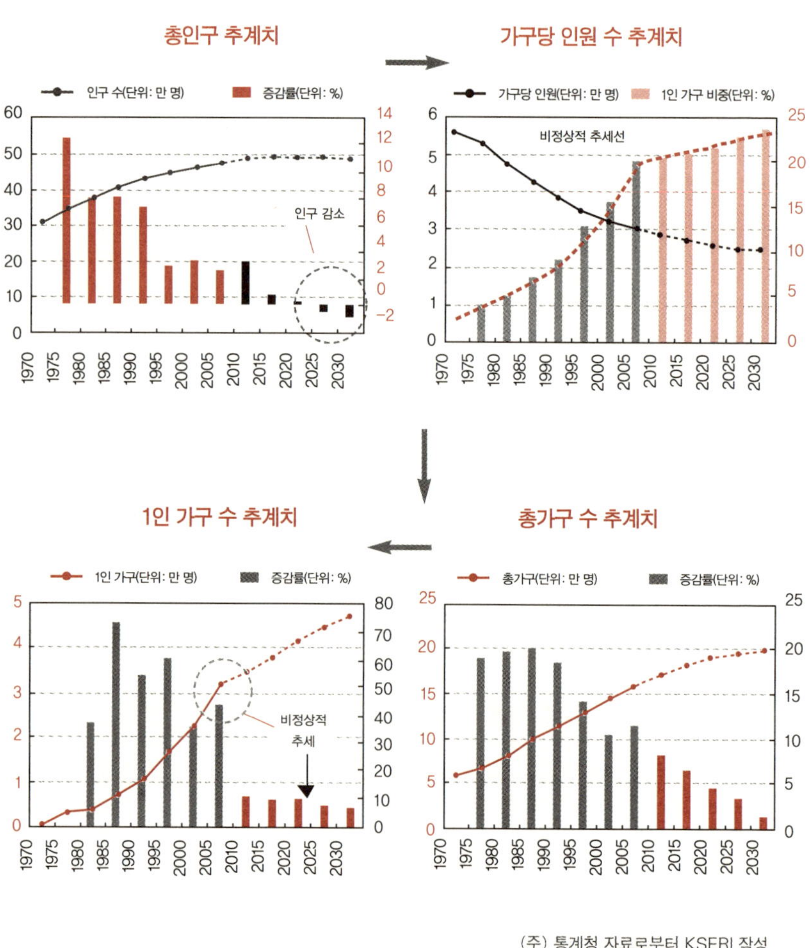

이 크게 둔화된다. 1인 가구가 이처럼 급증하는 이유는 이혼이나
독거노인 급증, 20~30대 미혼 가구 급증 등 경제·사회 면에서 큰
변화가 계속되거나, 아니면 수도권 대학에 진학하는 지방 학생들

을 세대로 분류하지 않고 모두 1인 가구로 분류해버렸다든지 하는 통계상의 오류 둘 중 하나라고 할 수 있다.

뿐만 아니라 2005년까지의 조사 자료를 바탕으로 통계적 추정식에 의해 기계적으로 추계하면 2030년에는 1인 가구 비중이 전체 가구 수의 30%를 훌쩍 넘어버린다. 이것은 말이 안 되는 수치로 설득력이 없다. 통계청은 1인 가구 비중을 어림짐작한 것으로 보인다. 이런 어림짐작은 앞뒤가 맞지 않는 결과를 초래하게 마련이다.

총가구 수는 총인구 수를 가구당 인원 수로 나누어 산출한다. 이 방식으로 총가구 수를 추계해보면 2005년 1588만 가구에서 2030년 1987만 가구로 인구가 감소함에도 불구하고 오히려 400만 가구가량 증가하는 결과가 나온다. 그 원인으로 통계청은 1인 가구 급증을 들었다.

그런데 통계청이 추계한 1인당 가구 수를 보면 2005년까지 40%가 넘는 증가율을 보이다가 2010년부터 아무 이유 없이 갑자기 10% 미만으로 뚝 떨어지는 것으로 나타난다. 이것은 통계청의 총가구 수와 1인 가구 수 추계치가 잘못되었다는 것을 보여주는 증거다.

백번 양보해 통계청의 1인 가구 수 추계치가 맞는다고 치자. 그러면 과연 1인 가구가 증가하는 것이 일부 언론이나 건설업계에서 주장하는 것처럼 잠재적인 주택 수요자가 늘어난다는 것을 의미할까. 천만의 말씀이다.

상당수의 부동산 재테크 전문가들과 건설업계가 꺼져가는 부동산 투기 심리를 "1인 가구 증가로 주택 수요는 계속 늘어날 수밖에 없다"는 주장으로 되살리려고 하고 있다. 매출액의 상당 부분을 부동산 분양 광고에 의존할 수밖에 없는 대다수의 언론도 이 같은 논리를 확대 재생산하고 있다. 이 같은 논리는 수년 전 한 광고기획사가 만들고 언론이 확대 재생산한 '골드미스·골드미스터'라는 용어와 겹쳐져 정확한 현실 인식을 방해하고 있다. '1인 가구 증가 → 주택 수요 증가 → 분양 주택 공급 필요'라는 도식은 늘어나는 1인 가구들이 대부분 주택을 살 수 있는 충분한 구매력을 갖고 있다는 것을 전제로 한다. 즉 이들은 1인 가구가 대부분 상당한 소득과 구매력을 가지고 자기 개성을 추구하는 골드미스 또는 골드미스터라고 보는 것이다.

하지만 앞서 말한 것처럼 통계청이 발표한 1인 가구 추계치는 대단히 왜곡되어 있다. 왜 그런지 구체적으로 살펴보자.

〈그림 2〉를 보면 1인 가구는 2000년 222만여 가구에서 2005년 317만여 가구로 43%나 급증했다. 1인 가구의 연령별 증감 현황을 보면 30대와 45~54세, 75세 이후 연령대에서 특히 많이 늘어났음을 알 수 있다. 75세 이후 고령층은 배우자와 사별한 독거노인 가구 수가 급증한 때문이지만 전체적으로 볼 때 그 비중이 크지 않다. 30~34세는 주로 노총각·노처녀 그룹이다. 45~49세는 주로 배우자와 이혼해 홀로 살거나 '기러기 아빠'인 경우다. 이처럼 1인 가구가 늘어나는 것은 젊은 층의 만혼(晚婚) 현상과 급속한 고령화에 따른 독거노인 가구의 증가, 이혼의 증가 등 최근 악화되고 있

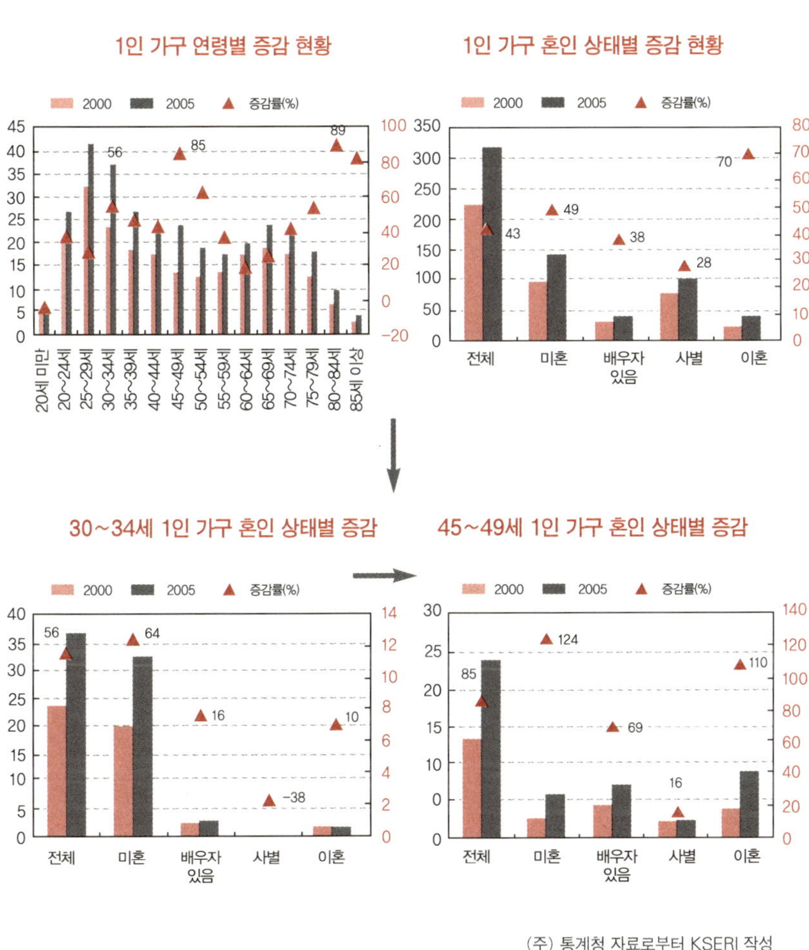

는 한국의 대표적인 사회문제들을 고스란히 응축해 보여주는 현상
이라고 할 수 있다.

혼인 상태별로 1인 가구를 파악해 보면 2000~2005년 이혼이

70%가량 급증하고, 미혼 1인 가구도 49% 늘어났다. 배우자가 있는 경우나 배우자와 사별한 경우도 각각 38%, 28% 증가했다. 비중 면에서는 미혼 1인 가구가 47만 가구나 늘어나 전체 1인 가구 증가분의 절반을 차지한다. 즉 취업을 못 했거나 경제적 능력이 부족해 제때 결혼을 하지 못해 1인 가구가 늘어난 것이다.

이어서 〈그림 3〉에서 1인 가구의 성별 구성비를 보면 여성이 56%로 남성보다 많은 것으로 나타난다. 이를 세분화해 1인 가구의 연령대별 남녀 구성비를 보면 25~44세까지는 남성의 비율이 상대적으로 높아 남초(男超) 현상 등에 따라 배우자를 구하지 못하고 홀로 사는 경우가 많은 것으로 추정된다. 반면 55세 이후에는 여성 1인 가구의 비율이 급증하는데, 이는 여성의 수명이 상대적으로 길어 배우자와 사별한 이후 홀로 사는 경우가 늘어난 때문으로 풀이된다.

1인 가구의 경제력은 어떨까? 2005년 현재 전국 1인 가구 가운데 취업자 비율은 54%로 15세 이상 인구의 취업자 비율 60.3%보다 상당히 낮다. 연령대별로 보면 40대 이후부터 취업자 비율이 빠른 속도로 줄어듦을 알 수 있다.

1인 가구의 평균 소득을 보면 경제력이 얼마나 취약한지 한눈에 파악할 수 있다. 2008년 현재 1인 가구의 월 평균 소득은 131만 원으로 2인 이상 가구의 월 평균 소득 327만 원의 40% 정도에 불과하다. 서울시정개발연구원이 서울시에 거주하는 1인 가구의 월 평균 소득을 분석한 자료에 따르면 서울시내 1인 가구 가운데 월

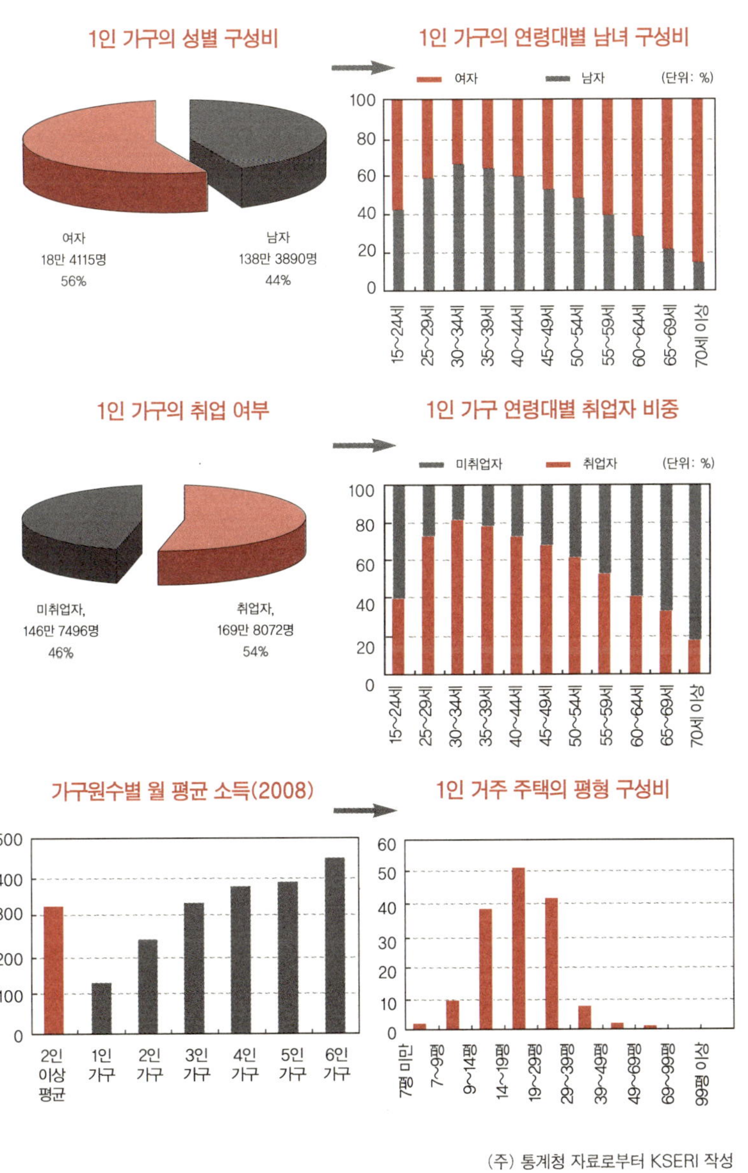

(주) 통계청 자료로부터 KSERI 작성

평균 100만 원 미만 소득자가 45%, 100만~200만 원 소득자가 31%로 전체의 76%를 차지한다. 1인 가구의 4분의 3이 월평균 소득 200만 원 이하의 저소득층인 것이다. 반면 '골드미스·골드미스터'라고 부를 수 있는 계층은 넓게 잡아 월 평균 소득 300만 원 이상이라고 할 때 해당되는 1인 가구는 8%에 불과하다. 1인 거주 주택의 평형 구성비를 보면 19평 이하 소형 주택에 거주하는 비중이 86%로 거의 대부분을 차지한다. 서울의 경우도 정도의 차이는 있지만 약 69%로, 19평 이하 거주자가 대부분을 차지한다.

그런데도 언론의 1인 가구 관련 보도는 대부분 골드미스족에 관한 것이다. 심지어 한국고용정보원 자료에 따르면 2006년 기준으로 30~45세 여성 취업자 가운데 소위 골드미스로 분류할 수 있는 여성은 0.27%에 불과하다. 한마디로 '골드미스·골드미스터'는 재벌계 광고 회사와 기성 언론이 소수의 사례를 부풀려 만들어낸 환상일 뿐, 현실이라고 보기는 어렵다. 하지만 언론의 왜곡 보도를 통해 현실을 인식하다 보니 많은 이들이 잘못 알고 있다. 필자가 여러 강연에서 다양한 청중을 대상으로 질문해보면 '1인 가구 = 골드미스'로 인식하는 사람들이 다수를 차지하는 게 이를 방증한다.

이처럼 1인 가구가 급증하는 현상은 집값 폭등과 청년 실업 증가, 소득 부족으로 인한 결혼 지연, 급속한 고령화로 인한 독거 노인 가구 증가, 외환위기 이후 경제적 불안정 등으로 인한 이혼 증가 등 한국의 심각한 사회·경제적 문제점들을 단적으로 보여주는 현상이라고 할 수 있다. 한국 언론들이 제대로 보여주지 않는 밑바닥 서민들의 경제적 고통과 충격이 1인 가구 증가라는 흐름과 현상으로 나타나고 있는 것이다. 이들 1인 가구는 대부분 사회적 보호 또는 지원이 필요한 가구라고 할 수 있다. 상당수의 부동산 재테크 전문가나 언론의 보도처럼 이들 1인 가구의 대부분을 현재 계획돼 있는 중대형 위주 수도권 주택 공급 물량의 유효수요층으로 보는 것은 무리가 있다.

따라서 주택 정책적 측면에서 이들 1인 가구를 위해 저렴하고 질 좋으면서 독신자가 생활하기 편리한 공공 임대·전세 주택을 대규모로 공급할 필요가 있다. 특히 거동이 불편한 독거노인들이 편리하게 생활할 수 있는 '실버형 주택' 모델을 개발해 쉽게 이동할 수 있는 역세권 등에 대규모로 공급할 필요가 있다.

다시 강조하지만 1인 가구들의 주거 문제는 대규모 분양 주택 공급으로 해결될 사안이 아니다. 그것도 지금 같은 중대형 주택 위주의 공급으로는 더더욱 어렵다. 1인 가구의 이 같은 실태도 제대로 파악하지 못한 채 정부는 개발 차익을 노린 투기 세력의 먹잇감이자 자금난에 시달리는 건설업체들을 먹여 살리기 위한 수단으로 전락해 수도권에 분양 주택을 대량 공급하는 데 매진하고 있다. 정작 서민들이 필요로 하는 주택은 공급하지 않고 엉뚱한 다리를 긁고 있는 격이다. 더구나 현 정부는 도심 재건축 사업의 사업성을 높여준다는 명분으로 중소형 평형과 공공 임대 주택 공급 의무를 폐지하거나 축소하는 방안을 내놓고 있다. 1인 가구가 급증하고 이명박 대통령이 서울시장 시절 한꺼번에 벌여놓은 뉴타운 사업으로 중소형 주택이 급감하는 상황에서도 말이다. 말로는 서민들을 위한다고 하지만, 실제로는 소수 부동산 부자들과 건설업체들을 위한 주택 정책을 펴고 있는 것이라고 볼 수밖에 없다.

한국 정부가 앞으로 변화하는 인구 추이나 세대 분화, 고령화 등 사회·경제적 변화에 맞춰 주택 정책을 어떻게 가져가느냐에 따라 국민들의 삶의 질은 확연히 달라질 수 있다. 1인 가구의 실태는 공공 부문의 주택 공급 방법이 왜 획기적으로 달라져야 하는지를 보여주는 또 하나의 증거다. 이제는 공공 택지를 개발해 민간 건설업체들이 폭리를 취하게 하고 투기 수요를 부추기는 분양 주택 공급 일변도에서 벗어나야 한다. 대신 저렴하면서 양질의 공공 장기 임대 주택을 지속적으로 공급해야 한다.

수도권 인구 증가하니
집값 계속 오른다?

강력한 힘을 발휘하는 부동산 불패 신화 가운데 하나로 "지방은 몰라도 수도권 집값은 계속 오른다"는 것이 있다. 2006년경부터 지방의 부동산 거품이 붕괴하고 주택 시장의 침체가 수도권으로 확산되자 부동산 투기 조장 전문가들이 내놓은 주장이다. 이들이 드는 핵심 논거는 전반적인 인구 감소 시대에도 지방과 달리 수도권에서는 인구 유입 등으로 인구가 늘어나 주택 수요가 꾸준히 증가할 것이라는 것이다. 물론 이 같은 주장이 터무니없다고 하기는 어렵다. 전반적인 수도권 인구는 증가하고 있고, 그것이 주택 수요를 늘리고 집값을 밀어 올리는 하나의 요인이 될 수 있기 때문이다.

실제로 수도권에서도 상대적으로 주택 공급 대비 수요가 단기 간에 늘어나는 지역은 집값이 단기적으로 오른 사례들이 있다. 2008년 강북 뉴타운 사업 때문에 서민들이 경기도까지 밀려가자 경기도 동북부 일부 지역의 집값이 오른 것이라든지, 2009년 상반 기에 대기업 본사 이전 수요로 경기도 화성시의 매매가와 전세가 가 오름세를 나타낸 것도 같은 이유다.

하지만 중요한 것은 공급되는 주택에 비해 얼마나 수요가 늘 어나느냐 하는 것이다. 1권에서도 설명했지만 2010년대 수도권 주 택 시장은 수요에 비해 지나치게 많은 주택 공급으로 만성적인 공 급 과잉에 시달릴 가능성이 매우 높다. 그런데 부동산 투기 조장 전문가들은 상대적인 주택 공급 과잉에 대해서는 거론하지 않고, 수도권 인구 증가 효과만을 과대포장하고 있다.

이들이 논거의 바탕으로 삼는 통계청의 인구 추계치부터가 엉 터리다. 통계청의 인구 추계치를 그래프로 나타내보면 〈그림 1〉과 같다. 그런데 통계청 추계치는 두 가지를 가정하고 있는 것 같다.

1) 앞으로 늘어날 인구는 모두 수도권에 집중돼 있다. 수도 권 인구가 총인구가 늘어나는 것보다 더 빠른 속도로 늘어난다. 반면 지방의 인구는 지속적으로 줄어든다.

2) 수도권 인구 증가는 모두 경기도에서 일어난다. 그것도 매우 가파르게 늘어난다.

통계청 추계치대로라면 뭔가 이상하다. 자연 인구 증가율은 농어촌 지역을 제외하면 대부분 비슷한데 이처럼 수도권 인구 비중이 커지고 수도권 안에서 경기도의 인구 비중이 커지는 것은 인구 순유입 때문이라고 할 수 있다.

1권에서 소개한 수도권 인구 순유입 추이 그래프를 다시 살펴보자. 수도권의 인구 순유입은 2008년 연간 5만 2000명대 수준까지 줄었다. 수도권 인구가 이미 포화 상태에 이르렀음을 시사하는 것이다.

수도권의 인구 순유입을 서울, 경기도, 인천으로 세분한 그래프를 살펴보자. 1990년 이후 경기도와 서울의 인구 증감이 거울에 비친 이미지처럼 반대 방향의 진폭을 보이고 있음을 알 수 있다. 이는 1990년대 이후 1기 신도시를 비롯해 지속적으로 경기도의 신도시와 공공택지 지구 등으로 서울의 인구가 빠져나가고 있음을 보여준다. 특히 인구 순유입이라는 관점으로만 한정한다면 서울의 주택 수요는 앞으로 전개될 베이비붐 세대의 본격 은퇴와 겹쳐 늘어날 이유가 거의 없다. 반면, 경기도는 서울과 지방에서 동시에 인구가 유입되고 있다.

요약하자면, 수도권 인구 유입은 과거처럼 수도권 주택 시장을 뒤흔들 주요 변수가 되기는 어렵다. 2008년 순유입 인구(5만 2000명)를 같은 해 가구당 평균 가구원 수 2.8명으로 나누면 1만 8500여 가구 정도다. 최근 몇 년 동안 수도권에서 매년 20만 호에 가까운 주택이 지어졌다는 점을 감안하면 수도권 순유입 인구가

전국 권역별 인구 추계치

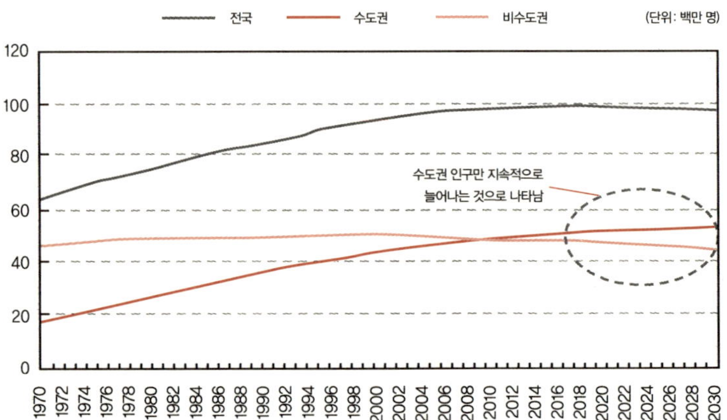

수도권 광역 시도별 인구 추계치

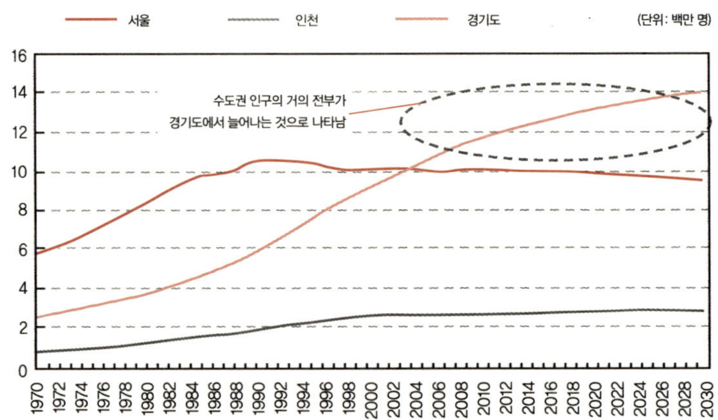

(주) 통계청 자료로부터 KSERI 작성

수도권 인구 순유입 추이

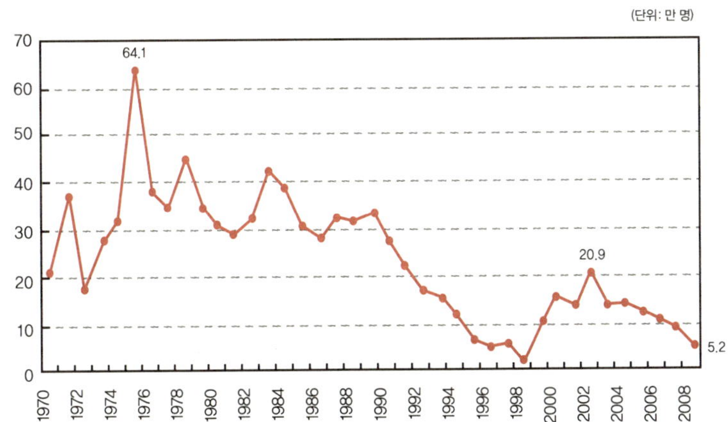

수도권 광역 시도별 인구순유입 추이

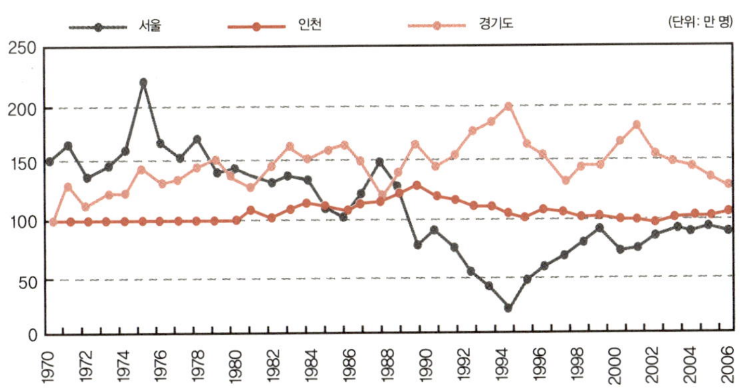

(주) 통계청 자료로부터 KSERI 작성

수도권 인구 추계치

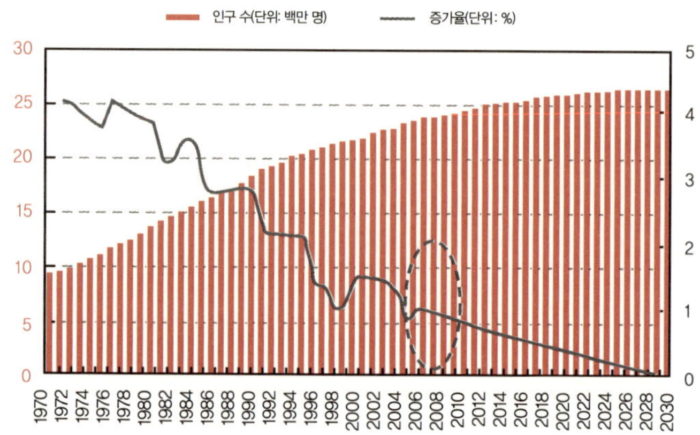

경기도 인구 추계치

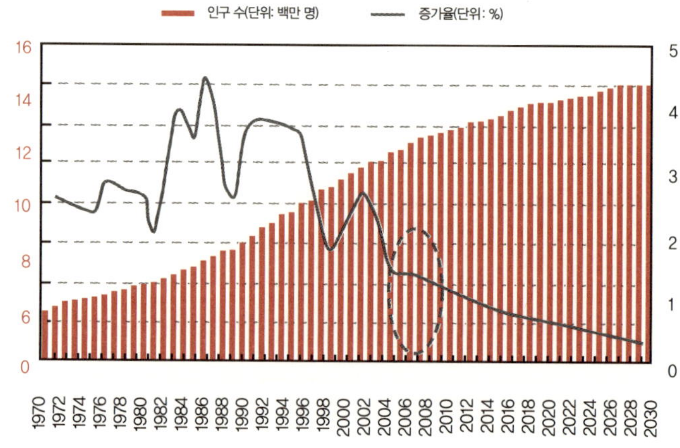

(주) 통계청 자료로부터 KSERI 작성

과거와 같은 영향력을 발휘하기는 어려울 것으로 보인다. 더구나 현재 수도권 곳곳에서 추진되고 있는 주택 공급 사업들은 모두 이보다 훨씬 많은 인구 유입을 전제로 진행되고 있다. 이는 오히려 2010년대 만성 공급 과잉의 한 원인이 될 것이다.

그렇다고 경기도 인구만 계속 치솟을까. 그럴 가능성 또한 높아 보이지 않는다. 〈그림 3〉을 참고로 통계청이 내놓은 경기도와 수도권의 인구 추계치를 인구 증가율과 함께 보면 이상한 점이 발견된다. 수도권의 인구 순유입이 2008년까지 계속 줄어든 것을 감안하면 〈그림 3〉에서 점선으로 표시한 2006~2008년의 인구 증가율이 올라갈 이유가 없는데도 상승세를 보인 것이다.

이는 통계청의 추계치가 엉터리라는 것을 단적으로 보여주는 증거다. 통계청은 5년마다 인구센서스를 통해 인구 수를 파악하고, ㄱ 사이의 기간에는 일정한 방식으로 추정해서 통계를 낸다. 2005년 인구센서스 이후 추계치는 인구 증가 곡선을 보면 알겠지만 지수함수 등을 이용해 적당한 곡선을 그린 것처럼 보인다. 여기에는 사회·경제적 변화에 따른 인구 증감 요인이 전혀 반영되지 않았다. 인구 증가 추계 곡선에 따르다 보니 인구 증가율이 현실과 전혀 다른 모습으로 나타나는 것이다.

이를 좀 더 분명히 보기 위해 〈그림 4〉와 〈그림 5〉에서 통계청 인구 추계상의 2000년대 인구 통계와 현실의 인구 증가율을 좀 더 잘 반영한 행정안전부의 주민등록상 인구 통계를 비교해보자. 통계청과 행안부의 총인구와 각 시도별 인구 수는 약간의 차이가 있

수도권 인구 추이(통계청)

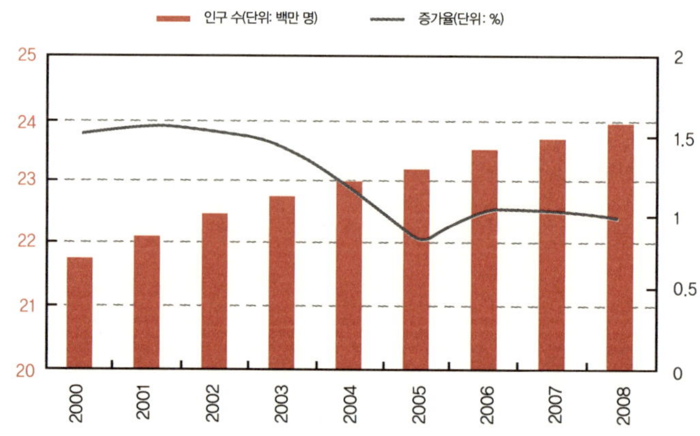

수도권 인구 추이(행안부)

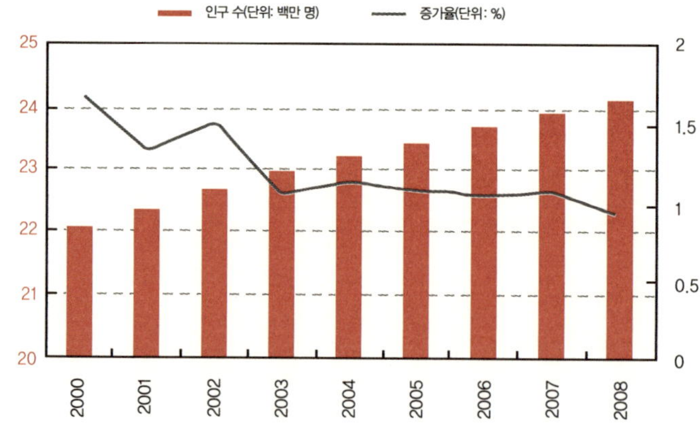

(주) 통계청 및 행안부 자료로부터 KSERI 작성

경기도 인구 추이(통계청)

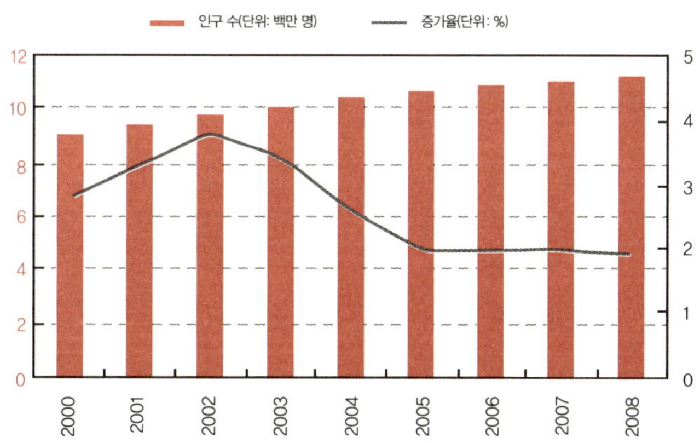

경기도 인구 추이(행안부)

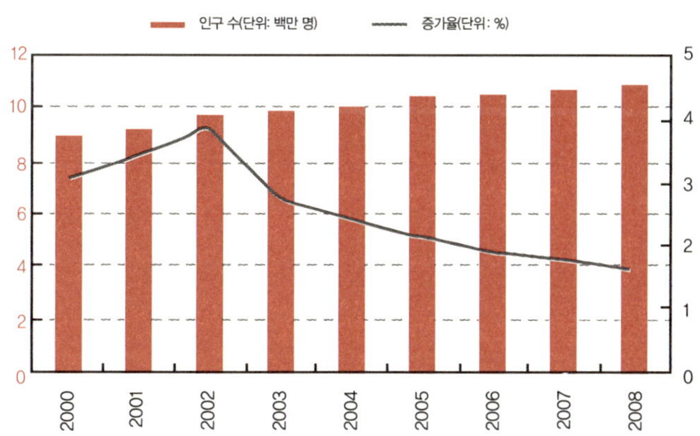

(주) 통계청 및 행안부 자료로부터 KSERI 작성

지만 큰 흐름을 파악하는 데는 문제가 없다.

먼저 〈그림 4〉의 수도권 인구 추이부터 보자. 통계청 추계치 자료는 2000~2005년 인구 증가율을 일정한 곡선으로 그은 것 같지 않은가. 2005년 이후 증가율도 마찬가지다. 무엇보다 주민등록상 인구 수를 근거로 했기에 현실의 인구 증가 추이를 훨씬 더 잘 보여주는 행안부 자료와 비교해보면 인구 증가 추이와 증가율이 확연히 다르다. 2005년 이후 인구 증가율이 횡보 수준을 보이는 통계청 자료와 비교할 때 행안부 자료에서는 수도권 인구 증가율이 2000년 이후 꾸준히 하락하고 있다. 이처럼 부동산 투기 조장 전문가들이 논거로 삼는 통계청의 수도권 인구 추계치는 실제보다 상당히 부풀려져 있다.

이어 〈그림 5〉의 경기도 인구 추이를 보자. 경기도 인구 추계치 또한 비슷하다. 통계청 인구 추계치상으로는 2002년부터 증가율이 하락하다가 2005년 이후 횡보하는 반면 현실에서는 2002년 이후 계속 하락하고 있다.

2005년 이후 3년간의 통계청 추계치 작업도 이런데, 하물며 그 이후의 추계 작업은 어떨까. 〈그림 3〉을 보고 짐작하겠지만, 인구센서스를 토대로 추계해온 2005년까지의 인구 증가율 흐름과 이후의 증가율 흐름은 크게 다르다. 통계청 추계치는 엄밀한 시나리오 분석을 통한 결과물이 아니라 심하게 말하면 일정한 가정 아래 선을 쫙 그어버린 듯한 느낌이 들 정도다.

현실 문제로 돌아와서 수도권과 경기도의 인구가 증가하더라도 통계청의 추계치와는 달리 그 비율이 더 낮을 가능성이 높다. 2000년 이후 수도권과 경기도 인구는 통계청 추계치보다 낮은 증가율을 보여주고 있다. 〈그림 3〉에 2000년 이후 통계청의 추계치 대신 주민등록상 인구 증가 추이를 대입해서 한번 생각해보라. 증가율이 통계청의 추계치보다 더 가파르게 줄어들 것이다. 물론 큰 틀에서 지방의 인구는 줄고, 수도권의 인구는 늘어날 가능성이 높은 게 사실이다. 하지만 일정한 지역에 인구가 지나치게 늘어 과밀화되면 인구 증가가 자연스레 억제되기 마련이다. 이는 동물의 서식지에서만 그런 것이 아니라 사람들이 사는 도시에서도 마찬가지다. 도시가 일정한 규모를 갖출 때까지는 규모의 경제가 작용해 사람들을 끌어들이는 효과를 내지만, 규모가 너무 커져 규모의 불경제(교통 혼잡 비용과 집값 상승, 도시 인프라 부족 등)가 규모의 경제 효과를 능가하면 자연스레 인구 유입이 줄이드는 압력으로 작용한다. 당장 현실을 생각해봐도 지방의 노령 인구들이 수도권으로 올라올까. 수도권으로 올라오는 주연령대인 젊은 층 인구는 갈수록 줄어들고 있다. 게다가 2003년 이후 집값 상승은 수도권 중심으로 이뤄져 지방과 수도권의 집값 격차가 너무 커져 자연스럽게 진입 장벽이 형성되고 있다.

이렇듯 인간의 사회·경제적 활동도 크게 보면 자연스러운 조정 과정을 거친다. 이 같은 조정 과정을 억지로 방해하고 교란하면 더 큰 혼란과 갈등이 이어질 수 있다. 한껏 부풀어 오른 부동산 거품 조정 과정을 방해하면 차후 한국 경제의 위기가 만성화되고 양극화로 인한 피해가 더욱 극심해질 것처럼 말이다.

그리고 수도권 안에서 경기도 인구가 늘어나는 이유도 다시 생각해볼 필요가 있다. 수도권 가운데에서도 서울의 집값이 상대적으로 더 높고 땅은 좁아 새로 주택을 짓기가 어려워 땅이 넓고 택지비가 싼 경기도에 주택이 많이 지어지고 있다. 부동산 거품에 편승해서 정부와 건설업체들이 마구잡이로 경기도에 집을 지어댄 결과 많은 이들이 경기도로 이주했다. 이것이 〈그림 2〉에서 서울과 경기도의 인구 순유입 추이가 거울에 비친 모습처럼 나타나는 이유다. 단순화하자면, 경기도에 집을 많이 지어서 인구가 늘어난 것이지, 경기도 인구가 늘어나 집을 많이 지어댄 것은 아니다. 그렇게 인구가 늘어났다는 경기도에서 집을 마구잡이로 지어댄 결과가 어떤가. 2만 5000호가 넘는 미분양 물량이 적체돼 있고, 2009년 상반기에 약간 상승했으나 실거래가는 고점 대비 20%가량 떨어진 상태다.

중요한 것은 단순히 인구가 늘어난다는 사실이 아니다. 인구 추이는 주택 수요를 큰 틀에서 보여주는 지표다. 인구가 늘어나더라도 그중 상당수가 '88만 원 세대'로 대표되듯이 소득이 모자라거나 결혼하지 못해 가족을 이루지 못하고 1인 가구로 머물러 있는 것이라면 매매용 주택의 유효 수요가 되기 어렵다. 또 주택 수급의 수요뿐만 아니라 공급 측면을 함께 고려하면 인구 증가를 훨씬 능가하는 주택 공급이 뒤따를 가능성이 높다. 따라서 경기도 인구가 늘어나니 경기도 집값이 계속 오를 것이라는 생각은 착각이다.

이제 주택 정책 또는 인구 정책의 관점에서 한번 생각해보자.

통계청의 추계치처럼 수도권에 인구의 60% 가량이 몰려 사는 것이
과연 국토 이용 측면에서 현명한 것일까. 지금도 수도권은 규모의
불경제 효과가 심각한 상태지만, 지방은 규모의 경제를 이루지 못
해 웬만한 사업은 경제성을 갖기 어려운 지경이다. 이런 상태로는
수도권이든, 지방이든 지속 가능한 발전을 하기 어렵다. 따라서 수
도권의 주택 문제를 해결하는 것은 단순히 주택을 더 공급하고 말
고의 문제가 아니라 국토 전체의 균형적 발전을 어떻게 이루느냐
하는 문제와도 밀접히 연관돼 있다. 하지만 현 정부는 그런 개념은
없이 수도권 집중화에 혈안이 돼 있으니 나라의 장래가 걱정이다.

4장

한국 경제의 재구성

한국 경제의 재도약을 위한 10가지 제언

2009년 초 발생한 서울 용산 참화만큼 한국 사회·경제의 현 주소를 단적으로 보여주는 사례도 없다. 한국 대도시의 폭력적인 재개발·재건축 과정은 제대로 된 민주주의 시장경제 사회에서는 있을 수 없는 일이다. 그런데 그러한 일이 소위 민주화 이후 20여 년이 지난 지금까지도 계속되고 있다. 재개발 구역으로 지정되면 집값이 폭등해 이를 감당할 수 없는 원주민들은 턱없이 부족한 보상금을 받고 변두리로, 변두리로 밀려나게 된다. 재개발·재건축 사업 과정에서 조합·시공사·공무원·철거업체 등이 연계된 비리는 끝없이 이어지고, 건설업체는 폭리를 취하며, 투기꾼들은 투기 차익을 얻는다. 뒤에 남은 것은 터전을 잃고 갈 곳을 잃은 '악에 바친 원주민들'이다. 이처럼 지금까지 재개발·재건축 사업은 원주민들의 주거 안정을 도모하고, 주거의 질을 높이며, 공동체 기능을 향상시킨다는 주택 정책이 지향해야 하는 방향과 정반대로 치달았다.

이 같은 문제점을 빤히 보면서도 정부와 정치권은 건설업체들과 투기꾼들이 최대한 빨리 사업을 추진해 수익을 올릴 수 있도록 하는 데 초점을 맞춘 법제를 만들고 유지해왔다. 심지어 이렇게 만든 법절차조차도 제대로 지키지 않고 주민의 동의 조작 등 탈법과 불법이 횡행해도 행정기관은 모르쇠로 일관했다. 사실상 폭력배나 다름없는 용역 철거업체들의 폭력과 온갖 행패에도 눈감았다.

그런데도 현 정부는 이 같은 현실을 개선하기는커녕 오히려 5공식 강압통치로 서민들의 아우성을 틀어막았다. 멀쩡하게 장사하던 점포에서 턱없이 부족한 보상비를 받고 쫓겨나야 하는 현실에 항의하는 세입자를 '떼법'을 쓴다고 무지막지하게 두들겨 팼다. 조합과 건설사 간, 공무원 간의 뇌물 수수 등 온갖 부조리와 용역 철거 과정의 폭력에는 눈감은 채 말이다. 도대체 이런 것들은 현 정부가 그토록 강조하는 법질서에 위배되지 않고, 구조적으로 잘못 짜인 게임 규칙에 의해 일방적으로 당하는 세입자들이 항의하는 과정에서 쓴 폭력만 위법이란 말인가.

용산 참화는 한국 사회가 처한 현실의 한 단면일 뿐이다. 한국 사회는 겉으론 많이 변한 것처럼 느껴질지도 모르지만, 민주주의 시장경제의 공고화와 공정한 게임 규칙 구축이라는 측면에서는 여전히 미숙한 단계다. 더구나 현 정부 들어서는 오히려 빠른 속도로 뒷걸음질 치고 있다. 재개발·재건축 과정만 하더라도 20여 년 전과 변함이 없다. 당시에도 주택 매매가와 전세가가 폭등해 집 없는 서민들의 비관 자살이 이어졌다. 또 많은 이들이 용역 깡패의 폭력에 희생당하기도 했다. 그리고 이에 반발하며 철거에 저항하는 원주민들에게는 공권력이 거침없는 '진압'에 나섰다.

1980년대 민주화 투쟁 이후 많은 국민이 한국의 장래에 대해 낙관적 기대감을 가졌다. 정치적 민주화도 진전됐고, 1997년에는 정권 교체도 일어났다. 민주화만 되면 그간 우리 사회를 더럽혀온 부패와 부조리가 일소되고 서민들이 고통 받지 않는 시대가 올 것이라고 많은 이들이 기대했다. 그런데 어떤가. 민주주의와 인권, 대북 정책 등에서 많은 발전이 있었던 것은 사실이다. 하지만, 경제적 양극화는 극심해지고, 공동체의 유대는 깨지고 있으며, 개개인의 삶은 점점 더 불안해지는 '만성 불안 사회'가 되고 있다. 기득권에게만 유리한 불공정한 게임 규칙이 한국 사회 곳곳에 자리 잡고 있다. 삼성의 편법 승계 문제에 대한 대법원 판결에서 보듯이 사실상 법의 지배를 벗어난 특권 세력이 여전히 한국 사회를 지배하고 있다. 이 같은 흐름은 외환위기 이후 더욱 가속화됐다. 급기야 현 정권 들어서는 특권층의, 특권층에 의한, 특권층을 위한 '상위 5%를 위한 나라'를 만들고 있다.

이처럼 민주화 이후에도 용산 참화 같은 사건이 계속되고 여전히 불공정한 게임 규칙이 자리 잡고 있는 근저에는 수십 년 동안 한국 경제를 지배해온 '삽질 경제' 패러다임, 즉 토건형 개발경제 패러다임이 놓여 있다. 한국 경제는 개발연대 이후 부동산과 대규모 토건 사업에 기반한 경제 성장을 지속해왔다. 한국의 대표적 재벌 기업들이 모두 건설업체들을 거느리고 있는 점에서 알 수 있듯이, 건설업은 한국 재벌들의 모태다. 거기에서 각종 부패와 담합, 사기와 불공정 거래가 만연했다. 각종 부패 사건의 절반 이상이 건설·토목 사업을 매개로 일어났다. 재벌 기업들의 비자금과 정치권 검은 돈의 젖줄이었다. 민간 부문에서는 고분양가로 가계의 주름살을 늘리고, 공공 부문에서는 뇌물과 음성적 로비 공세에 따라 사업 예산을 잔뜩 부풀려 국가 재정을 탕진하는 주범이었다. 정치인들은 개발 공약을 내세우고 유권자들은 개발 사업이 집값을 올려줄 것이라는 환상에 젖어 개발 붐에 편승했다. 이 같은 삽질 경제 패러다임은 부동산 분양 광고 등을 매개로 한 언론의 왜곡 보도를 통해 줄기차게 확대 재생산됐다.

이처럼 개발연대식 토건 사업을 중심으로 한 삽질 경제는 한국의 산업 구조가 '노동 집약→자본 집약→기술 집약적 산업 구조'로 이행하는 동안 줄기차게 지속돼온 패러다임이다. 정권의 좌우에 상관없이 일관되게 한국 사회를 지배해온 패러다임이다. 이 같은 삽질 경제 패러다임은 극복돼야 할 시점에 가장 극적으로 확대 재생산되고 있다. 바로 현대건설 사장 출신의 대통령을 수반으로 한 '건설족 정부'에 의해서 말이다. 현 정부는 말로는 '선진 경제'를 부르짖지만 시대착오적인 삽질 경제학의 끝자락을 부여잡고 버둥거리는데 여념이 없다. 삽질 경제로 한국 경제가 계속 발전할 수 있다는 환상을 불러일으키면서 말이다.

물론 사회 인프라를 구축하고, 성장 잠재력을 키우며, 삶의 질을 일정하게 높이는 등 삽질 경제의 긍정적 효과는 적지 않았다. 하지만 이제 삽질 경제는 시대적 소명을 다했다. 한국 경제는 개발 연대를 한참 지나 고도성장 단계에 접어들었는데도 여전히 선진국의 두 배에 가까운 건설업 비중을 유지하고 있다. 더구나 정부가 나서서 '녹색 뉴딜'이니 '광역경제권 선도 프로젝트'니 온갖 핑계를 대가며 개발 사업을 벌이는 데 혈안이 돼 있다. 전 세계적으로 잔뜩 부풀었던 부동산 거품이 꺼져가는 지금도 현 정부는 부동산 거품을 지탱하기 위해 혈안이 돼 있다.

경제 발전 단계에 맞지 않게 지나치게 건설 투자에 기대면 그만큼 다른 부문에 대한 투자가 줄어들게 마련이다. 그만큼 중장기적으로 한국 경제 전반의 성장 잠재력이 위축될 수밖에 없다. 삽질 경제는 지식 정보화, 창의 경제 시대로 도약해야 할 한국의 앞길을 가로막고 있는 최대 걸림돌이다. 부패와 반칙, 사기, 불공정 거래로 상징되고 국토의 황폐화, 민간 부담 증가, 국가 자원 낭비의 주범인 시대착오적 삽질 경제로는 한국 경제의 미래를 기약할 수 없다.

이대로는 절대 건강한 사회가 될 수 없다. 삽질 경제 패러다임에 사로잡혀 경제 위기의 한복판에서 30조 원 이상을 4대 강 바닥을 파헤치고 서울과 불과 한 시간 거리에 운하를 건설하는 데 탕진하는 나라, 불과 수십 평짜리 아파트가 10억 원, 20억 원을 호가하고 정부가 앞장서서 부동산 투기 거품을 조장하는 나라, 2020년까지 전 세계에서 두 번째로 많은 초고층 빌딩을 짓기 위해 계획하는 나라, 지금도 수요 부족으로 적자를 보고 있는 대규모 컨벤션 센터를 경쟁적으로 지어대는 나라, 서해안에 인접한 지역 곳곳에서 차이나타운이라는 명목으로 개발 사업을 벌이는 나라, 땅값이 비싸서 기업들이 중국으로 이전해 비어 있는 산업단지가 수두룩한데도 여전히 산업단지를 지어대는 나라, 이용객이 없어 지은 지 몇 년 만에 공항을 폐쇄해 세계의 비웃음을 사는 나라, 이런 불요불급한 토건 사업에 예산을 탕진하면서 정작 돈 한 푼이 아쉬운 저소득층과 장애인, 노령층에 대한 사회 안전망은 취약하기 그지없는 나라, 이런 나라는 절대 건강한 공동체가 될 수 없다.

부동산 거품이라는 악성 종양을 치유하고 개발연대의 삽질 경제 패러다임을 극복하지 못하면 한국 경제에 희망은 없다. 특히 현 정부처럼 부동산 경기 부양에 목을 매달고 삽질 경제 유전자가 몸에 각인된 정부로는 결코 희망을 만들 수 없다. 현 정부가 온 세대가 나눠 써야 할 국가 예산을 자신들의 쌈짓돈인 양 마구 풀어 모르핀 주사를 놓는 사이 한국 경제는 말기 암으로 치닫고 있다. 양극화는 더욱 극심해지고 삶의 질은 추락하고 있다. 집값 거품 때문에 미래의 아이들이 태어나지 못하는 나라가 어떻게 장래를 기약할 수 있단 말인가.

그렇다고 망연자실할 수만은 없다. 희망이 없다면 이제부터라도 우리 스스로 희망을 만들어야 한다. 기득권 중심의 불공정한 게임 규칙이 만연한 한국 사회를 근본적으로 개혁하는 흐름을 만들어야 한다. 부정과 반칙, 불로소득이 판치는 경제가 아니라 공정한 게임 규칙 아래 개개인의 실력과 노력이 성공의 요체가 되는 진정한 민주주의 시장경제를 건설해야 한다. 물론 이런 작업은 결코 소수 몇몇의 힘으로는 할 수 없다. 우리 아이들의 장래를 걱정하는 많은 이들이 함께 힘을 모아야 한다. 각성한 시민 다수의 지혜와 노력이 어느 때보다 필요하다.

필자는 책을 마무리하면서 '삽질 경제'를 뛰어넘어 한국 경제가 한 단계 더 도약하기 위해 필요한 10가지 과제를 제언하고자 한다. 필자의 제언이 10가지로만 그치는 것도 아니고, 이 10가지에 대해 여기에서 모두 자세히 설명하기도 어렵다. 다만 이 제언들이 삽질 경제 패러다임을 뛰어넘기 위한 작은 단초가 될 수 있기를 바랄 뿐이다.

제언 1, 부동산 거품 빼고 사람값을 높이자

부동산 거품을 빼고 사람값을 높이는 일은 한국 경제의 새로운 미래를 기약하기 위한 최우선 과제다. 너무나 당연한 이 한마디가 한국 사회에서는 내뱉기 힘든 말이 돼 버렸다. 똘똘 뭉친 강고한 정치적·경제적 기득권 세력이 모두 부동산에 목을 매달고 있기 때문에 "집값이 떨어진다"는 이야기조차 하기 어렵다. "집값이 떨어진다", "집값을 빼야 한다"는 말을 하는 순간 "집값이 떨어져서 경제가 파탄나면 좋으냐"라는 공격이 빗발친다. 심지어 "집값 하락을 주장하는 사람은 좌파"라는 색깔론까지 나온다. 이런 수준 이하의 저질 공격이 쏟아진다 해도 필자는 부동산 거품을 빼야 한국 경제가 살아날 것이라고 거듭 강조할 수밖에 없다.

한국 경제는 2000년 이후 땅값은 금값이 됐지만, 정리해고 남발과 비정규직 양산 등으로 사람값은 똥값이 됐다. 부동산 거품 붕괴는 지나치게 부푼 땅값은 내리고 상대적으로 사람값은 올라가게 하는 시장의 자연스러운 조정 과정이다. 당위적으로 그 같은 경제 구조를 만들기 위한 기회로 삼아야 한다.

경제의 궁극적 목표는 간단하게 표현하면 모두가 잘 먹고 잘 사는 것이다. 현 정부도 겉으로는 상생이니 고통 분담을 외치고 있다. 하지만 현 정부가 실행하는 정책들의 실제 효과를 보면 정반대다. 원래 잘 먹고 잘사는 사람들만 더 배 불려주는 데 골몰하고 있다. 부동산값은 모든 수단을 동원해서 떠받치고, '일자리 나누기'를 핑계로 사회적 평균 임금을 깎고 단기 일자리를 양산해 사람값은 더욱 낮추고 있다.

사람값을 올리는 게 왜 지속적인 경제 발전을 위해 중요한가. 시장경제에서는 시장 가격의 신호에 따라 한 경제 내의 한정된 자원이 배분된다. 그런데 노동력의 값이 싸고, 부동산(=토지)의 값이 비싼 경제에서는 자원이 계속 부동산으로 몰릴 수밖에 없다. 그 자체로는 부가가치를 창출하지 못하는 부동산에 계속 돈이 쏠리는 경제는 '돈 놓고 돈 먹기'가 판치는 투기적 경제일 뿐이다. 또 노동력의 상대 가격이 낮은 경제에서는 노동의 양과 질이 계속 떨어지게 된다. 일자리도 줄어들게 된다.

한 음식점의 상황을 가정해보면 쉽게 알 수 있다. 부동산값이 높다는 것은 점포 임대료가 높은 것에 빗댈 수 있다. 음식점 주인은 높은 임대료 지출을 다른 곳에서 상쇄해야 하는데, 대표적인 방법이 인건비를 줄이는 것이다. 열 사람 쓸 종업원을 다섯 사람만 쓰거나, 열 사람을 쓰더라도 급료를 줄이는 것이다. 이의 영향을 국민경제 전체로 확대해보면 서비스의 질은 떨어지고, 일자리는 줄어들며, 비정규직이 늘어나게 된다. 시간이 지날수록 소비도 줄어들어 내수가 침체되고 지속 가능한 경제 성장을 할 수 없게 된다. 부동산값이 높으면 기업들은 다른 나라로 공장을 이전할 기회만 엿보게 된다. 그렇게 되면 국내의 고용 사정은 더욱 악화될 것이다.

지속 가능한 성장을 하려면 경제 체력에 걸맞게 노동력의 상대값을 높이는 경제 구조를 만들어야 한다. 이렇게 하면 상대적으로 생산 경제 중심으로 자원이 배분되고 노동의 부가가치도 높아진다. 소득이 높아지면 가계 소비와 저축이 활성화된다. 이렇게 해야 제품과 서비스의 부가가치도 높아져 중장기적으로 국가 경쟁력이 제고된다. 미국이나 일본, EU 등 대부분의 선진국 인건비가 높은 것이 그냥 높은 게 아니다.

인건비가 부담스럽다고? 그것은 핑계에 가깝다. 업종별로 편차가 크지만, 대부분의 기업에서 임금 삭감이나 비정규직 양산으로 줄일 수 있는 인건비는 기업의 전체 비용 가운데 1~2%에 지나지 않는다. 오히려 직원들의 직업 안정성을 보장하면 회사에 대한 충성도가 높아지고 역량 계발에도 힘쓰게 돼 장기적으로 더욱 큰 효과를 볼 수 있다. 외환위기 때 직원을 해고하기보다 기계를 해고해 승승장구한 유한킴벌리의 사례가 이를 입증한다. 물론 단기간의 과도한 임금 인상은 부담이 될 수 있다. 파산 직전의 기업이라면 직원들을 대량 해고하지 않을 수 없다. 하지만 경제 위기를 핑계로 대졸 초임부터 깎고 비정규직을 늘릴 궁리부터 해서는 기업도, 한국 경제도 지속 가능한 성장을 하기 어렵다.

다들 말로는 부동산 거품을 빼자고 한다. 하지만 그러면서도 경제 충격을 줄이기 위해 연착륙이 필요하다고 주장한다. 얼핏 그럴듯하게 들린다. 그러나 앞에서 보았듯이 연착륙론을 배경으로 쏟아내는 정부의 무분별한 부동산 및 건설 부양책은 오히려 장기 불황을 초래하게 된다. 2004년 집값이 주춤할 때 많은 금융권 연구소 및 재벌계 연구소, 기득권 언론 등에서 '연착륙론' 구호 아래 각종 부동산 및 건설 부양책을 주문한 결과 어떻게 됐는가. 결국 2005~2006년 2차 부동산 폭등기를 맞고 말았다. 그리하여 지금 우리 모두가 보고 있듯이 한국 경제 전체가 벼랑 끝 위기에 놓여 있다. 만약 노무현 정부가 2004년에 연착륙론으로 포장된 부동산 부양론에 속지 않았다면, 한국 경제가 지금처럼 위태로운 지경에 몰리지도, 정권을 잃지도 않았을 것이다.

필자도 국민의 한 사람으로서 부동산 거품 붕괴로 인한 충격을 최소화할 수 있기를 바란다. 하지만 그것은 단기적 관점이 아니라 장기적인 관점에서 보아야 한다. 지금 당장은 고통스럽더라도 장기적으로 한국 경제에 미칠 부정적 영향을 최소화하는 방안을 찾아야 한다. 한국 경제라는 신체에 자라난 부동산 거품이라는 악성 종양은 떼 내야 한다. 당장은 고통이 따르더라도 대수술이 필요하다. 물론 수술 과정에서 환자가 죽는 상황은 피해야 한다. 하지만 당장의 고통이 무서워서 현 정부처럼 수술을 피하고 모르핀 주사로 통증을 가라앉히며 "환자가 멀쩡하다"고 주장하는 것은 기만술이다. 그런 식으로는 한국 경제의 구조적 문제를 해결할 수 없다.

오히려 현 정부처럼 부동산 거품을 억지로 유지하면 유지할수록 경제 전체적으로는 막대한 기회비용이 누적된다. 현 정부는 단기 충격을 최소회한다는 명목으로 장래 돌아올 한국 경제의 충격을 최대화하고 있다. 물론 부동산 거품이 붕괴될 경우 상위 5%의 부동산 부자들과 상투를 잡은 가계의 일시적 손실은 상당히 클 것이다. 하지만 거품 해소로 경제 전체의 기회비용을 줄이는 것에 비하면 결코 큰 충격이라고 할 수 없다. 고비용 저효율 구조, 자산 및 소득 양극화, 성장 잠재력 고갈, 막대한 가계 부채로 인한 내수 침체, 미래 세대를 위한 자원 낭비 등의 폐해가 계속 누적된다고 생각해보라. 현재의 부동산 거품을 유지할 수도 없겠지만, 기득권의 힘으로 억지로 이를 유지하더라도 한국 경제는 속에서부터 무너질 수밖에 없다. 따라서 정부는 억지로 집값을 떠받치기보다는 자산 시장에서 정상적으로 주택이 거래되도록 해 집값이 떨어지도록 해야 한다. 그렇게 해서 집값이 바닥을 찾고 투기 수요가 아닌, 유효수요가 살아나도록 하는 것이 현 정부가 그토록 원하는 부동산 경기를 가장 빨리 활성화하는 방법이다.

일부에서는 1990년대 일본 부동산 버블 붕괴 사례를 거론하며 연착륙론을 부르짖는다. 물론 일본이 장기 불황에 빠지게 된 요인에는 버블 붕괴에 따른 충격도 있다. 하지만, 그보다는 부실 기업과 금융 기관의 부실 채권을 제때 구조조정하지 않은 탓이 훨씬 크다. 이웃 나라의 부동산 거품 붕괴 사례에서 잘못 배워서는 안 된다.

제언 2, 진짜 반값 아파트 어떻게 만들까

이른바 '반값 아파트'라고 불리는 '토지 임대부 분양 주택 공급 촉진을 위한 특별조치법'이 2009년 상반기 국회를 통과해 시행에 들어갔다. 이 법안은 한나라당 홍준표 원내대표가 발의한 것이다. 토지 임대부 분양 방식이란 대지는 국가 또는 토공 등 공공단체가 갖고 그 대지 위에 집을 지어 개인에게 분양하도록 하는 것이다. 이 경우 사람들은 아파트 건물만 소유하고 대지에 대해 임대료를 내게 된다. 쉽게 말하면 일반인들은 아파트 건물에 대한 지분만 소유하고 대지에 대한 소유권 없이 월세를 내는 식이다. 이런 점에서 토지 임대부 분양은 주거 비용을 싸게 해주는 방식이 아니다.

바로 이런 이유 때문에 반값 아파트 방식은 '반쪽 사과'라는 비판이 나오는 것이다.

더구나 토지 임대부 분양 주택은 주택을 분양받은 사람이 소유권을 행사할 수 있도록 되어 있다. 이런 점에서 시세 차익을 노리는 투기를 억제하는 효과도 없다. 경우에 따라서는 오히려 투기를 조장할 수도 있다. 토지 임대부 분양 방식의 경우 토지에 대한 토공의 권리 행사는 제한되는 반면 주택에 대한 시세 차익이 발생할 경우 그 권리는 주택 소유자가 일방적으로 행사할 가능성이 높기 때문이다.

또한 가치가 그대로 보전되는 토지와 달리 시간이 갈수록 주택 가치는 감소할 수밖에 없다. 이 경우 10년, 20년 후에 주택을 전매한다고 할 때 시세는 어떻게 나누어야 할까? 또 40년 후에 건물의 내구연한이 다 되어 건물 가치가 0이 된다고 하면 그때 주택 소유주의 권한을 어느 정도 인정해야 할까? 결국 토지 임대부 분양 주택을 매매할 경우 토지 가격 및 시세 차익 배분과 관련해 극심한 혼란과 분쟁이 생기지 않을 수 없다.

더구나 토지 임대부 분양 주택은 이미 수십 년 전 서울시 시유지에 지은 서울 회현동이나 용강동 시민아파트 사례를 볼 때 실패할 수밖에 없음이 드러났다. 시유지에 지어진 이들 시민아파트가 최근 헐리면서 이곳의 주민들은 서울시에 특별 분양권을 요구해 결국 받아냈다. 그런데 만약 수천, 수만 호의 토지 임대부 분양 주택이 수십 년 후 헐리게 되면 그때도 해당 주민들에게 특별 분양권을 나눠주며 사태를 무마할 것인가. 홍준표 의원이야 당장 '반값 아파트' 구호로 정치적 인기를 얻으면 그만일지 모르지만, 수십 년 후 파장은 결국 고스란히 국민의 부담으로 돌아오게 된다.

사실 홍준표 의원의 그간 행태를 생각하면 토지 임대부 분양 방식의 미래는 쉽게 미루어 짐작할 수 있다. 홍준표 의원은 2008년 총선 이후 당분간 뉴타운을 추가 지정하지 않겠다는 오세훈 서울 시장에 맞서 뉴타운을 추가 지정하라고 강력히 압박한 대표적 인물이다. 당시 홍준표 의원은 "뉴타운은 원래 주거 환경 개선을 통해 집값을 올리기 위한 사업"이라고 주장했다. 그는 또 "뉴타운을 개발하면 부동산값이 오르는 것은 당연하다"고 했다. 이는 그가 주택 정책의 목표에 대한 최소한의 인식조차 갖지 않고 있음을 단적으로 보여주는 발언이다.

정부가 추구해야 할 주택 정책의 기본 목표는 서민의 주거 안정과 집값 안정이라고 할 수 있다. 이 같은 주택 정책의 목표를 달성하기 위해서는 무주택 서민들에게 주거비를 보조해주거나 주택 융자금을 지원해주는 제도 등이 있을 수 있다. 하지만 가장 효과적이면서도 비중이 큰 사업은 역시 주택 공급 정책이다.

집값을 올려 시민들의 불로소득을 늘리는 것이 공공 주택 정책의 목표인 것처럼 주장하는 사람이 여당의 중진이라니 한심할 뿐이다. 주택 정책의 목표가 무엇인지도 제대로 이해하지 못하고 지역 유권자들의 탐욕만 부추기는데 급급할 뿐이다. 이런 홍준표 의원이 집권 여당의 원내대표라는 것은 지난 몇 년 동안 한국의 부동산 정책이 왜 실패에 실패를 거듭했는지를 단적으로 보여주는 증거라고 할 수 있다.

올바른 주택 정책이라면 한국 경제·사회의 구조적 변화에 선제적으로 대응해야 한다. 지난 7~8년 동안 잔뜩 부풀어 올랐던 부동산 투기 버블이 붕괴하고 성장 잠재력이 바닥나다시피 한 상태에서 한국 사회는 저출산 고령화와 극심한 양극화 현상을 겪고 있다. 이 같은 상황에 선제적으로 대응하지 못하면 한국 경제는 활력을 회복하기 어려울 것이다. 따라서 주택 정책은 이 같은 장기 경제 성장 정책의 한 부분으로서 기능해야 한다.

이 같은 경제 구조의 변화에 대응하기 위해 정부와 정치권은 소유보다 활용 위주의 주택 공급을 확대해 국민들이 저렴하게 쾌적한 주거 생활을 누릴 수 있도록 해야 한다. 이를 위해 양질의 장기 임대 아파트(임대 주택에는 전세 주택까지 포함) 공급을 획기적으로 늘려야 한다. 선진국의 공공 임대 주택 재고 수준인 20% 전후 수준까지 공공 임대 주택을 지속적으로 공급할 필요가 있다. 동시에 민간 부문에선 거래 투명성과 보유세 합리화를 선진국 수준으로 현실화하는 것을 전제로 시장의 자율에 맡기는 것이 바람직하다.

흔히 공영 개발 장기 임대 주택의 입주 조건은 저소득층 서민으로만 한정해야 한다고 주장하는데 그럴 필요는 없다. 무주택 중산층까지 범위를 점진적으로 확대할 필요가 있다. 주택을 보유한 은퇴한 고령자가 쾌적한 장기 임대 주택에 입주하여 안심하고 살 수 있다면 자신이 보유한 주택을 매각하고 장기 임대 주택에 입주하려 할 것이다. 그렇게 되면 이들 고령자를 위한 사회보장비용 부담이 줄어들 뿐만 아니라 주택 시장에 매물이 늘어나 실질적인 주택 공급 증가로 이어져 주택 가격도 안정된다. 기존 주택의 활용도도 높아져 경제 전체적으로 과다한 자원을 주택에 낭비하는 것도 줄일 수 있다.

가상의 예를 들어 생각해보자. 은퇴한 60대 부부가 30평대 5억 원짜리 아파트에 사는 경우와 1억 5000만 원짜리 장기 전세 주택에 사는 경우를 가정해보자. 장기 전세 주택에 살면 노부부는 5억 원짜리 아파트에 살 경우에 비해 3억 5000만 원의 여윳돈이 생긴다. 이 경우 노부부는 이 여윳돈을 적극적으로 지출할 수 있고, 건강 유지 등에 쓸 돈도 늘어난다. 이런 주택 정책이 정착되면 국민 경제 전체적으로 노령 인구가 증가한 데 따른 소비 위축 효과가 줄어든다. 또한 노후 세대가 자력으로 건강을 돌보고 노후를 대비할 수 있는 재정적 여력이 생겨 정부의 복지 부담이 줄어든다.

공영 개발 장기 임대 주택 공급을 늘리는 것은 주택 보급률과 주택 소유율을 동시에 높여줄 뿐만 아니라 건설 물량을 늘린다는 점에서 건설 경기 활성화에도 반하지 않는다. 더구나 판교에서와 같은 로또식 투기판을 조장하지 않을 뿐만 아니라 주택 매매 수요의 상당 부분을 흡수할 수 있다는 점에서 주택 가격 폭등기에 매우 뛰어난 가격 안정화(price stabilizer) 장치로 기능할 수 있다. 따라서 공영 개발 장기 임대 주택의 공급 확대가 대규모로 이루어지면 부동산 가격은 매우 빠르게 하향 안정세를 찾게 될 것이다. 이 같은 추세가 장기간 지속되어 부동산 가격이 적정 수준에 도달하면 상황에 따라 그때 그때 장기 임대 아파트를 실수요자인 입주자를 중심으로 시가에 분양함으로써 주택 소유율을 높일 수 있다. 그렇게 되면 민간 부문의 주택 가격도 공공 부문의 주택 가격에 수렴할 것이다.

그러면 공공 주택 공급의 목표를 달성할 수 있는 쾌적하면서도 저렴한 장기 임대 주택은 어떻게 해야 공급할 수 있을까.

진짜 반값 아파트를 공급할 수 있는 단서는 현행 공공 택지 및 신도시 개발 사업 과정에서 발생하는 막대한 개발 이익이 배분되는 구조에 있다. 지금까지 공공 택지와 신도시에서 공동 주택이 공급되는 과정에서 발생하는 개발 이익은 땅주인과 거주자, 개발 공기업(토공, 주공 및 각 지방개발공사), 시행사, 설계사, 시공사 및 투기 세력 등에게 배분돼 왔다. 이들 공공 택지나 신도시 지역에서 공급돼온 분양 주택의 분양가 가운데 택지비와 건축비가 전체의 90%가량을 차지한다. 그런데 정부는 지금까지 이 같은 막대한 개발 이익을 흡수해 저렴한 공공 주택을 공급하기보다는 공기업과 건설업체, 투기세력 등에게 개발 이익이 돌아가도록 방치했다. 그렇게 해서 분양가가 높아지면 여론 무마용으로 분양가를 주변 시세보다 낮게 책정해 주택을 분양받은 당첨자들이 로또에 당첨된 것처럼 일시에 큰 이익을 얻을 수 있다는 환상을 심어줌으로써 투기를 조장했다. 이렇듯 비정상적으로 배분돼온 개발 이익 전부를 흡수해 공공 임대 주택의 임대료 인하로 환원한다면 깜짝 놀랄 정도로 저렴한 임대료로도 충분히 사업성을 확보할 수 있다.

정부가 별도의 대규모 재정을 들이지 않고 공공 영구 임대 사업을 할 수 있는 방안을 구체적으로 설명해보자. 먼저 국민연금이나 국민주택기금 같은 공공 기금 등 공익 사업자 또는 장기 임대 주택 사업에 투자할 의향을 가진 은행, 증권사, REITs(부동산투자신탁), 보험사 등 민간 투자 기관 등을 공익 사업자로 정부가 지정한다. 그리고 민간 건설업체는 공공이나 민간의 공익 사업자가 발주하는 주택 건설 공사만을 맡아 공급하면 된다. 이렇게 하면 기존의 '정부 택지 개발→건설업체 분양→주택 시공'이라는 선분양 구조에서 지금까지 건설업체가 금융 조달과 주택 시공 기능을 동시에 수행하던 문제점도 해결할 수 있다. 즉 투자 재원 확보는 공익 사업자인 금융 투자 기관이, 주택 건설은 건설업체가 분담함으로써 장기 임대 주택을 대량 공급할 수 있게 되는 것이다. 공익 사업자는 건설업체에 발주한 주택 건설 단가를 낮추고 품질 관리를 더욱 효과적으로 할 수 있는 장점도 있다.

판교 신도시의 경우를 예로 들어보자. 2006년 1차 분양 당시 판교 신도시에 공급되는 2만 5000가구의 아파트를 전부 분양할 경우 개발 비용은 6조 원, 분양가는 8조 원(택지비 5조 원＋건축비 3조 원)가량으로 추정됐다. 당시 분당 지역의 시세를 기준으로 한 판교 신도시 2만 5000가구의 총시세는 13조 원가량으로 추산됐다. 이 경우, 판교 신도시에서 발생하는 개발이익은 주택 건설 개발 이익 2조 원(분양가 8조 원-개발 비용 6조 원)과 분양 시세 차익 6조 원(13조 원-8조 원)의 합계인 8조 원이 된다.

공익 사업자로 지정받은 금융 투자 기관 등은 전체 개발 비용 6조 원의 투자 재원을 투입해 판교 신도시에 공급되는 전체 장기 임대 주택을 소유한다. 그리고 개발 이익 8조 원을 장기 임대 주택에 입주하는 무주택 서민들의 임대료를 인하해 환원해주는 것이다. 공익 사업자인 투자 기관은 자신들이 투자한 6조 원에 대한 적정 투자 수익률만 확보하면 된다. 이렇게 하면 정부는 민간 금융 기관 등의 투자 재원을 활용해 충분히 저렴한 임대료의 장기 임대 주택 공급을 확대할 수 있고 건설업체는 적정 마진을 보장받는 주택 건설 물량을 확보할 수 있다. 모두가 윈-윈(win-win)하는 사업 구조인 것이다.

공익 사업자로 국민연금기금을 가정하여 장기 임대 주택의 사업성에 대해 구체적인 시나리오 분석을 해보자.

2006년 당시 국민연금 전체의 평균 투자 수익률은 5% 정도다. 이를 바탕으로 공익 사업자인 국민연금의 장기 임대 주택 투자 수익률을 5%로 간주하고, 은행 예금 이자율은 4%로 가정하자. 공익 사업자의 평균 투자 수익률과 예금 이자율은 상호 연동하는 관계로, 경기 사정에 따라 바뀔 수 있는 변수다. 즉 은행의 예금 이자율이 높아지면 공익 사업자의 평균 투자 수익률도 높아지고, 반대로 이자율이 낮아지면 평균 투자 수익률도 낮아지는 구조다. 논란이 있을 수 있으나 여기서는 판교 신도시 지역의 아파트 매매가 및 전세가는 분당 지역과 동일한 것으로 가정한다. 이 같은 조건하에서 집값을 얼마나 낮출 수 있을까.

자세한 계산 과정은 생략하고 결과만 소개하면, 판교 신도시 32평형 아파트의 경우 택지비 2560만 원에 건축비 8000만 원을 더한 다음 감리비와 설계비 등 기타 비용 10% 정도를 감안할 경우 32평형 아파트의 분양가는 1억 1616만 원이면 충분하다. 이를 바탕으로 국민연금 등 공익 사업자가 장기 임대 주택 사업을 전개할 경우 〈그림 1〉에서 확인할 수 있는 것처럼 막대한 임대 사업 수익이 발생한다. 국민연금은 장기 임대 주택을 소유하는 순간 곧바로 4억 3919만 원의 시세 차익을 누릴 수 있다. 이를 임대료로 환원할 경우 이론적으로는 국민연금이 입주자에게 임대료를 받는 것이 아니라 월 134만 6000원까지 생활비를 지급해도 손해가 나지 않는다.

이 경우 정부는 입주자에게 받는 저렴한 수준의 임대료까지 합쳐 지속적으로 장기 임대 주택 사업을 확대해갈 기금을 축적할 수 있다. 또는 여기에서 발생하는 재원을 축적해 장기 임대 주택에 입주하는 혜택을 받지 못하는 저소득층을 대상으로 상당액의 주거 보조비를 매월 지급할 수도 있다. 이 재원을 바탕으로 집값이 대폭 하락해 시세 차익이 줄어든다고 해도 여전히 임대 주택 사업을 지속할 수 있다.

이론적으로는 주변 시세가 1억 5000만 원까지 떨어져도 이 같은 임대 사업이 성립 가능하다. 주변의 주택 시세가 떨어지면 일반적으로 용지 보상비 또한 떨어져 분양 원가를 더욱 낮출 수 있다는 점을 감안하지 않더라도 그렇다. 설사 시세가 1억 5000만 원 이하

(시나리오 3) 32평형 – 택지비·건축비 최소화할 경우
- 2006년 4월 초 현재 분당 지역 32평형
    평당 매매가 1735만 원
    평당 전세가 694만 원
- 판교 지역의 32평형 아파트 평균 시세 예상치
    평균 매매가 5억 5536만 원
    평균 전세가 2억 2210만 원(매매가의 40%)
- 32평 기준 총분양가=1억 1616만 원

사업성 분석
① 국민연금의 투자 수익(투자수익률 5% 기준)
    1억 1616만 원 × 5%=581만 원(월 환산 48만 4000원)
② 국민연금의 시세 차익
    5억 5535만 원 – 1억 1616만 원 = 4억 3919만 원
③ 시세차익의 현금 흐름등가(cash-flow eauivalent) 환산치
    4억 3919만 원 – D/5% → D = 2196만 원
④ **시세차익을 임대료 인하로 환원할 경우 입주자의 임대료**
    581만 원-2196만 원= -1615만 원(월 -134만 6000원)
⑤ 입주자의 시세 기준 전세 임대료(은행 예금금리 4% 가정)
    2억 2210만 원 × 4% = 888만 4000원(월 74만 원)
⑥ 입주자 혜택
    888만 4000원 – (– 1615만 원)=2503만 4000원(월 208만 6000원)

(주) KSERI 작성

로 떨어진다고 해도 이는 집값 안정이 필요 없을 만큼 시세가 충분히 낮아졌다는 것을 의미한다. 따라서 적절한 기준에 따라 국민연금이 임대 주택을 주택 시장에 매매용으로 내놓아 차익을 실현하도록 하면 된다.

지금껏 본 것처럼 정부와 정치권이 공공 주택 정책의 목표를 분명히 하고 공익성을 강화하면서 그 목표를 달성할 최적의 방법을 찾는다면 저렴하고 쾌적한 장기 임대 주택을 얼마든지 공급할 수 있다. 물론 이 같은 사업 구조를 만들기 위해서는 공익 사업자에 대한 법적 근거 마련과 토지 보상, 감정 평가, 감리 제도, 금융 기관 공사 보증 제도, 하도급 구조, 건설업역 제도 등 건설 산업 제도 전반의 개혁이 병행돼야 한다. 하지만 현 정부는 그럴 의지도, 그래야 한다는 문제의식조차도 없어 보여 안타깝다.

제언 3, 똑똑한 경기 부양책을 쓰자

부동산 거품을 빼고 삽질 경제를 버리자고 하면 "경기 부양을 하지 말자는 얘기냐"고 반문을 하는 사람들이 있다. 여전히 "경기 부양은 토건 사업으로 한다"는 삽질 경제학의 공식에 사로잡혀 있는 이들이다.

현재처럼 경제가 급속히 가라앉은 상황에서 당장 발등의 급한 불은 꺼야 하기에 일정한 수준의 경기 부양은 필요하다. 문제는 지원 대상과 구체적인 방법이다. 우선, 버블 붕괴로 발생한 경제 위기 때 버블을 초래한 산업에 자원을 쏟아붓는 것은 '밑 빠진 독에 물 붓기'가 될 가능성이 높다. 오히려 문제만 더 키울 뿐이다. 왜 그런가. 지금 상황에서 건설 경기를 부양하는 것은 부동산 거품기 동안 그 수가 급격히 늘어난 건설업체들을 국민의 세금으로 모두 먹여 살리겠다는 의미다. 외환위기 이전에 비해 부동산 거품기에 세 배 이상 늘어난 건설업체 수는 현재 거의 그대로 유지되고 있다. 부동산 거품기에 잔뜩 늘어난 건설업체들을 국민경제 전체가 언제까지 먹여 살릴 수는 없다. 그런데 지금 그들 가운데 자신들의 잘못된 경영 판단과 무리한 사업 욕심에 대해 시장의 냉정한 회초리를 맞은 곳이 얼마나 있는가.

부동산 버블이 붕괴하면서 미분양 물량 급증 등으로 부도 위기에 처한 건설사들도 있다. 그런 건설업체들에 대해서는 경영상 자구 노력을 우선하게 하는 것이 원칙이다. 또 미분양 물량 급증은 건설업체의 터무니없는 고분양가 전략이나 주택 수급 사정을 제대로 고려하지 않고 공급 물량을 주먹구구식으로 늘려온 정부의 정책 실패의 책임이 크다. 그런 점에서 문제의 본질에 대한 제대로 된 접근은 외면한 채 정책 실패와 건설업체들의 잘못된 분양 전략이 빚어낸 건설업체의 위기를 국민의 세금으로 도와주는 것은 형평에도 맞지 않는다.

국내외의 악화된 경제 상황 때문에 고통 받는 것은 건설업계 뿐만이 아니다. 자영업자와 제조 중소기업, 저소득 계층 등 우선순위를 가리기 힘들 정도로 어려움을 겪고 있는 곳이 적지 않다. 더구나 이들은 부동산 거품이 부풀어 오른 데 대한 책임은 없이 거품 붕괴의 유탄을 맞고 있다. 그렇다면 건설업계 등에는 자체 구조조정을 우선적으로 진행토록 하고, 유탄을 맞아 고통 받는 계층부터 지원하는 게 우선이다. 그런데 정부는 당장 돈이 필요한 저소득층과 경제 위기에 시달리는 자영업자들과 비정규직은 외면하고 실현된 적이 없는 '낙수 효과(Trickle-down effect)'를 들먹이며 부동산 부자와 건설업체의 복지에 힘쓰느라 정신이 없다. 도대체 건설업계를 정부가 최우선적으로 도와야 하는 이유가 어디에 있는가. 정부는 건설업계와 조선·해운·금융권 등에 무제한 지원책을 쏟아내고 나서는 다른 한편에서는 구조조정 압력을 넣고 있다. 조금만 앓는 소리를 하면 정부가 마구잡이 지원책을 쏟아내는데 구조조정에 나설 기업이 어디 있는가.

더구나 현 정부는 막대한 적자 예산을 편성하면서도 상류층 가계와 대기업에 집중적으로 혜택이 돌아가는 감세안을 동시에 추진했다. 스스로 '작은 정부론'을 내세워 예산 낭비를 없앤다고 떠들면서도 다른 쪽에서는 낭비성 예산들을 무더기로 만들고 있다. 실제로 현 정부는 2008년 예산 대비 20%에 이르는 재정 적자를 일으키며 경기 부양을 실시하고 있는데, 이는 10%도 안 되는 다른 나라에 비해 유례없는 수준이다. 향후 재정 건전성이야 어찌 되든 당장 미래의 국가 재원까지 끌어와 자신과 지지층을 위해 생색내는 일에만 전념하고 있는 것이다.

정부와 언론은 "부동산 거품이 꺼지면 서민들이 더 큰 피해를 본다"며 부동산과 건설 경기 부양을 합리화하고 있다. 물론 경기 침체에 따른 충격은 불가피하겠지만, 부동산과 건설 경기 부양에 쏟는 돈의 절반만 저소득 취약 계층에게 제대로 쓴다면 그들의 고통을 크게 덜 수 있을 것이다. 정부와 언론의 주장은 부동산 및 건설 경기 부양책을 합리화하기 위한 핑계일 뿐이다. 오히려 '건설업계 복지'에 퍼붓는 예산을 아껴서 명확한 원칙과 기준에 따라 고통받는 가계와 기업들을 지원하는 것이 바람직하다.

그런 점에서 다른 나라의 경기 부양책을 살펴보는 것은 좋은 참고가 될 것이다. 아직 SOC 인프라가 절대적으로 부족한 중국을 제외하고 일본과 영국, 미국 등 대부분의 국가가 시행하는 경기 부양책은 한국과 그 내용이 다르다.

우선, 일본의 경우 대부분 중소기업과 서민, 저소득층 생활 지원 대책으로 채워진 '생활 대책'을 마련해 시행하고 있다. 영국의 경우는 간접세인 부가가치세의 세율을 현행 17.5%에서 15%로 인하해 서민들의 소비를 진작하는 반면 고소득자들에 대한 소득세는 늘리기로 했다. 또한 자녀 양육 수당 인상과 연금 수급자에 대한 보너스 지급 등 서민 생활 지원 대책을 경기 부양책의 뼈대로 하고 있다. 물론 영국의 경우에도 막대한 재정 적자 부담을 고려하지 않은 선심성 예산이라는 비판이 나라 안에서 나오고 있지만, 적어도 한국 정부처럼 가난한 사람들의 세금으로 부자들의 세금을 감면해주는 '거꾸로 로빈 후드 감세'는 아닌 셈이다.

현 정부가 여론을 호도하기 위해 끌어댄 미국 오바마 행정부의 '신 뉴딜 정책' 또는 '그린 뉴딜 정책'의 내용도 뜯어보면 현 정부와는 크게 다르다. 오바마 차기 행정부는 하이브리드카 생산, 신재생에너지 산업 육성, 에너지 고효율 주택 건설 등 소위 녹색 산업에서 새로운 성장 동력을 찾으려 하고 있다. 경기 침체에 대응하는 노력이 미래를 위한 투자로 이어지도록 하겠다는 생각이 고스란히 담겨 있는 것이다. 이를 위해 미국은 앞으로 10년 동안 1500억 달러를 투자해 에너지와 환경 분야에서 500만 개의 일자리를 창출하겠다는 계획을 세웠다. 이에 더해 의료 복지와 노후한 학교 시설 보수, '인터넷 창안국'인 미국의 위상에 한참 못 미치는 초고속 인터넷망 확충 등을 신뉴딜정책의 주요 내용으로 언급하고 있다. 한국식 건설·토목 사업 예산이라고 해봤자 노후한 도로와 교량의 유지·보수 작업 정도에 그친다. 이는 사람에 비유할 경우 시설물 상당수가 노후기에 들어가 있기에 시설물의 수명을 늘리기 위해 꼭 필요한 투자라고 할 수 있다. 한국처럼 무차별적으로 토건 사업을 벌여 재정을 탕진하는 경우와는 다르다.

또한 오바마 행정부가 추진하고 있는 경기 부양책에서 주목해야 할 부분은 이 같은 신 뉴딜 정책을 추진하는데 있어서 낭비성 짙은 기존 예산들을 원점에서 다시 검토하고 추가적인 재원 확대를 가급적 최소화했다는 것이다. 불필요한 일을 줄이고, 필요한 일을 하는 '똑똑한 정부(smart government)'를 만들겠다는 것이다. 물론 현실적으로는 어려운 일이지만, 적어도 현 정부처럼 돈을 써야 할 곳과 말아야 할 곳을 분간도 못 하는 것과는 차원이 다르다.

　이명박 정부가 오바마 행정부를 따라 미래 성장 잠재력 확충에 기여하는 방향으로 경기를 부양하겠다며 2009년 초 발표한 '녹색 뉴딜'의 내용도 어처구니없기는 마찬가지다. 녹색 뉴딜 사업은 대부분 환경에 큰 부담을 주는 회색 콘크리트 토목 사업이다. 더구나 4대 강 사업과 경인 운하 사업의 환경 영향 평가부터 요식 절차로 만드는 상황은 모순 그 자체다. 가뭄을 핑계로 댐부터 더 짓겠다는 발상도 마찬가지다. 40%가 넘는 원자력의 전력 생산 비중을 늘리겠다며 원전 증설 계획을 발표하고, 철도에는 과소 투자하면서 자동차 도로에 과다 투자해 자동차 이용을 늘리는 것도 이해하기 어렵다. 녹색 성장을 하겠다고 하지만, 그 구체적 방식은 개발 연대의 삽질 경제에서 전혀 벗어나지 못하고 있다.

　자동차업계를 지원하는 방식만 봐도 한국 정부의 정책이 얼마나 잘못됐는지 알 수 있다. 오바마 행정부는 자동차 빅3 업체에 친환경 차량 기술 개발 자금을 저리에 융자하는 방식으로 구제금융을 지원했다. 자동차업계 지원을 친환경 기술 개발과 연계한 것이다. 신차 구입을 지원하는 조건도 한국과는 다르다. 미국 정부는 중고차 보유자가 에너지 효율이 높은 신차를 구입하는 것을 조건으로 대당 최고 4500달러까지 보조금을 지원했다. 반면 현 정부는 고가의 대형차일수록 세금 감면 혜택을 많이 받는 신차 구매 지원 방안을 내놓았다. 고가 대형차일수록 연비가 대체로 낮다. 또 그런 고가 대형차를 구매할 수 있는 소득계층은 주로 고소득층이다. 현 정부의 지원책은 녹색 성장과 정반대 방향으로 갈 뿐만 아니라 자동차업계와 고소득층에게 대부분의 혜택이 돌아가는 방안이다.

뿐만 아니라 현 정부는 지난 정부부터 해오던 태양광 발전 지원 사업을 정부 출범 초기 축소하더니 이제 와 녹색 성장을 부르짖으며 다시 부활시켰다. 또 벤처 기업이 만든 전기차가 도로를 주행할 수 없는 법제는 그대로 두고 녹색 성장을 부르짖고 있다. 이런 식의 엇박자 정책과 주먹구구식 우왕좌왕 정책 추진으로는 그 한계가 명확하다.

이처럼 뒤죽박죽 혼란상이 계속되니 담당 관료들부터가 "도대체 녹색 성장이 뭘 의미하는지 모르겠다"고 털어놓을 정도다. 이런 상황에서 당장 드러나는 것은 이른바 '녹색 성장주 테마' 라는 주가 거품뿐이다. 지금 우리에게 필요한 것은 '무늬만 녹색' 이 아닌 진짜 녹색 성장이다. 그리고 건설업체에 퍼주는 토건 경기 부양책이 아닌, 현재 서민층의 고통을 덜고 미래를 전략적으로 대비하는 똑똑한 경기 부양책이다.

제언 4, 콘크리트 대신 사람에 투자하라

이제 무분별하게 콘크리트에 퍼붓던 돈을 사람에게 투자해야 한다. 미래는 지식 정보화 시대, 창의 경제 시대다. 지식을 생산하고 정보를 가공하고 창의성을 발휘하는 주체는 사람이다. 이를 위해서는 사람에게 투자해야 한다. 그런데 인구 규모를 감안한 지표인 학생 1인당 공교육 지출 비중을 보면 한국은 초중등 과정과 대학 과정 모두 OECD 하위권이라고 이미 설명했다. 교육뿐만 아니라 인적자원을 키우는 데 필요한 문화·복지 예산 등이 모두 OECD 최하위 수준이다.

이런 상황에서 현 정부는 인적자원 예산을 오히려 줄이고 있다. 노무현 정부 때 마련된 2007~2011년 재정 운용 계획에서 인적자원 개발 예산은 연 평균 5.5% 늘어나는 것으로 돼 있었으나, 현 정부 들어 마련된 2008~2011년 재정 운용 계획에서는 같은 예산의 증가율이 4.9%로 하향 조정됐다.

지금처럼 콘크리트에 투자하느라 사람에 투자하지 않는 구조로는 선진 경제를 이룰 수 없다. 산업연구원조차 건설·토목 사업 위주의 경기 부양책보다 교육보건 위주의 사업이 더 효과적이라는 연구결과를 내놓았음은 앞에서 이미 설명했다. 이처럼 국책연구소조차 인정할 정도로 한국 경제가 투자해야 할 방향은 이미 정해져 있다.

이제는 모두가 저렴한 비용으로 누릴 수 있는 질 좋은 교육을 만들어야 한다. 초중고 과정에서는 살인적인 입시 경쟁에서 벗어나 창의성을 강화하는 교육을 만들고, '경쟁의 무풍지대'인 대학에서 경쟁하도록 해야 한다. 우리 아이들이 마음껏 몸과 마음을 키울 수 있는 더 많은 도서관을, 더 많은 문화 공연장을, 더 많은 체육 시설을 만들어야 한다. 건물만 짓는 것이 아니라 양질의 도서를 비치하고 좋은 문화 및 체육 프로그램을 운영해야 한다. 이를 위해 뛰어난 프로그램 진행자와 독서 지도사와 트레이너들을 고용해야 한다. 그렇게 해야 콘크리트로 만들어진 딱딱한 사회가 아니라 아이들의 두뇌처럼 부드러운 사회를 만들 수 있다. 대한민국의 미래를 밝히는 가장 좋은 방법은 우리 자녀들의 능력을 키우는 데 투자하는 것이다.

제언 5, 과로 체제에서 벗어나자

개발연대는 노동의 질보다는 노동의 양이 중요한 시대였다. 한국의 개발연대는 주로 자본 집약적 경제 성장을 하던 시기였다. 당시 해외 차관으로 기계를 도입해 지은 공장에서 필요한 인력은 단순 기능 인력이었다. 각종 토건 사업도 대부분 현장의 육체노동에 의존했다. 대기업조차 전문 기술 인력보다는 '수출 전사'의 역할을 담당할 상업·기능 인력을 양산하는 데 초점을 뒀다. 즉, 개발연대 시기의 인력은 기술적 전문성이나 기획 능력, 창의력을 계발하고 발휘하기보다는 표준화된 작업이나 업무를 주어진 시간 내에 최대한 많이 처리하는 것이 중요했다.

하지만 이제는 노동의 양보다는 질이, 양질의 지식 노동자의 가치가 빛을 발하는 지식 정보화 시대가 됐다. 그런데도 한국의 인력 활용은 삽질 경제 시대에 형성된 틀을 거의 벗어나지 못하고 여전히 노동 착취적 성격을 띠고 있다. 이를 단적으로 보여주는 지표가 노동자 전체의 평균 노동 시간이다. 2007년 기준으로 한국은 2316시간으로 OECD 회원국 가운데 최장 노동 시간을 기록하고 있다. 물론 1998년에 비해 주 5일제 도입과 시간제 고용 등의 증가로 평균 노동 시간이 180시간 줄었지만 OECD 회원국에 비해 월등히 높은 과로 근로에 시달리고 있다. 한국의 평균 노동 시간은 OECD 회원국 평균인 1768시간보다 연간 무려 548시간이나 많은 것이며, 자신들을 '일벌레'라고 자조하는 일본의 1785시간과 미국의 1794시간 등에 비해서도 500시간 이상 더 일하고 있는 것이다.

이처럼 한국의 평균 노동 시간이 OECD 선진국에 비하면 압도적으로 높은 까닭은 되도록 고용을 줄이면서 개발연대처럼 초과 근무로 생산력을 증대하려는 잘못된 고용 정책이 지속되고 있기 때문이다. 한국의 전근대적인 '주인-머슴론'의 고용 풍토에서 비롯됐다고도 할 수도 있다. 이런 현상은 경제 위기에 직면하여 '일자리 나누기'라는 미명하에 가장 먼저 인력을 감축하고 급여를 삭감하는 한국 정부와 재벌 기업들의 행태에서도 확인할 수 있다. 사람이 제일 먼저 일자리에서 쫓겨나며 사람이 제일 먼저 헐값이 되는 경제인 것이다. OECD 회원국 중에서 사람을 제일 사람답게 취급하지 않고 소중하게 여기지 않는 왜곡된 경제라고 할 수 있다.

사람을 가능한 한 적게 고용하여 장시간 쥐어짜는 식으로 과다한 일을 시키는 고용 구조에서는 근로자들이 현장 지식이나 전문적 지식을 축적하고 자기 계발을 할 수 없다. 배우지 못하고 자기 계발을 할 수 없으니 당연히 창의성도 기대하기 어렵다. 21세기 세계경제가 지식 정보화 사회, 창의 경제로 전환해가고 있는 마당에 이같이 잘못된 고용 문화로는 절대로 경쟁력을 확보할 수 없다.

이번에는, 미국의 1인당 GDP 대비 OECD 회원국의 1인당 GDP 비율과 미국의 노동 활용 효과 대비 OECD 회원국의 노동 활용 효과 비율을 살펴보기로 하자. 〈그림 1〉에서 2007년 기준으로 미국의 1인당 GDP를 100으로 할 경우 OECD 1인당 평균 GDP는 72로 나타나는 데 비해 한국은 55로 OECD 평균을 훨씬 밑돈다. 또 미국의 노동자 1명을 활용할 경우의 효과를 100으로 할 경우 OECD 평균은 72, 한국은 42로 나타나 노동자 1명의 활용도가 OECD 회원국들에 비해 크게 낮다.

이는 한국 경제가 OECD 선진국과는 달리 노동을 고부가 가치화하여 경제 성장을 이룩하는 경제로 아직 전환하지 못했음을 강력히 시사한다. 즉 한국 경제는 노동력의 최소 고용과 과로 노동으로 양적 성장을 하는 개발연대의 성장 패러다임에서 여전히 벗어나지 못하고 있다. 한국 경제는 미국 등 선진국 경제가 노동의 질을 향상시킴으로써 고용을 늘리고 노동 시간을 줄이는 동시에 경제 성장을 하는 고부가 지식 노동 집약형의 첨단 경제 구조로 진입하지 못하고 있는 것이다. 노동 및 고용 구조가 이처럼 고부가 지식 집약형 경제시대에 적응하지 못하고 여전히 삽질 경제식 개

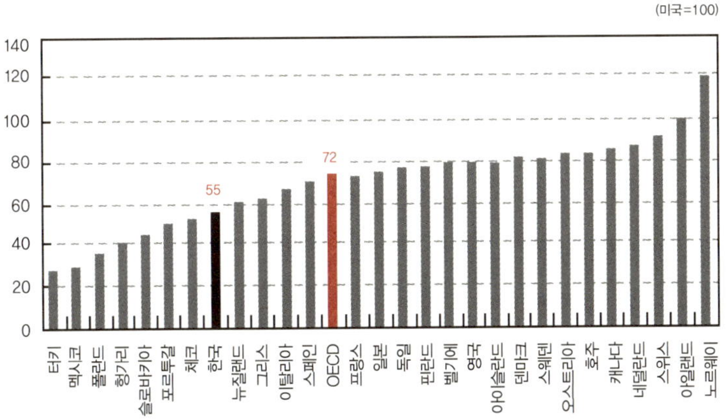

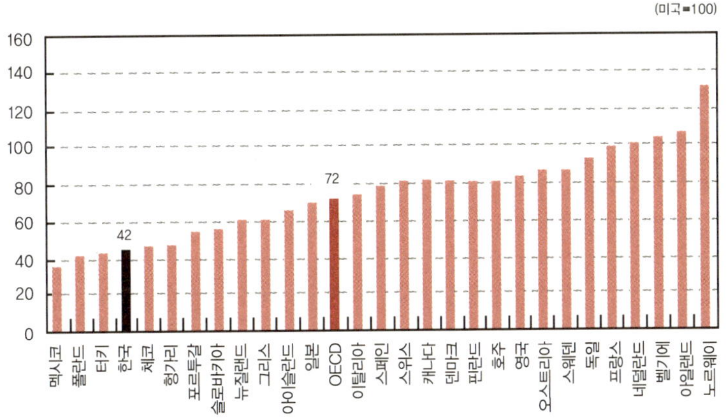

(주) OECD 자료로부터 KSERI 작성

OECD는 전체 또는 평균을 나타냄

발연대의 족쇄에 사로잡혀 있는 한 한국 경제의 도약을 기약하기
는 어렵다.

제언 6, 공정한 게임 규칙을 만들자

지금까지 한국의 경쟁 규칙이 공정하지 않았다는 것은 대부분
의 사람들이 느끼고 있는 사실이다. 이는 한국 경제가 초기 성장기
부터 개발 독재 권력과 재벌 기업이 국민경제의 자원을 한데 끌어
모아 성장하는 방식을 채택하고 고착화해왔기 때문이다. 개발연대
의 경제 패러다임은 다른 모든 것을 희생해서라도 제조업과 유통
등 모든 분야에서 재벌 위주의 독과점을 바탕으로 성장하는 것이
었다. 물론 이런 성장 방식의 장점도 있었고, 개발 초기 자본 및 기
술 부족이라는 국내 상황에 따라 불가피한 측면도 있었다. 하지만
한국 경제는 이 같은 패러다임으론 지속 가능한 발전을 할 수 없는
한계점에 봉착했다. 1990년대 후반의 외환위기가 바로 그 증거다.
하지만 외환위기 이후에도 권력과 금력을 가진 사람들은 '그들만
의 리그'를 만들어 자신들에게 유리한 제도와 정책을 추구해왔다.
재벌 기업, 정치권, 고위 관료, 기득권 언론, 관변 연구소 및 학자
그룹 등 기득권 세력끼리 뭉쳐서 자신들에게 유리한 게임 규칙을
전 국민에게 강요하고 있다. 재벌과 관 주도의 집중 성장 방식의 장
점은 완전히 사라지고 불공정한 게임이라는 폐해만 커지고 있다.

예를 들어보자. 재벌 기업들은 풀뿌리 시장경제의 역동적인 도전 정신을 싹부터 잘라버렸다. 벤처 기업이 성장하면 재벌 기업은 그 아이디어를 가로채거나, 해당 사업 부문에 진출해 벤처 기업을 밟아버린다. 그렇게 해서 지난 50년간 국내에서는 세계적인 벤처 기업이 하나도 탄생하지 못했다. 심지어 국내에서조차 재벌 기업들을 제치고 대기업으로 성장한 벤처 기업이 극소수에 불과하다. 정부와 정치권은 벤처 기업을 키우는 전략을 마련하기보다는 재벌 기업의 세습 및 후계 구도에 촉각을 곤두세우고 있다. 또한 "큰 놈을 밀어줘야 경제가 성장한다"는 삽질 경제 시대의 양적 사고에 여전히 사로잡혀 R&D(연구·개발) 예산의 90% 이상을 재벌 기업들에게 배정하고 있다. 공공사업 물량도 마찬가지다. 10개 상위 대형 건설업체들은 로비를 통해 턴키 발주 물량을 늘리게 한 뒤 자신들이 싹쓸이하고 있다. 자기들끼리 담합해 국민의 혈세로 잔칫상을 벌인 뒤편에서 중소 하청업체들을 대상으로 온갖 불공정 거래를 일삼고 있다.

'전관예우'를 통해 법의 지배라는 민주주의의 숭고한 이상을 버젓이 유린하는 나라, 정치적 잣대에 따라 검찰이 칼춤을 추는 나라는 공정한 게임 규칙이 작용한다고 하기 어렵다. 국민들을 편하게 하는 규제 완화는 없고, 재벌 기업과 개벌업자에게 유리한 규제 완화는 넘쳐난다. 또 규제 완화라는 이름으로 환경 영향 평가 등 필요한 절차마저 생략해 삶의 질과 환경을 훼손하고 있다. 상위 5%의 부동산 부자들을 위해 부동산 거품을 떠받치면서도 13%가 넘는 최소 주거 여건에 미달하는 가구에 대한 최소한의 주거 복지 서비스도 제공하지 않고 있다. 상류층을 위해 '성공 경로'에 이르는 패스트트랙을 제공하는 국제중·자사고·특목고를 신설하는 한편 일반 공립학교들은 모두 '상대적 열등 학교'로 만들어버렸다. 선진국들에 비해 간접세 비중이 높아 조세 정책을 통한 소득 재분배 효과가 OECD 최저 수준을 기록하고 있는데도 부자 감세를 실행했다. 더 나아가 모자라는 세수를 충당한다는 명목으로 에너지세 등 간접세를 추가로 올릴 태세다. 부동산 부자들이 막대한 불로소득을 올려도 이를 세제를 통해 흡수하기는커녕 제대로 시행도 못 해본 종합부동산세를 사실상 무력화하고 말았다.

이처럼 기득권에게 일방적으로 유리한 게임 규칙 아래서는 공정한 경쟁을 할 수가 없다. 출발선이 다른데 어떻게 똑같이 달리라는 말인가. 불공정한 게임 규칙 아래서는 기업이든 개인이든 제대로 된 실력과 능력을 발휘하기 어렵다. 능력을 갖추고 열심히 노력하는 사람보다는 기득권 구조에 맞춰 음성적 로비와 뒷거래에 뛰어난 사람이 성공하게 된다. 그 결과 그 사회는 벤처 기업이 자라날 수도, 좋은 인재가 적재적소에 자리 잡을 수도 없는 사회가 된다.

이런 구조가 지속되면 한국 경제가 가진 잠재력을 충분히 발휘할 수 없을 것이다. 기득권층과 그들의 자녀들만이 자손대대 승승장구하고 그렇지 못한 계층은 제대로 된 기회를 가지기 힘든 나라는 건강한 나라가 아니다. 따라서 기득권층만이 아닌 모두에게 같은 잣대가 적용되는 공정한 경쟁 규칙을 확립하는 것은 매우 중

요한 과제다. 일본의 고이즈미 총리는 집권 당시 일본 공정거래위
원회의 권한을 강화해 건설업체들의 담합을 철저히 분쇄했다. 우
리라고 못 할 리 없다.

제언 7, 소비자 중심 경제를 만들자

과거 일본은 "나라는 잘사는데 국민은 못 사는 나라"라고 자
조했다. 세계 제2위의 경제 대국이면서도 물가가 너무 높아 국민들
이 그에 걸맞은 삶의 질을 누리지 못하고 허덕이는 데 대한 비판이
었다. 하지만 일본은 버블 붕괴가 진행되는 가운데 구조개혁을 통
해 소비자 중심 경제로 확연히 바뀌었다. 그 과정에서 과거의 고비
용, 고물가 구조가 상당 부분 해소됐다.

그런데 한국은 어떨까. 한국은 나라가 잘살기도 전에 국민이
가난한 나라가 되고 있다는 생각이 든다. 높은 집값 때문에 대다수
의 국민이 허덕이고 있다. 또한 자동차를 비롯해서 '명품'이라는
패션용품, 자동차, 카메라, 기름값, 음식값 등등이 선진국에 비해
얼마나 비싼가를 한번 생각해보라. 한국의 경제력에 비해 물가는
이미 너무나 높은 수준에 이르렀다.

이를 두고, 정부 당국이나 일부 언론에서는 "비싼 물건만 찾는
다"며 되레 소비자를 질타한다. 이는 일면 그럴듯해 보일지도 모르
지만, 큰 틀에서 보면 사실이 아니다. 국내 물가가 비싼 것은 앞서

거론한 재벌 기업 몰아주기식 성장 방식이 고착돼 있는 것과 밀접한 연관이 있다. 국내에서 생산되고 유통되는 제품의 대부분을 재벌 대기업들이 장악해 사실상 독과점 시장을 형성하고 있기에 그렇다.

자동차를 예로 들어 생각해보자. 한국에 자동차 생산업체는 모두 7개 사가 있지만, 이 가운데 현대기아차그룹의 내수 시장 점유율이 77%로, 전체의 4분의 3이 넘는다. 국내 자동차 시장은 현대기아차그룹이 좌지우지하고 있는 셈이다. 사실상 독과점 상태에서 한국의 자동차 가격은 상대적으로 매우 높게 책정돼 있다. 미국 등 외국에서 한국 차를 사본 경험이 있는 사람은 대부분 알고 있는 사실이다. 한국의 같은 브랜드, 같은 모델보다 더 성능이 좋은 차를 20~30%가량 싸게 살 수 있는 경우가 허다하다. 전 세계 자동차업체들이 치열하게 각축하는 경쟁 상태에서 상대적으로 한국보다 차값이 쌀 수밖에 없는 것이다.

물론 기업들로선 차별화된 시장에서는 차별화된 가격 전략을 쓰는 것은 당연하다고 강변할지도 모른다. 문제는 왜 한국의 경우 이렇게 국내 소비자들이 생산자의 물건을 비싸게 사줘야 하는 시장 구조가 형성돼 있느냐 하는 것이다. 한국 자동차업체들은 불경기로 차가 안 팔린다고 아우성치면서도 정작 차값은 내리지 않는다. 자동차가 팔리지 않으면 기업들이 자동차 가격을 내리는 것이 정상적인 시장의 작동 방식이다. 미국 시장에서 자동차가 팔리지 않을 때 자동차업체들은 언제라도 그렇게 하고 있다. 현재 미국에 진출한 국내 업체들 또한 그런 가격 할인 및 장기 보증 정책을 통해 잠재 소비자들을 유혹하고 있다. 그런데 국내에서는 도통 그런 일이 일어나지 않는다.

오히려 정부와 정치권은 개발 독재 시절의 방식대로 국민이 낸 세금을 깎아 자동차 소비를 촉진하고 있다. 기업의 자구 노력은 하나도 없다. 국민의 돈으로 자동차업체들을 도와주고 있는 셈이다. 이를 국제적 시각으로 확대하면, 국내 소비자들은 국내 자동차를 비싸게 사줘서 해외에서 경쟁하는 국내 자동차업체를 도와주고 있다. 외국 구매자들에게 우리 국민이 자동차 구입 보조금을 지급해주는 격이다. 국내 자동차업체들이 국내에서 올린 영업 이익으로 인해 해외 시장에서 자동차 가격을 낮출 수 있기 때문이니 말이다.

이런 현상은 비단 자동차뿐만 아니다. 더 설명할 필요도 없이 신규 분양 아파트가 그렇고, 통신 서비스와 핸드폰 등 통신기기, 각종 가전제품, 유류 등 많은 영역에서 나타나고 있는 현상이다. 각종 FTA(자유무역협정)를 추진하면서도 정부 당국은 자동차 등 한국의 주력 수출 제품의 관세를 인하하는 등 수출을 촉진하는 데는 기를 쓰면서 상대국의 관련 시장 진입을 막았다고 자랑한다. 그러면서 시장을 개방하는 영역은 대부분 농산물 등 상대적으로 저항이 적은 영역이다. FTA뿐만 아니라 한국 경제는 이런 식으로 재벌 기업들에게 몰아주는 경제를 수십 년 동안 만들어왔다.

지금이 개발연대처럼 '국산품 애용'을 통해 국내 기업을 키워야 할 단계도 아니고, 언제까지 소수 국내 재벌 기업들을 먹여 살리는 경제로 갈 수는 없다. 공정 경쟁 시장이라면 소비자에게 돌아가야 할 혜택을 언제까지 공급자가 차지하도록 몰아주어야 한단 말인가. 언제까지 OECD 회원국 가운데 물가 상승률이 가장 높은 나라여야 하는가. 한국은 이제 어떤 기준으로 따지더라도 경제력 대비 물가 수준이 높은 나라에 해당한다. 이런 식으로는 외국의 투자자와 관광객을 유치하는 데도 걸림돌이 된다. 무엇보다 일반 중산층 서민들이 살기 어려워진다. 더구나 지금처럼 경기가 침체하고 실질 소득이 빠르게 감소하는 상황에서도 고환율과 부동산 거품 때문에 한국만이 세계에서 드물게 물가가 계속 뜀박질하고 있다. 그로 인해 일반 서민들은 이중, 삼중의 펀치를 맞고 있다. 이제 재벌 기업들이 국제 시장뿐만 아니라 국내 시장에서도 치열하게 경쟁해 물가가 내려가는 시장 구조를 만들어야 한다. 소비자가 주도권을 행사하는 경제 구조를 만들어야 한다.

제언 8, 개발이 아닌 '연계 혁신'을 하자

현재 수도권은 지나치게 과밀화돼 교통 혼잡, 집값 상승, 대기 오염 등 규모의 불경제 효과가 갈수록 커지고 있다. 반면 지방은 갈수록 인구가 감소해 최소한의 상권도 제대로 형성되지 않을 정도로 규모의 경제 효과가 줄고 있다. 또한 각종 사회·정치·경제적 자원이 수도권에 지나치게 편중돼 있어 수도권은 증가하는 단위 생산요소 투입분에 대해 생산물의 증가분이 점점 감소하는 한계생산 체감 단계에 들어서고 있다. 반면 지방은 자원이 너무 적어 한계생산이 체증될 수 있는 여지를 살리지 못하고 있다. 따라서 지역의 균형 발전을 추진한 노무현 정부의 기본 방향은 틀리지 않았다.

문제는 그 방법론이다. 노무현 정부는 지역 균형 발전을 추진한다고 하면서 구체적으로 살펴보면 기업 도시, 각종 경제 자유 구역, 공공기관의 지방 이전, 행담도 개발, S프로젝트, J프로젝트 등 대부분 개발 프로젝트를 시행했다. 한마디로 삽질 경제 패러다임에 젖은 균형 발전을 추진한 것이다. 이렇게 추진한 균형 발전 정책은 대부분 거대한 토건 사업과 주변 주택 단지 개발로 이어지고 부동신 기품만 일으켰을 뿐이다. 일례로, 경제 자유 구역 가운데 부동산 개발업 외에 지금까지 외국자본을 유치해 경제가 활성화된 곳이 있는가. 기업 도시를 추진하고 있는 곳 가운데 활발한 산업 클러스터의 싹을 보여주는 곳이 있는가. 노무현 정부의 지역 균형 정책은 대규모 지역 균형 개발 사업으로 끝나고 말았다. 지역별로 부동산 가격만 폭등시킨 채 말이다. 한편으로는 인천 경제 자유 구역 추진이나 '뉴타운법'의 초당적 추진 등에서 보듯이 수도권 곳곳이 부동산 개발 열풍에 휩싸이게 하기도 했다.

노무현 정부의 경우 잘못된 방법론이 문제였다면, 현 정부는 아예 방향 자체를 거꾸로 잡고 있다. 수도권 규제 완화를 외치며 수도권 집중을 더욱 가속화하고, 부동산 개발을 위해 수도권의 개발 축조차 정권 마음대로 바꾸고 있다. 이 같은 기조는 서울대 박세일 교수 등이 내세우는 '발전 균형론'에 근거한 것처럼 보인다. 발전 균형론은 기러기 편대처럼 서울 등 수도권이 '대장 기러기' 역할을 맡아 선도적으로 발전한 효과로 지방의 발전도 시차를 두고 이뤄지도록 하자는 방안이다. 단순화하자면, 레이건 행정부 때 감세를 주장하며 내세운 계층 간 낙수 효과를 국내 지역 간에 적용한 개념이라고 할 수 있다.

하지만 이 같은 주장은 앞서 살펴본 바와 같이 전 세계적으로 유례를 찾아볼 수 없을 정도로 자원이 수도권에 집중된 현실을 더욱 악화시키는 방향이다. 말은 그럴듯하지만 현실적으로 가능하지도 않다. 더구나 굳이 서울과 수도권이 대장 기러기 역할을 맡는다 하더라도 그것은 고부가 서비스 산업과 첨단 기술 산업의 촉진 등 산업 구조의 고도화를 통해 진행돼야 하지 수도권 지역의 공장 신증설을 통해서 이뤄져서는 안 된다. 요즘처럼 교통 통신 체계가 발달한 마당에 왜 비싼 수도권 땅에 공장을 지어야 한단 말인가. 지금 당장도 서울과 수도권의 공단과 준공업 지역에는 빈 공장 부지가 즐비하다. 수도권에 정 공장을 짓고 싶으면 그런 빈 공장 부지에 지으면 되는데, 공장 부지를 가진 기업들은 땅을 팔지 않고 상업 시설과 아파트를 지어 땅 장사를 하려고 혈안이 돼 있다. 정부와 수도권 지자체는 그런 기업들에게 개발 특혜를 주면서 한편에서는 수도권 규제를 철폐한답시고 수도권 과밀화를 부추기고 있다. 한심하기 짝이 없다.

현 정부는 수도권 규제 완화에 대한 각 지자체의 반발을 무마하기 위해 '광역 경제권 선도 프로젝트' 사업을 발표했다. 이 사업에 정부는 2009년부터 5년간 56조 원을 투입한다고 한다. 그런데 이 가운데 53조 원 이상이 도로·항만·공항 건설 및 산업단지 조성 등 각종 개발 사업에 들어간다. 이에 비해 겨우 2조 3000억 원이 지식산업 및 첨단 기술 산업 지원에 투입된다.

개발 사업들이 모두 필요한 것이라면 말도 안 한다. 조금만 생각해봐도 고개가 갸우뚱해지는 것이 수두룩하다. 예를 들면, 대구, 구미, 포항, 광주·전남, 서천 등 5곳에 새로운 국가 산업단지를 조성하겠다고 한다. 그것이 기존에 형성된 산업단지와 과학 기술 테크노파크 등의 사업이 뭐가 다른지 의문이다. 결국 산업단지 조성을 명목으로 벌이는 개발 사업일 뿐이다. 제대로 된 산학연 연계 없이 산업단지만 조성하면 그것은 결국 부동산일 수밖에 없다. 일부 입주 기업들에게 땅장사 기회를 주는 것이나 다름없다. 더구나 지방뿐만 아니라 수도권의 제조 기업들이 한국을 떠나고 있어 기존 산업단지도 비어 있다. 그렇게 산업용 부지에 대한 수요는 줄어드는데 새로 산업단지를 조성하면 얼마나 활성화되겠는가.

동남권역에 조성하겠다는 '동북아 제2 허브 공항'도 마찬가지다. 지금도 강원도 양양과 경북 울진, 전남 무안 등 지방 공항들이 폐쇄되거나 이용객들이 거의 없어 운영할수록 적자를 보는 상황이다. 더구나 경남 김해 공항이 있다. 그런데 여기에다 새로 공항을 짓는다면 충분한 수요가 생길까. 마산-거제 간 연륙교를 지어 해양 관광을 활성화한다거나, 대경권에 3대 문화·생태 관광 기반 조성을 한다는 사업도 마찬가지다. 같은 방식으로 앞 다퉈 나선 대규모 관광 개발 사업들 가운데 건물만 들어섰지 성공한 것이 있는가. 함평 나비 축제처럼 창의적 아이디어가 있으면, 대규모 개발 사업을 벌이지 않더라도 얼마든지 관광객을 끌어들일 수 있다.

이처럼 현재 한국의 산업 클러스터는 산학연 연계 구조를 통해 정보 공유와 협조를 통한 '연계 혁신(connected innovation)'을 일으키는 구조와는 거리가 멀다. 여전히 개발연대의 산업단지 조성 방식에 머물고 있다. 좀 심하게 말하면 부동산 개발업에 불과하다.

그러면 어떤 식의 지역 산업 클러스터를 일으켜야 할까. 필자는 호주 내륙에 자리 잡은 빅토리아 주의 명문대인 모나시대를 중심으로 형성된 '과학 기술 연구 및 혁신 특구(STRIP, 스트립)'을 2005년 방문한 적이 있다.

스트립은 호주 통신업체 텔스트라 연구소와 일본 굴지의 자동차업체 도요타연구소 등과 함께 강력한 산학 연계 클러스터를 형성해 엄청난 부가가치를 창출하고 있다. 이 클러스터는 의료, IT, BT(생명공학), 플라스틱, 운송 및 장비, 제조업 분야 등에 걸쳐 NEC, 코카콜라, BMW플라스틱스, 브리스톨 마이어스 등 세계의 내로라하는 대기업들과 연계를 맺고 있다. 스트립은 여기서 그치지 않고 세계 각국의 투자와 우수 인력을 유치하기 위해 총력을 기울이고 있다. 이 같은 노력의 결과 스트립이 중심이 된 이 산업 클러스터는 2004년 당시 110만 명을 고용해 모두 360억 달러(한화 40조 원 규모)의 경제적 효과를 올려 빅토리아 주 총생산(Gross State Product)의 20%가량을 차지했다. 국내에서처럼 말로만 떠드는 산학 연계가 아니라 엄청난 부가가치를 창출하는 실질적인 산학 연계를 형성한 것이다.

모나시대가 설립된 것은 1963년으로, 그때만 해도 그곳은 허허벌판이었다. 이곳이 40여 년 만에 산학이 긴밀히 연계된 첨단 산업 클러스터로 변모할 수 있었던 이유는 뭘까. 여러 이유가 있겠지만 모나시대의 우수한 과학 연구 인력과 이들의 기술을 적극적으로 산업화한 기업들, 그리고 경쟁 원리에 따른 연방정부 및 주정부의 과감한 지원이 어우러진 결과라고 할 수 있다.

특히 이 과정에서 모나시대의 역할은 눈부시다. 모나시대는 의학과 생물학 분야에서 호주는 물론 세계 최고 수준을 자랑한다. 세부적으로는 줄기세포와 복제 생물학, 신약 개발, 나노 기술, 환경 공학 등에 모두 강점을 갖고 있다. 모나시대는 이 같은 기술이 상아탑에만 머무르게 하지 않고 '모나시 커머셜'이라는 별도 법인을 세워 '기술의 상업화'에 적극 나섰다. 모나시대의 첨단 연구 성과를 활용하려는 대기업들이 하나둘씩 모여들고 이를 따라 이들 대기업과 생산 연관성을 가진 다른 대기업과 중소기업, 연구소 등이 들어서면서 모나시대 주변의 모나시시와 그레이터 단데농이 오늘날과 같은 첨단 산업 클러스터로 탈바꿈한 것이다.

필자가 유학 생활을 했던 미국 보스턴도 대학과 연구기관들을 중심으로 자연스럽게 관련 산업이 발달돼 있는 도시다. 보스턴은 소득 수준으로 미국에서 몇 손가락 안에 꼽히는 부자 도시다. 싱가포르가 2000년대 초반 일시적인 불경기로 휘청거릴 때 벤치마킹 대상으로 꼽은 도시가 바로 보스턴이다. 보스턴을 벤치마킹 대상으로 꼽은 싱가포르 경제는 이후 생명공학기술과 의료산업 등을 새로운 성장 동력으로 해서 경제 위기를 극복하고 고도성장을 이어갔다.

이 같은 보스턴 경제의 기초 역시 대학과 두뇌집단 들이다. 보스턴에는 하버드대학과 MIT, BU(보스턴대학), BC(보스턴칼리지), 터프츠 대학 등을 필두로 100여 개의 대학이 자리 잡고 있다. 하버드 의대 협력 병원인 MGH(매사추세츠 종합병원)을 중심으로 의료 산업이 발달했고, 관련 분야에서 쏟아져 나오는 인재들을 중심으로 생명공학과 제약 산업이 눈부시게 발전하고 있다. MIT를 중심으로 한 각종 IT 산업과 로봇 공학도 마찬가지다. 이런 두뇌의 보고를 활용하기 위해 많은 기업들이 미국 전역과 세계에서 이전해온다. 이들 대학의 연구실을 모태로 한 벤처 기업 창업도 활발하다. 필자가 우연히 알게 된 'iRobot'이라는 군사용 및 산업용 로봇 회사도 바로 MIT의 한 조그만 실험실에서 출발했다. 앤 컴퍼니나 보스턴 컨설팅 그룹 등 세계 유수의 컨설팅 펌들도 보스턴에 본사를 두고 이들 클러스터의 발전을 지원하고 있다.

이처럼 지역 산업을 발전시키기 위해서는 산업단지 조성을 통한 부지 제공이 중요한 게 아니다. 기존 산업단지에 입주한 기업들

이 기술과 지식, 정보를 공유하고 외국 자본을 유치해 '연계 혁신'
이 일어나게 하는 게 중요하다. 그것이 현재 세계 각국이 추진하는
첨단 산업 클러스터를 통한 경제 성장 방식이다. 이를 위해서는 지
역 대학을 중심으로 한 산학연계가 활발해져야 한다. 물론 대학의
경쟁력을 한 단계 끌어올리기 위해 경쟁의 무풍지대에 놓여 있는
대학이 경쟁하게 해야 한다. 지금처럼 서열 구조에 안주해서는 절
대 대학이 발전하지 못할 뿐만 아니라 수도권과 지방의 격차가 커
질 뿐이다.

제언 9, 낭만적 산업 '농업'을 육성하자

필자의 고향은 대구의 위성도시 격인 경산시에서도 시골인 남
산면이다. 경산 포도의 주산지로 유명한 곳이다. 그런데 고향에 내
려갈 때마다 쇠락해가는 고향 마을의 소식들을 듣게 된다. 고향 마
을에는 이제 허리가 구부정한 노인이 대부분이고, 청장년과 어린
아이 들은 찾아보기 어렵다. 가끔 보이는 청장년층은 도회지로 나
갔다가 해고되거나 자영업 등을 하다 실패해 고향으로 돌아온 경
우가 많다. 이들은 대부분 부모님들이 짓던 농사를 물려받거나 거
들고 있다. 치밀한 구상과 열정으로 벤처 기업농을 해보겠다는 사
람은 많지 않아 보인다.

필자의 고향 친구들이나 선후배들 가운데도 그런 이들이 꽤

있다. 그들 가운데는 도회지에서 변변찮은 일들을 하다가 사기를 당하거나 노름에 빠져 이혼한 경우도 있었다. 대체로 학력이 낮은 편이라 제대로 된 일자리를 얻지 못하고 경제적 어려움에 빠져 이혼하게 된 것이다. 그렇게 이혼한 뒤 아이들만 시골의 부모님께 맡기는 경우도 많다. 연로한 데다 가뜩이나 농사일에 바쁜 시골 부모님들로서는 큰 부담이 아닐 수 없고, 자라나는 아이들에게도 썩 좋은 환경은 아니다.

이것이 필자 고향만의 문제는 아닐 것이다. 골병이 들대로 든 한국 경제가 시골 마을까지 얼마나 황폐화시키고 있는지를 단적으로 보여주는 장면이 아닐 수 없다. 이대로 가면 우리의 농촌은 점점 쇠락하고, 내부적으로 재생산되지 않는 상황까지 가지 않을까 걱정된다.

이런 상황에서 정부는 내심으로는 우리 농촌을 포기하는 한편 온갖 명목으로 재정을 탕진하고 있다. 예를 들어, 농림부는 2004년에 '농어촌 종합 대책'이라는 것을 발표하여 119조 원을 지원하겠다고 했고, 한·미 FTA 협상이 끝난 뒤에는 이 외에도 추가로 투·융자를 확대하여 지원하겠다고 했다. 정부는 농업 경쟁력을 강화한다는 명목으로 이미 여러 차례 막대한 재정을 투입한 바 있다. 마치 한국 농업의 경쟁력이 떨어진 것이 돈이 없어서고, 돈만 투입하면 경쟁력이 강화될 것처럼 착각하는 것 같다. 그런데도 농업의 경쟁력은 여전히 떨어지고 있다. 실제 필요와 무관하게 돈을 쏟아 붓기만 하면 반드시 이를 악용하는 사람들이 날뛰게 마련이다. 공직자와 정치인 들을 포함해 숱한 부동산 투기자들이 허위 경작자로 기재하여 쌀 소득 직불 보전금을 타먹은 사례가 대표적이다.

정말 농업의 경쟁력을 강화하려면 막대한 재정을 퍼붓지 않고도 얼마든지 가능하다. 한 가지 예를 들어보자. 필자는 미국이나 캐나다 등지의 포도밭과 포도주 양조장(winery) 등을 돌아보면서 참 부러웠던 적이 있다. 그네들은 포도밭에서 우리처럼 포도를 생산해 팔기보다는 양조장에서 포도주를 생산해 파는 것이 주수익원이다. 양조장에서 직접 생산한 포도주와 어울리는 음식들을 중심으로 레스토랑을 운영하는 곳도 많다. 포도밭도 농약을 전혀 사용하지 않고 주위 환경과 어울리게 조경까지 해가면서 관광지처럼 꾸며 놓은 곳도 있다. 그런 포도밭을 내려다보며 향긋한 포도주를 음미하는 시간이 얼마나 여유롭고 낭만적인지 경험해본 이들은 잘 알 것이다. 양조장들은 곳곳에서 모여든 관광객들로 가는 곳마다 늘 붐볐다. 지방정부들은 그런 양조장들을 묶어 '양조장 투어(winery tour)' 루트까지 만들고 교통편까지 제공하면서 관광 상품화하고 있었다.

왜 우리는 그렇게 하지 못하는 것일까. 왜 농업은 1차 산업이라는 고정관념에 빠져 양조 산업 같은 2차 산업이나 관광 상품 자원으로서 3차 산업과 연계해 발전시킬 생각을 못 하는 것일까. 왜 FTA를 체결한다면서 농민들에게 농업 보조금을 풀어 포도나 복숭아 등 수익용 작물을 캐내게 하고 사실상 우리 농업이 하루빨리 고사하기만을 바라는 것일까. 우리 농촌도 하기에 따라서 얼마든지 덴마크나 프랑스 등과 같은 선진 농업을 운영할 수 있다. 지금처럼

1년 뼈 빠지게 일해 번 돈이 다음 해 농비로 도로 들어가는 농업이 아니라 정말 품위 있게 고수익을 올릴 수 있는 벤처 농기업을 키울 수 있다. 시골 지역의 관광 및 역사 문화 자원을 활용하고 시골의 전통 가옥들을 고급 숙박 시설로 살리면 얼마든지 경쟁력을 갖출 수 있다.

그렇게 하지 않고 농촌을 고사시키니 농촌의 젊은이들이 도회로 꾸역꾸역 밀려들고 일자리가 없어 방황하다 폐인이 돼 낙향하는 일이 반복되고 있다. 취업난에 시달리는 젊은이들에게 수입도 좋고 낭만적인 일자리를 제공할 수 있는데도 그러지 못하고 있다. 그러니 도시 인구만 계속 늘어 부동산값이 치솟는 데 일조하는 사태까지 벌어진다.

그런데 이런 농업의 선진화 방향으로는 투자하지 않고, 농촌을 발전시킨다는 핑계로 시골 마을 골목과 산기슭에 있는 농로에까지 시꺼먼 아스팔트를 깔아 건설업체 좋은 일만 시키고 있다. 필자의 고향에서 실제로 벌어진 일이다. 그전에 있던 멀쩡한 시멘트 포장도로를 뜯어내고, 다시 아스팔트를 까는데 들어간 돈도 돈이지만, 소담스러운 시골 마을의 분위기를 확 깨뜨리는 그 미적 무감각이라니! 그런 모습을 보고 어떤 이들이 시골을 찾겠는가. 사실 각종 농업 보조금도 상당 부분 이런 토목 사업에 쓰이고 있다. 그렇게 해서 우리 농촌의 매력을 오히려 떨어뜨리고 있는 것이다.

제언 10, 개발 정부 체제를 개혁하자

지금 정치권의 문제가 워낙 크기 때문에 가려져 있지만, 낡은 정부 시스템과 관료제의 폐해도 매우 심각하다. 잠깐만 생각해봐도 IMF 외환위기와 카드빚 사태, 2000년대 부동산 거품, 2008년 하반기부터 2009년 초의 원/달러 환율 폭등 사태 등이 모두 집권 세력의 무능력뿐만 아니라 정부 관료들의 도덕적 해이와 거듭된 정책 실패에 기인한 것임을 알 수 있을 것이다. 따라서 새로운 시대에 걸맞은 정부 시스템 개혁을 이루지 못하면 새로운 경제 구조를 만들 수 없다.

이 주제는 워낙 방대한 것이므로 추후 별도의 책으로 논하기로 하고 여기서는 공기업 개혁을 중심으로 짧게 살펴보자.

현재 한국에서는 개발경제 시대 때 설립된 각종 개발 공기업과 정부 산하 기관이 그대로 유지되고 있다. 경제 발전 초기 단계에는 민간 부문의 자본이나 기술이 워낙 부족했기 때문에 정부 주도의 사업을 많이 진행할 수밖에 없었다. 토지와 주택을 단기간에 대량으로 공급하기 위해 토공이나 주공과 같은 개발 공기업들을 설립해 해당 사업을 추진할 필요가 있었다. 그런 식으로 정부 부처별로 토공, 주공과 도로공사, 농업기반공사, 수자원공사, 산업단지공단, 환경관리공단 등 개발 공기업과 공단들이 숱하게 설립됐다. 또한 개발연대 초기에 민간의 자금 중개 기능이 부족하다 보니 산업은행과 기업은행 등이 설립됐다.

하지만 시간이 지남에 따라 이들 공기업은 점점 비대해졌고, 과거의 역할은 상당 부분 불필요해졌다. 또한 지자체가 정착되면서 지방 공기업들이 활성화돼 역할이 중복되고 있다. 이러다 보니 정치권의 이해관계에 발맞춰 새만금 사업(농어촌공사)이나 경인 운하 사업과 4대 강 사업(수자원공사)처럼 불필요한 개발 사업을 벌이는 것으로 자신들의 '밥그릇'을 유지하고 있다. 판교 신도시 개발 과정에서 보듯이 토공, 주공과 경기도시공사 등이 서로 개발 지분을 많이 갖기 위해 다투는 상황까지 벌어지고 있다. 공기업들은 갈수록 밥그릇이 줄어드니 공익성 추구라는 본연의 설립 목적은 망각하고 민간과 경쟁하며 수익을 추구하고 조직의 복리 후생만 키우는 식으로 변질해버렸다.

2000년대 부동산 거품기에 토공, 주공이 집값 안정에 기여도 못 하고 몸집만 불린 것이 대표적 사례다. 심하게 말하면 이미 시대적 소명을 다한 공기업들이 국민이 부여해준 사업 독점권으로 자신들의 배만 불리고 있는 격이다.

방만한 공기업 구조가 유지되고 있는 더 근본적인 이유는 이들 공기업이 각 정부 부처의 밥그릇이기 때문이다. 각 정부 부처의 고위 관료들은 사실상 퇴직한 후 산하 공기업이나 관련 협회, 각종 국책 연구소, 심지어 이미 민영화된 관련 기업들의 기관장이나 임원으로 간다. 이렇게 기관장이나 임원으로 있는 동안 수억 원대의 거액 연봉을 챙기며 공무원 시절의 상대적 박봉을 일거에 만회한다. 자신들이 퇴직한 후의 밥그릇을 유지하기 위해 공기업의 방만한 구조를 유지하고 불필요한 사업을 승인하고 공기업 임원들의 고액 연봉을 방치하고 있는 것이다. 또한 민간 기업들은 퇴직 후 고위 관료들을 로비 창구로 삼기 위해 이들을 스카우트하고, 이를 염두에 둔 고위 관료들 또한 재임 중 재벌 기업들과 유착하지 않을 수 없다.

이 같은 구조는 한국 경제가 공기업과 재벌 기업 두 축으로 개발연대의 성장을 시작한 이래 고착돼왔다. 국토부가 경인 운하 사업과 4대 강 사업 추진에 그렇게 목을 매달고, 건설업체들에 유리한 턴키 사업 발주를 남발하는 것도 이 같은 이해관계와 무관하지 않다. 이 같은 유착 구조를 숨기고 자신들의 밥그릇을 지키기 위해 공기업과 산하 기관이 뭘 하는지 모르게 베일 속에 숨겨놓는 것도 이 때문이다.

서울시가 단칼에 해버린 공공주택 분양원가 공개를 국토부나 재정부가 끝끝내 거부하고, 온갖 핑계를 대가며 후분양제 도입과 가격경쟁 입찰 도입 확대를 반대하는 것도 다 이런 이유들 때문이다. 정부 관료들 자체가 자신들의 밥그릇을 지키기 위한 최대의 이익집단으로 변질해버린 것이다. 이 같은 관료 시스템 속에서 각종 정경유착과 부정부패, 도덕적 해이가 난무하고 재벌 기업에게 유리한 정책과 각종 개발 사업이 남발되고 있다. 이러한 구조에서 생겨난 잘못된 정책 결정이 쌓이고 쌓이면 카드빚 사태와 부동산 거품에서 보는 것처럼 한국 경제가 거덜 나고 서민들이 고통 받게 된다.

그만큼 공기업 개혁은 한국 경제의 재구성을 위해서도 필수 과제다. 그러면 구체적으로 어떻게 공기업을 개혁할 것인가. 예를 들어 토공, 주공 등 개발 공기업들을 한번 생각해보자. 필자가 앞서 제시한 장기 임대(전세) 주택을 공급하는 방식이라면 지금 같은 방대한 구조의 토공, 주공은 필요하지 않다. 정부는 주택 공급 계획을 세우고 이를 국민연금 같은 공익 사업자와 직접 계약하거나, 아니면 미국 등과 같이 건설 사업 관리(CM, construction management) 회사를 선정해 정부 계약을 대행하고 계약 이행을 점검하면 되기 때문이다. 이 경우 주공은 아예 폐지하거나 새로운 역할을 맡는 조직으로 바꿔야 한다. 장기 임대 주택이 늘어날 경우 임대 주택 관리 업무를 맡는 공기업으로 주공의 역할을 전환하면 된다. 물론 개발 공기업으로서의 주공보다는 그 규모가 훨씬 작아지게 될 것이다. 물론 이런 업무도 정부가 가이드라인을 정해 민간의 대행 관리 업체를 선정해 맡기고 관리 감독만 하는 체제로 간다면 주공을 폐지해도 된다.

마찬가지로 선분양제를 후분양제로 바꾼다고 생각해보자. 그러면 대한주택보증이라는 주택 금융 공기업이 있을 필요가 없다. 주택 보증은 선분양제에서 주택 건설 업체들이 무리하게 사업을 벌이다 주택을 완공하지 못할 때를 대비해 공사 이행을 보증하기 위해 설립한 주택 금융 공기업이다. 선분양제만 없다면 전혀 있을 필요가 없는 조직인 셈이다. 이처럼 정부 및 공기업 개혁은 새로운 시대에 걸맞은 정부의 역할과 공공 정책의 목표를 명확히 하고 이에 따라 '책상을 정리하는 것'에서 출발해야 한다. 공공 정책의 목표를 분명히 하고 그 목표를 달성할 최적의 방법을 찾는다면 사실상 방대한 공기업을 동원하지 않더라도 얼마든지 공공의 목표를 훨씬 효과적으로 달성할 수 있을 것이다.

그런데 이명박 정부가 공기업 개혁과 관련해 외치는 구호는 온통 통폐합 아니면 민영화밖에 없으니 정말 한심할 따름이다. 현재처럼 시대착오적인 토건 사업을 계속 벌이면서 개발 공기업들을 제대로 정리할 수 있을까. 현 정부가 말로는 '작은 정부'(사실 '작은 정부'는 대처와 레이건 시절의 구호다. 이 낡은 단어가 아직도 한국사회에서 맹위를 떨치고 있다는 사실이 개탄스럽다. 제대로 된 정부는 불필요한 일은 버리고, 새로운 시대가 요구하는 공공 서비스는 찾아서 하는 정부다. 규모로 따져 일률적으로 크거나 작은 정부가 아니라 적절한 규모(right size)의 정부다. 그런 점에서 작은 정부를 얘기하는 것 자체가 시대착오적인 이야기다. 반대로 오바마의 '똑똑한 정부'라는 표현은 그래서 시대적 흐름을 정확히 읽고 있음을 보여준다)를 외치지만 불필요한 토건 사업에 수십조 원의 혈세를 낭비하고, 한 해 5%가 넘는 재정 적자를 일으키는 것은 코미디에 가깝다.

지금 이명박 정부가 벌이는 건설·토목 사업 물량을 봤을 때 토공, 주공의 통폐합도 나중엔 없던 일이 될 가능성이 높아 보인다. 설사 토공, 주공을 통폐합한들 나뉜 조직을 합치는 것일 뿐 정부의 엉터리 정책 사업들을 계속 받쳐주는 도구로 남는다면 그게 어떤 의미가 있겠는가.

진정한 의미에서 성공한 선진국의 공기업 개혁은 궁극적으로 필요한 공기업 부문에 경쟁 체제를 도입해 국민 전체의 후생 수준을 높이는 것을 목표로 한다. 그런데, 현 정부는 공공 독과점 구조를 민영 독과점 구조로 바꿔 민간 재벌 기업에게 사업 특혜를 주는 것을 공기업 개혁으로 여기고 있다. 이런 식으로 공공과 민간이 해야 하는 역할에 대해서부터 잘못된 인식을 갖고 있는데 제대로 된 정부 개혁을 바라는 것 자체가 난센스다.

정부 관료들이 낡은 패러다임에 사로잡힌 채 삽질 경제 시대의 밥그릇을 부여잡고 있어서는 혼란이 계속될 수밖에 없다. 이런 혼란이 계속되면 성공적으로 경제 구조를 전환해갈 수 없다.

세계적으로 1970년대 말에 시작된 정부 시스템 개혁의 과제를 더 이상 미룰 수 없다. 전 세계의 선진국들은 좌우 정파를 가리지 않고 정부 시스템을 꾸준히 개혁해오고 있다. 한국의 경우 외환위기 직후 김대중 정부에서 4대 부문 개혁의 하나로 공공 부문 개혁이 추진됐지만, 정권의 미숙한 준비와 관료들의 반발로 무산됐다.

노무현 정부 또한 조직 및 인사 개혁에만 손을 댄 채 한껏 비대해진 공기업을 방치하는 등 근본적 개혁에 실패했다. 정부와 민간의 역할도 구분 못 하는 이명박 정부에는 기대할 것이 없다. 남은 임기 동안 돌이킬 수 없을 만큼 망치지 않기만을 바랄 뿐이다. 각 정권의 거듭된 정부 시스템 개혁 실패와 개혁의 지체는 관료들 사이에 '개혁 피로감', '혁신 피로감'을 확산시켰다. 다른 한편으로 국민들은 '개혁 지체 피로감'을 느끼고 있다. 이제라도 준비된 세력이 근본적인 정부 시스템 개혁을 추진하지 않으면 안 된다. 어떻게 정책 실패를 통해 문제를 양산하는 정부 부문을 그대로 두고 한국 경제가 전진할 수 있겠는가.

새로운 세대가
새로운 세상을 열어야 한다

정원의 휜 나무는

땅이 나쁘다는 것을 알려준다.

그런데 지나가는 사람들은

나무가 휘었다고 욕을 한다.

– 〈서정시를 쓰기 어려운 시대〉 중에서, 베르톨트 브레히트

경제가 어렵다고 한다. 경제가 뭔가 단단히 잘못됐다고 한다.
그래서 경제의 이런 부분, 저런 부분을 고쳐야 한다고 얘기한다.
맞다. 경제의 여러 부분을 고쳐야 한다. 부동산 버블을 빼기 위해

서도 주택 및 부동산 정책과 각종 개발 정책, 조세 등과 관련한 각종 정책과 제도를 고치고 바꿔야 한다. 그런데 이들 정책은 누가 결정하는가. 정부와 정치권이다.

이처럼 현실의 경제는 정치적·정책적·사회적 진공 상태에 놓여 있지 않다. 현실의 경제는 정치와 정책, 언론 보도와 여론 등과 영향을 주고받는다. 정치는 경제라는 토양에서 자라는 나무이며, 경제는 정치라는 나무에서 열리는 열매다. 시인이 노래했듯 토양이 좋지 않은 곳에서 자라는 나무는 휠 수밖에 없다. 건강하지 못한 나무에서 맺힌 열매 또한 알찰 리 없다.

마찬가지다. 건전한 경제 구조가 자리 잡기 위해서는 건전한 정치적·정책적 환경이 자리 잡아야 한다. 부동산 버블을 빼기 위해서도 부동산 문제를 제대로 파악하고, 올바른 처방을 제때 실행힐 수 있는 정책 능력을 갖춘 정치 세력과 정부가 있어야 한다. 그런데 기득권층을 대변하고 마땅한 정책 능력을 갖추지 못한 현 정부로서는 국민경제 전체를 위한 올바른 부동산 정책을 수립하기 어렵다. 국민경제의 미래가 어떻게 되든 당장 집값 거품을 떠받치기에 급급한 정부가 어떻게 부동산 문제를 제대로 해결할 수 있겠는가. 건전한 경제 구조를 만들기 위해서는 제대로 된 문제 해결 능력을 갖춘 건전한 정치 세력이 있어야 한다.

뿐만 아니라 건전한 경제 구조가 뿌리 내리기 위해서는 내용과 형식 양면에서 건강한 민주주의가 확립돼야 한다. 정부는 공공과 민간의 역할을 정확히 구분한 위에 올바른 정책을 기획-집행-평가할 수 있어야 한다. 공동체의 유대와 신뢰가 튼튼한 사회에서 시장 경제는 제대로 작동한다. 반칙과 사기, 담합이 횡행하는 나라에서는 경제 또한 일그러지기 십상이다. 이를 막기 위해서는 불법 행위를 엄정하게 처벌하는 사법 제도가 확립돼야 한다. 재력가 한 사람의 목소리가 평범한 서민 만 명의 목소리보다 큰 나라에서는 경제 또한 뒤틀리기 십상이다. 그래서 이해관계에서 벗어나 정보를 최대한 정확하고 공정하게 전달하는 언론이 있어야 한다.

이런 면에서 볼 때 현재 한국의 상황은 매우 우려스럽다. 외환 위기 이후 민주주의와 인권 신장, 대북 문제 등에서는 상당한 발전이 있었다. 하지만 경제적 측면에서는 새로운 시대적 요구에 걸맞은 패러다임과 게임 규칙을 확립하지 못했다. 그 결과 많은 중산층 서민들이 시간이 갈수록 큰 경제적 고통을 겪게 됐다. 조금만 살펴봐도 이를 보여주는 온갖 악성 지표들로 가득하다. 비정규직 비율 세계 최고 수준, 극심한 청년 실업, 자살률 급등과 출산율 급감, 고령화 속도 세계 1위, 10만 명당 교통사고 사망자 수 세계 최고 수준, 세계 최고의 산업 재해율과 OECD 최장 노동 시간, 소득 대비 세계 최고 수준의 주택 가격, 경제력 대비 지나치게 높은 생활 물가, 선진국의 10분의 1 수준인 공공 도서관 수, OECD 회원국 3분의 1 수준인 사회복지 등 사회 지출 비용, 세계경제포럼 조사 대상국 127개 국 가운데 71위인 GDP 대비 교육 재정 투자 등등 조금만 훑어봐도 정말 일반 서민들이 건강한 삶을 영위하기 어려운 경제 및 사회 구조를 갖고 있다. 한마디로 전방위적인 불량 국가이자,

엽기적인 나라다.

이런 엽기적 현실은 사람들을 좌절에 빠져들게 했다. 엽기적 현실에 따른 고통은 김대중-노무현 정부의 주요 지지층인 서민들에게 집중됐다. 서민들은 민생고를 해결해달라고 거듭 아우성쳤지만, 결과적으로 이들 정부는 서민들의 고충을 해소하지 못했다. 변화하는 패러다임에 걸맞은 건전한 경제 구조를 마련하지 못한 채 낡은 기득권 세력에게 상당 부분 타협하고 굴종했다. 물론 그만큼 기득권 세력의 힘이 강고했다고도 할 수 있다. 하지만 이들 정부가 대다수 국민들이 바라는 '진짜 개혁'을 달성하는 데 실패했음은 분명하다.

진짜 개혁의 좌절과 서민 경제의 지속적인 악화는 정치적 반동을 가져왔다. 독일이 1차 대전의 전쟁 부채에 시달리다 결국 선거를 통해 히틀러를 택한 것처럼 말이다. 우리가 현재 목도하고 있는 이명박 정부의 등장 또한 그런 맥락으로 볼 수 있다. 병든 경제라는 나무가 부실한 열매를 맺은 것이다.

현 정부는 1987년 민주화 이후 한국 사회가 이뤄온 민주주의와 인권, 대북 정책의 성과를 빠른 속도로 갉아먹고 있다. 국정원, 검찰, 경찰 등은 시간이 갈수록 권위주의 시절처럼 정권의 주구로 변질하고 있다. 낡은 틀을 벗지 못한 정부 관료들 또한 과거의 낡은 패러다임에 사로잡혀 거듭되는 정책 실패로 서민들의 고통을 가중시키고 있다. 사법 체계 또한 삼성에버랜드 사건의 대법원 판결 등에서 보듯 법의 잣대를 기득권층에게 유리하게 구부리는 경향이 여전하다. '신영철 대법관 파동' 등 일부 개혁적 움직임이 있었지만 근본적인 변화로는 이어지지 못했다. 정치권과 더불어 가장 심각한 것은 언론이다. 신문 시장에서 여전히 현 정권과 유착한 기득권 언론이 정권의 친위대 역할을 하는 가운데, 현 정부의 집요한 방송 장악 시도로 방송의 공정성과 중립성이 심각하게 훼손당하고 있다.

이처럼 낡고 부패한 정치, 시대착오적인 관료 체제, 편파 왜곡 보도에 찌든 언론, 서민과 특권층을 차별하고 전관을 예우하는 사법 체계를 그대로 놓고 한국 경제가 건전한 선진 경제로 도약하기란 어렵다. 필자가 이 책의 상당 부분에서 정부와 정치권의 정책을 비판하고 언론의 왜곡 보도를 지적한 것도 이 때문이다. 하지만 이 모든 막중한 과제들을 이 책에서 모두 다룰 수는 없었다. 각각의 주제들에 대해서는 추후 구체적으로 다룰 기회가 있을 것으로 믿는다.

다만, 이 책을 마무리하면서 필자가 강조하고 싶은 것은 대한민국 전반에 혁명적 변화가 일어나야 한다는 것이다. 개발연대의 자본 집약적 산업 구조에서 첨단 기술 산업 위주로 한국의 산업 구조는 확 바뀌었다. 이 같은 경제 및 산업 구조의 변화에 걸맞은 새로운 패러다임을 마련해야 한다.

부동산 투기가 기승을 부리지 않고 자산 경제와 생산 경제가 조화롭게 선순환하며 성장하는 나라. 지식 정보화 시대를 선도하고 창의적인 인재가 마음껏 능력을 발휘하는 나라. 공정한 게임 규칙에 따라 출신과 배경이 아닌 능력과 노력이 성공의 핵심이 되는 나라. 건전한 민주주의 시장경제를 건설하기 위한 혁명적 변화를 국민의 대다수가 갈구하고 있다.

우리가 지금 이명박 정부로 대변되는 시대적 반동에 굴복하고 새 희망을 가꾸지 못한다면 한국은 이대로 주저앉고 말 것이다. 하지만 일제 식민 지배에서 벗어나 온갖 간난신고(艱難辛苦)를 겪으며 여기까지 전진해온 우리 국민의 저력을 생각하면 이 나라가 쉽게 주저앉을 리 없다고 믿는다.

하지만 지금 당장은 무기력감을 많이 느낀다. 이 책의 원고를 쓰는 도중 노무현 전 대통령이 서거했다. 필자는 눈물을 흘렸다. 노무현 전 대통령에 대한 애도의 마음도 있었지만, 전직 대통령마저 비운에 가야 하는 이 땅의 서글픈 현실 때문에 울었다. 필자는 그를 많이 비판했다. 민주주의와 인권 신장, 권위주의와 지역주의 타파 등을 위해 기울인 그의 노력과 열의는 높이 평가한다. 하지만 사회·경제적 문제에 대해서는 신랄한 비판을 하지 않을 수 없었다. 특히 부동산 문제에 관해서는, 그의 말과는 달리 건설족 관료들에게 임기 내내 휘둘리는 모습을 보며 한숨짓고 분노한 적이 한두 번 아니었다. 필자는 노무현 정부가 지지층에게 버림받고 결국 정권까지 놓치게 된 결정적 이유가 부동산 정책 실패 때문이라고 판단한다. 그에 대한 반동으로 우리는 지금 시대착오적인 정권 치하에 살고 있다.

이처럼 형편없는 정부가 들어설 수 있었던 것은 건전한 공동체의 토양이 되는 경제 패러다임을 확립하지 못했기 때문이다. 또한 한국 정치권이 새로운 경제 패러다임을 확립할 구체적 정책과 대안을 갖지 못했기 때문이다. 정치권은 여야 가리지 않고 '민생'을 외치지만, 문제 해결의 근본적 해법은 제시하지 못한다. '한반도 대운하'라는 개발 공약 외에는 아무런 아이디어도 없어 보이는 이명박 정부는 그렇다 치고 국민이 만들어준 과반수 정당의 우위 속에서도 '진짜 개혁'을 추진하지 못한 민주당도 마찬가지다. 노무현 전 대통령이 서거한 이후 일시적으로 민주당의 지지율이 한나라당을 앞섰지만, 이를 민주당에 대한 적극적 지지로 보는 사람은 드물 것이다. "이명박 정부보다는 낫다", "현 정부의 폭주를 막기 위해서 당장은 민주당을 밀어야 한다"는 여론이 반영된 정도로 봐야 한다.

한번 물어보자. 무지와 무능, 사악함으로 점철된 현 정부가 물러간다고 '믿을 수 있는 변화'를 만들어낼 정치 세력이 있는가. 높은 도덕 수준을 유지하면서도 지금 한국이 당면한 산적한 과제들을 해소할 문제 해결 역량을 갖춘 정치 세력이 있는가. 말로만 서민 중산층 정당일 뿐 서민 중산층을 위한 문제 해결 역량도 없고, 아직도 자기 정체성을 못 찾고 헤매는 민주당이 우리의 미래인가. 아니면 시대 인식과 비전이 개발주의 시절의 국가주의적 관념에 고착돼 있는 한나라당의 또 다른 분파에게 우리의 운명을 맡길 수 있는가. 그것도 아니면 낡은 이념과 편협한 노선 투쟁에서 크게 벗어나지 못하고 있는 민주노동당에게서 희망을 발견할 수 있는가. 어느 정치 세력에게도 제대로 우리의 미래를 맡길 수 있는 신뢰감을 느끼지 못할 것이다.

하지만 그렇기에 무기력감과 동시에 결연한 책임감 또한 느낀다. 이 나라와 우리 자녀들의 미래를 맡길 수 있는 정치 세력, 기득권 세력만이 권력과 자원을 독점하는 불공정한 게임 규칙이 아닌 탄탄한 공동체 기반 위에 건전한 민주주의 시장경제를 우뚝 세울 정치 세력이 없다면 결국 우리가 함께 만들어가야 한다. 미국 역사상 최초의 흑인 대통령 오바마의 당선도 혼자 힘으로 이뤄진 것이 아니다. 종교적·이데올로기적 편협함에 빠져 자기들의 지지기반 챙기기에만 골몰한 부시 행정부에 염증을 느낀 많은 미국 유권자들이 함께 일궈낸 기적이다. 이는 추종자론(followership)의 대가인 바버라 켈러먼 교수의 말을 굳이 빌려오지 않더라도 "좋은 추종자들이 좋은 지도자를 배출한다"는 상식을 여실히 입증한다. 우리라고 못 할 리 없다.

그러한 변화와 기적을 주도할 수 있는 것은 20대에서 40대 전반의 젊은 세대다. 인류 역사를 통틀어 변혁을 주도한 것은 젊은 세대였지, 결코 기성세대가 아니었다. 이미 세계 각국에서는 자연스럽게 젊은 세대가 국가 운영을 주도하고 있다. 당장 오바마 대통령부터 47세의 젊은 대통령이다. 미국뿐만 아니라 많은 선진국에서는 40대, 심지어 30대 정치 지도자들이 속속 등장하고 있다. 지금처럼 급속히 변화하는 시대에는 경륜과 관록보다 스피디한 변화와 창발적인 개혁이 요구된다. 이명박 대통령과 현 정부의 60~70대 '올드보이들'은 도저히 따라잡을 수 없는 세상이다. 급변하는 세상에 제대로 대응하고, 새로운 기회를 포착하고, 변화를 주도할 수 있는 세대는 젊은 세대다.

더구나 낡은 경제 패러다임과 불공정한 게임 규칙 때문에 상대적으로 더욱 고통 받는 세대 또한 젊은 세대다. 이미 수많은 젊은 이들이 대학을 졸업해도 일자리를 구하기 어렵고 겨우 취직하더라도 '88만 원 세대'로 전락하고 있다. 거액의 교육비를 들여 자신을 갈고 닦은 젊은이들에게 낡은 기득권 세력은 "눈높이를 낮추라"고만 한다. 그들의 과오와 탐욕 때문에 젊은이들이 재능을 발휘할 제대로 된 일자리를 많이 만들지 못한 것은 부끄러워하지도 않는다. 무능하고 부패한 정부와 정치권의 반성과 사과는 없고 젊은이들에게 눈이 높다고 윽박지른다. 오른 집값에 결혼도 하기 힘든 젊은이들의 초임까지 깎고, 일자리를 만든다며 젊은 세대가 나중에 쓸 돈을 끌어와 각종 단기 '알바' 자리를 양산하고서는 생색을 낸다.

경제적 여력이 부족한 30대는 대부분 치솟는 집값을 바라보며 손만 빨고 있어야 한다. 개발연대의 획일적 사고방식에 갇혀 제대로 창의성을 발휘하기도, 자기 계발에 힘쓸 시간도 없이 세계 최장의 근무시간 때문에 과로에 시달려야 한다. 게다가 젊은 세대는 급속한 고령화에 따라 노후 세대를 부양할 부담이 갈수록 커지는 세대다. 그런데도 현 정부는 미래의 재원까지 당겨와 강바닥을 파헤치는 등 대규모 토건 사업에 쏟아붓고 있다.

이처럼 낡은 기득권 세력으로 인해 가장 많은 피해를 보는 젊은 세대가 왜 판판이 당하고 있어야 하는가. 자신들에게 돌아오는 것은 없이 막대한 희생만 강요하는 정책 결정을 소수 기성세대가 하는 것을 왜 빤히 보고 있어야 하는가.

부모 세대에게도 호소한다. 세대 간 갈등과 대립을 조장할 생각은 없다. 필자는 부모 세대가 자식 세대의 더 나은 내일을 만들기 위해 흘린 피와 땀, 눈물을 잘 안다. 필자의 부모만 하더라도 초등학교밖에 못 나왔지만, 뜨거운 뙤약볕 아래 그을리고 손발이 부르터가며 농사를 지어 자식들을 교육시켰다. 정도의 차이는 있지만, 절대 다수의 부모들이 자식의 성공을 위해 헌신했다. 부모 세대의 헌신과 노력의 결과 한국 경제가 보릿고개를 넘어 이 정도라도 발전할 수 있었다. 그런 부모 세대들이 자식 세대가 잘 되는 것을 위해선 언제든지 양보하고 물러날 자세가 돼 있다고 믿는다. 소수의 기득권 세력이 여전히 자신들의 탐욕에 눈이 멀어 낡은 질서를 유지하려는 것일 뿐이다. 소수의 기득권 세력 때문에 국민 전체가 바보 취급당하며 고생하고 있는 것이다.

이제 자식 세대가 끌고 부모 세대가 밀어주며 새로운 패러다임을 열어야 한다. 그러기 위해서는 멀쩡한 국민들을 바보 취급하는 기득권 세력을 타파해야 한다. 전 국민이 합심해 그들을 바보로 만들어야 한다.

필자의 동시대인인 젊은 세대에게 호소한다. 제발 정치를 멀리하지 마라. 정치는 더러운 것, 사기 치는 것, 뻔뻔해야 하는 것이라는 생각은 버려라. 필자가 케네디 스쿨에서 유학하는 동안 느꼈던 문화적 충격 가운데 하나는 "정치는 고귀한 책무"라는 인식이었다. 미국뿐만 아니라 정치 선진국에서 온 학생들 대부분은 정치는 개인이 국가와 지역 공동체를 위해 할 수 있는 최선의 공공 봉사 (public service)라는 인식을 갖고 있었다. 케네디 스쿨의 교수들도 그렇게 가르쳤다. 물론 공중을 위한 봉사가 정치일 필요는 없다. 몸담은 곳이 언론이든, 시민 단체든, 정부든, 또는 기업이든 공중을 위한 봉사는 얼마든지 할 수 있다. 거꾸로 그것이 정치라고 해서 피할 필요는 없다. 정치는 사이코나 철면피, 또는 강심장들이나 한다는 생각은 제발 버려라.

기득권 세력은 권력을 독점하기 위해 "정치는 더럽다"는 인식을 더욱 조장한다. 정치는 더럽다는 인식 때문에 많은 이들이 정치에 발을 담그는 것을 회피한다. 악화가 양화를 구축하는 양상이다. 물론 한국 정치는 온갖 적폐로 넘쳐나는 게 사실이다. 그렇다고 해서 유능하고 도덕적으로 깨끗한 젊은 인재들이 정치를 멀리하면 정치의 수준은 더욱 더 떨어질 것이다.

필자가 기자로서 지켜본 정치판 인력(정치인과 그 보좌진 및 정치인 지망생들)의 질은 그다지 높지 않았다. 도덕성만 봐도 한국 사회의 평균 수준을 유지하지 못했다. 물론 개중에는 매우 능력 있고 뛰어난 도덕성을 갖춘 사람들도 있었다. 하지만 대체로 더럽고 낡은 기성 정치판에 좀 더 잘 적응하는 인물들일 뿐이었다. 왜 당신의 미래를 결정하는 정치를 무능하고 부패한 사람들의 손아귀에 맡겨놓는가. 한번 생각해보라. '반MB' 성향의 교육감을 흔들기 위해 저소득층 아이들의 무료 급식 예산을 삭감한 경기도 교육위원들만큼 우리 아이들의 미래를 생각하지 않겠는가. 용산 참사 희생자들에게 '떼잡이들'이라는 폭언을 퍼붓는 반면 1200억 원짜리 호화 구청사를 턴키로 발주해 건설업자들에게 퍼주는 용산구청장보다 서민들을 배려하지 못하겠는가.

입법권은 정부가 만들어온 법을 대신 발의하거나 당론에 따른 거수기 투표를 하는 것으로 치부하고, 예산 심의권은 지역구 개발 사업을 따내는 권한 정도로만 생각하며, 때 되면 권력의 향배를 쫓아 우르르 몰려다니며 패거리 짓는 다수 국회의원들보다 당신이 못할 것이 무언가. 전례 없는 경기 침체 와중에 100조 원의 부자 감세에다 4대 강 바닥에 30조 원의 혈세를 쏟아붓는 한편 귓구멍에는 전봇대를 박아둔 이명박 대통령만큼 기득권 편향적일 수 있겠는가. 왜 시대착오적인 '올드 보이'들이 마르고 닳도록 권력을 누리면서 이 나라를 퇴행의 늪으로 빠뜨리도록 놔두는가.

필자가 아내 때문에 우연히 보게 된 드라마 〈시티홀〉에 나오는 작은 지방 도시의 시장으로 당선된 '신미래'가 바로 진짜 정치인이다. 거대한 건설·토목 사업에 헛돈 쓰지 않고, 작더라도 서민들이 정말 필요로 하는 일을 하는 신미래가 진짜 주민들에게 필요한 정치인이다. 정치 술수에 닳아빠지고 지역 토호들과 유착된 정치인보다는 서민들을 위해 봉사하겠다는 순수한 마음을 가진, 시장의 커피 타던 30대 젊은 여성이 더 좋은 정치인이 될 수 있다. 검은 돈을 받지 않고, 중앙 권력에 줄서지 않으며, 서민들의 민생고를 더 잘 해결해주는 정치인이 될 수 있다.

물론 점점 전문화돼가는 세상 속에서 전문적 역량을 대중적으로 검증받은 사람이 정치를 하는 것은 바람직한 일이다. 하지만 지금 정치판 인력의 수준을 훨씬 뛰어넘는 역량과 도덕성을 갖춘 많은 젊은이들이 정치를 경원시하는 것은 안타깝다. 새로운 시대적 감수성을 갖추고 도덕성과 전문 역량으로 뭉친 인재들이 지자체와 지방의회, 중앙 정치 무대를 주도할 때 한국 사회는 진보할 수 있다. 왜 썩어빠진 낡은 세력에게 우리의 운명을 맡겨놓고서 그들이 우리 뜻대로 안 한다고 욕하는가. 이제 도덕성과 전문성으로 중무장한 젊은 세대가 정치의 전면에 직접 나서야 한다.

이것은 단순히 꿈이 아니다. 지난 미국 대선에서 젊은이들을 대거 투표소로 끌어낸 것은 오바마로 상징되는 변화요, 개혁에 대한 열망이었다. 미국의 젊은이들도 인터넷을 주무대로 그러한 희망을 만들고 이를 실현하기 위해 적극 참여했다. 그리고 함께 승리했다.

우리 젊은이들도 결코 무기력하지 않다고 믿는다. 우리 젊은이들은 그동안 기득권의 게임 규칙에 갇혀 제 목소리를 낼 수 없었을 뿐 결코 역량이 없는 세대가 아니다. 기회만 주어진다면 얼마든지 세계를 선도할 잠재력을 가진 세대다. 지금 이들 세대가 주축이 돼 인터넷에서 함께 만들어내는 집단 지성의 힘을 보라. 얼마나 대단한가. 이 힘들을 모으고 축적한다면 우리도 얼마든지 한국판 '오바마 기적'을 이룰 수 있다. 그 기적을 만드는데 부모 세대와 자식 세대가 함께 힘을 모을 수 있기를 간절히 바란다. 김광수경제연구소도 이에 동참해 이 땅에서 건강한 민주주의 시장경제를 구현하기 위해 사력을 다할 생각이다. 마틴 루터 킹 목사가 40여 년 전 "나는 꿈이 있다"고 한 말이 지금 미국에서 현실이 됐듯이, 우리 모두가 함께 꾸는 꿈은 얼마든지 현실이 될 수 있다. 그렇게 정치를 바꾸어야 경제도 바꿀 수 있다. 그렇게 해야 우리와 우리 아이들의 미래도 바꿀 수 있다.